MW00984784

Grandeza mexicana

Letras Hispánicas

Bernardo de Balbuena

Grandeza mexicana

Edición de Asima F. X. Saad Maura

CÁTEDRA

LETRAS HISPÁNICAS

1.ª edición, 2011

Ilustración de cubierta: La ciudad de México en el siglo XVII

© Ediciones Cátedra (Grupo Anaya, S. A.), 2011
Juan Ignacio Luca de Tena, 15. 28027 Madrid
Depósito legal: M. 23.815-2011
I.S.B.N.: 978-84-376-2858-5
Printed in Spain
Impreso en Fernández Ciudad, S. L.
Coto de Doñana, 10. 28320 Pinto (Madrid)

Índice

Introducción

A Marcelino Canino Salgado,
con sumo respeto y admiración

Este retrato de Balbuena posiblemente sea el único que existe del autor; tanto la fecha como el artista del grabado son desconocidos.

Boceto biográfico[1] y perfil narrativo del autor y su época

Comencemos por explicar la época en la que se forma Bernardo de Balbuena *(ca.* 1562-1627) para tratar de entender su naturaleza dadas su crianza y su preparación académica. Con esto no pretendo alegar que autor y obra sean fruto innegable de su tiempo o retrato fehaciente del entorno sociocultural en el que se desenvuelve el escritor o se publican sus letras. Más bien nos interesa mirar ampliamente al marco historiográfico con el cual sustentar los temas escogidos por Balbuena al escribir sus documentos en y desde el lado supuestamente «nuevo» del Atlántico, lugar al que tanto deseó ir Miguel de Cervantes, y del que tantas noticias llegaban mediante crónicas, cartas, relaciones y demás. Todo acerca de lo «nuevo» y «raro» y de los asombrosos e ilimitados tesoros que se encontraban por doquier eran informes que mantenían viva la imaginación de los que permanecían anclados en el «viejo» lado del planeta. Sabido es que Cervantes, como muchos otros, no logró alcanzar aquellos apetecidos territorios, mientras que Balbuena tuvo la oportunidad de ir y venir en varias ocasiones entre las dos Españas, al igual que de viajar por el Caribe hasta terminar sus días en Puerto Rico, la menor de las Antillas Mayores.

Nuestro poeta nació y se crio en Valdepeñas, provincia de Ciudad Real, en la región de La Mancha, aldea que el joven

---

[1] Para conocer los detalles de su vida, remito a los lectores a las biografías preparadas por Van Horne, Rojas Garcidueñas y, más recientemente, a las líneas de Matías Barchino dedicadas a la obra poética del valdepeñero en la introducción de su antología, *Poesía lírica* (2000).

Balbuena dejó en su afán por obtener reconocimiento y, por qué no, fortuna; emprendió viaje hacia el Nuevo Mundo donde habría de asentarse, siguiendo los pasos de su padre, cuando empezaban sus años de madurez[2]. La documentación existente indica que la estancia de Balbuena en la ciudad de México fue corta[3]. La mayor parte del tiempo la pasó en la Nueva Galicia, excepto los años de estudiante cuando cursaba la licenciatura en la Universidad de México. Una vez radicado, el joven hizo repetidos viajes a la gran capital mexicana para participar en certámenes de poesía en los que, dicho sea de paso, fue premiado en varias ocasiones. Él mismo, en su «Carta al Arcediano», lo relata así:

> [...] ha habido justa literaria en esta ciudad donde han entrado trescientos aventureros, todos en la facultad poética ingenios delicadísimos y que pudieran competir con los más floridos del mundo. La primera de mis composiciones se premió en la fiesta del Corpus Christi en presencia de siete obispos que a la sazón celebraban Concilio Provincial en esta famosa ciudad...

Balbuena pertenece a una época que se había visto muy bien asentada en las glorias de la España imperial como resul-

---

[2] Durante mucho tiempo prevaleció la creencia de que su padre lo había llevado a México a la edad de dos años y que había crecido en el ambiente propicio que pudiera identificarlo como criollo. Sin embargo, tanto monseñor Murga de Puerto Rico como el biógrafo Rojas Garcidueñas (en la segunda edición [1988] de su biografía) corroboran la llegada de Balbuena hijo en 1584, por su cuenta y ya de adulto. Hizo las gestiones para embarcarse hacia la Nueva España donde se reunió con su padre, quien ya vivía en Nueva Galicia, era miembro de la gran audiencia de Guadalajara y terrateniente en San Pedro Lagunillas.

[3] La información sobre la vida de Bernardo de Balbuena procede de los documentos recopilados en Puerto Rico por Alejandro Tapia y Rivera (1854), Manuel Fernández Juncos (1884) y monseñor Murga junto con Álvaro Huerga (*Episcopologio de Puerto Rico,* 1989), así como de las biografías del poeta escritas por John Van Horne (2.ª ed., 1972) y José Rojas Garcidueñas (2.ª ed., 1988). Es importante destacar el hecho de que en el Puerto Rico del siglo XIX escritores de la categoría de Tapia y Rivera y Fernández Juncos recordaran a Balbuena y perpetuaran su memoria. Para las referencias completas, véase la Bibliografía.

tado de la Reconquista y el Descubrimiento de América en 1492, pero que en relativamente pocas décadas se veía en medio de extraordinarios desastres, posiblemente propiciados por los horrores que se producían en las colonias. De ahí la necesidad de acercarse a la figura de Balbuena con voluntad de analizar el trasfondo ideológico de su poesía dentro del contexto histórico en el que transcurrió. Nos resulta imprescindible aquilatar su formación intelectual y estética al ubicarlo en el momento que le tocó vivir. Creo importante evaluar su clase social, su posición, sus intereses y ambiciones como prelado, mirar el entorno en que nace, se cría y se educa este escritor tan admirado por algunos de sus contemporáneos, entre quienes están Mira de Amescua, Lope de Vega y el ya mencionado Cervantes. A partir de esas consideraciones se podría entonces hacer una teorización y un saldo ideológico de sus escritos. Seguramente, si la obra de Balbuena se leyera como documento histórico, como lo han tratado algunos, saldría a relucir que tanto su condición social como su sensibilidad y su mentalidad son definitivamente las de un peninsular privilegiado y casado con los ideales imperiales. Al decirlo de esta manera no intento enmarcar, ni mucho menos limitar, a Balbuena y su producción literaria; no sería justo hacer una mera apreciación parcial desde o hacia lo español, punto de vista predominante hasta años más recientes cuando por fin se publican los estudios críticos de Creer, Dopico-Black, Pratt y Torres, por mencionar sólo cuatro. Lo importante de estos críticos es su enfoque en las zonas de contacto que se perciben y ocurren en el cruce entre ambos lados del Atlántico (véase Bibliografía). A lo dicho hay que añadir la obra editada por José Antonio Mazzotti (*Agencias criollas*, 2000), quien explica con claridad el debate sobre los peninsulares que habían cruzado el océano y vivían en los virreinatos, situación que muy bien se aplica a Balbuena:

> Ellos eran españoles, pero no en un sentido completo. Eran americanos, pero al mismo tiempo establecían sus claras distancias y discrepancias con la población indígena, africana y las numerosas castas con las que compartían el mismo territorio (15).

13

Sus dos biógrafos y comentaristas más conocidos —John Van Horne y José Rojas Garcidueñas— aseguran que Balbuena se destacó siempre por su obediencia y respeto a las órdenes reales, así como por su fidelidad a la patria; con esto se explica su distanciamiento de los «otros» mencionados en la cita anterior. En México se dedicó a los estudios religiosos, convirtiéndose en sacerdote seglar sin afiliaciones ni votos de ninguna orden religiosa, lo cual le proporcionaba ciertas libertades que de lo contrario no hubiese tenido. Precisamente por eso disfrutó siempre de una situación económica desahogada con la cual logró mantenerse económicamente independiente y pudo llevar un estilo de vida acomodado.

Aprovechando, pues, la libertad que le ofrecía el sacerdocio seglar, Balbuena viajaba con frecuencia, no sólo cruzando el Atlántico, sino también por México y, más tarde, por el Caribe. Pero sin duda su viaje más trascendental fue el que hizo en 1606 de regreso a España tras recibir el grado de licenciado de la Universidad de México. Una vez allí —y después de las obligadas «visitas, promociones, memoriales, búsqueda de personajes influyentes, dádivas para estimular a oficiales morosos, saludos, adulaciones» y demás (Rojas Garcidueñas, 33-34)—, de ser un simple «sacerdote licenciado» pasó a recibirse de Doctor en Letras de la Universidad de Sigüenza en 1607, título que se vanagloriaba en usar. Al año siguiente, estando aún en España, presenció la publicación de su segunda obra —la novela pastoril *Siglo de oro en las selvas de Erífile* (1608)— e incluso fue nombrado abad de Jamaica en abril del mismo año. No obstante, como bien señalan Van Horne y Rojas Garcidueñas, ese puesto debe haberle resultado «inferior a lo que deseaba»[4], sobre todo, porque, a su

---

[4] Anteriormente, el primer cargo eclesiástico que le conocemos (posiblemente hacia 1586) fue el de Capellán de la Audiencia de Guadalajara que terminó en 1592 cuando lo promovieron al curato donde habría de servir de «cura y beneficiado en las minas del Espíritu Santo y partido de San Pedro Lagunillas» (Van Horne, 33). A raíz del ataque holandés de 1626 (véase nota siguiente), Balbuena le pidió al rey que lo trasladase «a alguna sede más tranquila y con diezmos más sustanciosos que los de Puerto Rico» (parafraseo de Murga-Huerga en su *Episcopologio de Puerto Rico)* con la esperanza de que en «los pocos días que me quedan los pase con alguna quietud y sin

regreso, habría de encontrarse alejado de la ebullición y la riqueza cultural de una ciudad tan progresista como México, la urbe que tanto lo había cautivado. Décadas más tarde, en 1624, vio la publicación de su poema épico *El Bernardo* o *Victoria de Roncesvalles,* su obra maestra según muchos. De abad de Jamaica pasó a ser obispo de Puerto Rico, donde murió en 1627[5]. Sus restos yacen en la catedral de San Juan, en la Capilla de San Bernardo, en contra de los deseos expresados en el «Epílogo y Capítulo Último» de su *Grandeza mexicana:*

> El mundo que gobiernas y autorizas
> te alabe, patria dulce, y a tus playas
> mi humilde cuerpo vuelva, o sus cenizas.

Lamentablemente, no hay nada que indique con certeza el lugar exacto donde se halla el sepulcro de Balbuena. Sin embargo, el historiador puertorriqueño Arturo Dávila supone que el poeta se encuentra enterrado bajo las losas de mármol y piedras que están debajo del presbiterio, o sea, en el espacio que queda entre las escalinatas y la barandilla para llegar frente al espacio del altar. Según el doctor Dávila, ahí era donde enterraban a los prelados de la isla, y hace unos años, cuando se hizo la primera restauración, él encontró señales de la cripta general de los obispos. Más aún, él asegura que por toda la catedral hay enterramientos[6]. Hoy puede verse, en una de las paredes de la catedral, la placa en recuerdo del obispo de Puerto Rico con la inscripción de los versos de la silva de Lope de Vega, citada más adelante (véase pág. 17).

---

los rebatos que aquí se tocan cada vez que se descubren en la mar dos velas» (cita de la *Carta a S. M.* de Bernardo de Balbuena, sacada del *Episcopologio* antes mencionado, vol. III, 51).

[5] Se dice que el saqueo perpetrado por los holandeses a la Ciudad de San Juan Bautista en 1626, y en el cual Balbuena vio arder toda su biblioteca, fue lo que adelantó su muerte. En la *Carta a S. M.* redactada en San Juan el 12 de febrero de 1626, el obispo se lamenta de que por más esfuerzo que se ponga en la reconstrucción, «no parece posible que en muchos años vuelva la ciudad a verse en el estado que estaba» *(Episcopologio,* 51).

[6] Esta información me la proporcionó el doctor Marcelino Canino Salgado, amigo personal de Arturo Dávila. Quedo muy agradecida por la ayuda que ambos me brindaron.

Son innumerables los estudios sobre Bernardo de Balbuena y su obra. Más que al *Siglo de oro* e incluso a *El Bernardo,* en especial abundan ensayos y artículos críticos consagrados a la *Grandeza mexicana,* que desde el siglo XVII comenzó a despertar gran interés. Desde los contemporáneos de Balbuena mencionados arriba, seguidos por el importante bibliógrafo español Nicolás Antonio (Sevilla, 1617-Madrid, 1684)[7], otros del siglo XIX, pasando al XX hasta llegar al XXI, es raro el estudioso de las letras hispánicas que no haya compuesto algunas cuartillas dedicadas a este poeta.

LAS PRÍNCEPS DE «GRANDEZA MEXICANA» (1604)
Y EDICIONES POSTERIORES

En vida de Balbuena se hicieron dos ediciones, ambas en México, y el mismo año, 1604, pero con dedicatorias diferentes. Se considera «primera» la que estuvo a cargo de Melchior Ocharte (véase la reproducción de la portada, pág. 19), en cuyo título se lee la dedicación al «Ilustrísimo y Reverendísimo Don Fr. García de Mendoza y Zúñiga, Arzobispo de México, del Consejo de Su Majestad, etc.». La segunda, de la imprenta de Diego López Dávalos, está «Dirigida al Excelentísimo don Pedro Fernández de Castro, Conde de Lemos, y Andrade Marqués de Sarria y Presidente del Real Consejo de Indias, etc.». Tanto una como otra contienen errores de compaginación y otras diferencias generales[8]. La comparación

---

[7] Como representante de Felipe IV en Roma, donde vivió durante veinte años (1659-1679), Antonio se consagró a coleccionar libros, a tal punto que su biblioteca llegó a alcanzar un nivel casi tan importante como la del Vaticano. Sus obras magnas son la *Biblioteca Hispana Nova* y la *Biblioteca Hispana Vetus,* en las que menciona prácticamente a todos los autores españoles —y algunos portugueses— desde el siglo I hasta antes de su muerte en la segunda mitad del XVII; en ocasiones también ofrece datos biográficos.

[8] En el tomo II de *La imprenta en México,* de José Toribio Medina (Santiago de Chile, 1909), el editor ofrece descripciones pormenorizadas de cada una de las prínceps. Incluso habla de la reimpresión que se hizo en 1860, también en México, de la de López Dávalos. Por otro lado, señala la importancia de la reimpresión madrileña que sólo contiene «la carta de Balbuena a doña Isabel de Tobar y Guzmán, precedida de un prólogo, de la dedicatoria a fray García de Mendoza, y Al lector» (14-15).

Tarja de mármol, inscrita con algunos versos de la silva que Lope de Vega le dedicara a Balbuena, en una de las paredes de la catedral de San Juan de Puerto Rico, donde yacen los restos de Bernardo de Balbuena. Foto cortesía de Margarita Maldonado Colón y Reynaldo Marcos Padual (septiembre de 2009).

que realicé entre ambas ediciones me confirmó que son idénticas a partir de la página 9, o noveno folio, que es donde empieza la «Carta al Arcediano». De aquí en adelante, las dos son casi iguales hasta completar los 140 folios[9], con algunas discrepancias, como páginas que se repiten, etc. Por ejemplo, en la de Dávalos, la primera página de la «Carta al Arcediano» (folio 9 en las dos) está repetida y el número 40 en la paginación aparece tres veces aunque con textos diferentes. En la de Ocharte también se encuentran páginas cuyo texto no continúa en la siguiente. En ambas hay folios que no tienen número. Tanto en la de Dávalos como en la de Ocharte, el «Compendio apologético» comienza en el folio 120 y termina en el 140; además, comparten otros errores: numeración repetida, con el mismo contenido o diferente, mientras que otros folios carecen de numeración. Con más tiempo y ojos más aguzados y críticos, estos detalles podrían ser útiles para tratar de entender mejor las razones por las que se hicieran dos ediciones.

Después de esas dos prínceps, el poema de Balbuena no volvió a imprimirse hasta la segunda década del siglo XIX cuando la Real Academia Española, en 1821, sacó una tirada junto a la novela pastoril de Balbuena, *Siglo de oro en las selvas de Erífile* (1608). A partir de esa fecha se ha seguido reimprimiendo esporádicamente; la única diferencia estriba en la

---

[9] Medina conjetura que la intención de Balbuena era que se imprimiera una edición en México y la otra en España *(La imprenta en México,* tomo II, 14), mientras que García Icazbalceta expone que, al morir el arzobispo en 1606, Balbuena sencillamente hizo que se reimprimiera, bajo la fecha original, cambiándole sólo la portada y la dedicatoria. En la introducción a su edición, Van Horne se aventura a pensar que «[a]l formular su teoría Icazvalceta [*sic*] ignoraba probablemente que la dedicatoris [*sic*] al Conde de Lemos estuviera firmada el 24 de abril de 1604, porque el ejemplar de que se valía (la [*sic*] de la Biblioteca John Carter Brown) carece de la dedicatoria a [*sic*] del escudo de Balbuena» (n. 3, 13). Cuando consulté esa edición no encontré validez a los señalamientos de Van Horne, ya que ésta sí tiene dedicatoria y escudo. Al ver la copia de la edición de Ocharte que está en la Bancroft Library (University of California, Berkeley), pude corroborar que no tiene la portada; en su lugar, alguien escribió, a mano, una breve descripción de la misma. Además, se lee un Memorandum escrito a maquina, con fecha del 11 de febrero de 1935, en el cual se habla de la edición de Van Horne.

GRANDEZA
MEXICANA

DEL BACHILLER BER
nardo de Balbuena,

DIRIGIDA AL ILVS
trissimo y Reuerendissimo Don Fr.
Garcia de Mendoza y Zuñiga
Arçobispo de Mexico. Del
cösejo de su Magestad.

✠

CON PREVILEGIO
En Mexico Por Melchior Ocharte.
Año De. 1604.

Portada de la edición de Ocharte.

ausencia de algunos adjuntos en muchas de las ediciones posteriores, como, por ejemplo, las dedicatorias y el «Compendio apologético en alabanza de la poesía». No es sino hasta 1927 cuando sale una edición facsimilar de la de Ocharte a cargo de la Sociedad de Bibliófilos Mexicanos; tres años después, en 1930, John Van Horne saca su propia edición en la que incluye los adjuntos de cada prínceps, que desglosaré más adelante. Desde entonces, el famoso poema descriptivo en alabanza a la ciudad de México ha continuado editándose hasta nuestros días, aunque, como he señalado, sin la inclusión de todos los adjuntos.

En 1828, en Nueva York (Lanuza, Mendía y Cía.) salió una edición seguida de dos madrileñas en 1829 y 1837 (Madrid, Miguel de Burgos); en 1860 surgió una copia preparada por la Sociedad de México dirigida por Andrade y Escalante. Ninguna de estas ediciones incluye la «Carta al Arcediano» ni el «Compendio». Cabe apuntar que la edición de 1837 lleva «una introducción en que se advertía a las viejas colonias que la *Grandeza mexicana* demostraba que la Madre Patria las había tratado bien» (Van Horne, 13). Se hizo otra tirada del poema, junto con el «Compendio», a cargo de Eusebio Vasco; la misma salió en el periódico *La Voz de Valdepeñas* en 1881. Entre las ediciones más notorias, que a su vez me sirvieron de punto de comparación, destaco brevemente las siguientes[10]:

1) Edición de John Van Horne (University of Illinois Press, 1930). La suya tiene la ventaja de incorporar todos los adjuntos de ambas prínceps, a saber: I) las dedicatorias: a) al Conde de Lemos (Dávalos), con las correspondientes notas o «Advertencias» que el propio Balbuena puso al margen de las canciones dedicadas al Conde «para que se entiendan con más facilidad», según sus propias palabras; b) al Arzobispo de México, Fray García de Mendoza y Zúñiga (Ocharte);

---

[10] Para las referencias de estas y otras ediciones de *Grandeza mexicana*, véase la Bibliografía. El mayor número de ediciones proviene de México, donde se enseña como parte del currículo escolar, aunque generalmente sólo en fragmentos.

II) el prólogo «Al lector»; III) la extensa «Carta a Don Antonio de Ávila y Cadena, Arcediano de la Nueva Galicia»; IV) la «Introducción» de Balbuena; V) el texto de *Grandeza mexicana;* finalmente, VI) el «Compendio apologético». Salvo algunas excepciones, Van Horne copió la ortografía original, sin regularizar ni modernizar el lenguaje, de modo que se lee tal cual el original: «Auiendo respondido a la vltima de Vmd. receui otra en vn pliego...» («Carta al Arcediano») o «Que tabaque ay de mançanas tan desflorado donde no aya vna que escoger?» («Al lector»), etc. Su aportación radica en realizar una labor exhaustiva al anotar las fuentes de los autores y las obras que Balbuena menciona. Sin embargo, sus notas al pie de página están únicamente en «Al lector», la «Carta al Arcediano» (que por ser tan larga tiene la mayor cantidad de notas) y el «Compendio». En la introducción a su edición, Van Horne explica que «[d]e las 159 referencias a autores u obras, 90 se remiten a la literatura pagana, 69 a la cristiano-hebraica» (15). Más adelante se detiene en otras particularidades:

> De las citas paganas, 50 se consagran a los prosistas, 40 a los poetas. De las sagradas, 32 están sacadas del Viejo Testamento, 13 del Nuevo, 8 de los Santos Padres, 11 de autores misceláneos del Renacimiento, y 4 de escritores heráldicos o históricos (15).

Este editor pormenoriza aún más cuando ofrece el cálculo que realizó, ofreciendo el número específico de veces en que el poeta nombra a ciertos autores: «Cicerón (citado 16 veces), Ovidio (14), Plinio (9), Horacio, principalmente en un pasaje (7), Virgilio (6), Estrabón (4), Piero Valeriano (4), Juvenal (3), Heródoto (3), Hierónimo (3)» (15-16). Van Horne no brinda notas al pie de página que expliquen el poema en sí.

2) La edición de Francisco Monterde (UNAM, 1941), si bien contiene un «Prólogo» con algunos pormenores biográficos sobre Balbuena y su poesía, sólo comprende el poema, dejando de lado todo lo demás, desde las dedicatorias hasta el «Compendio apologético»; tampoco da notas explicativas, aunque sí reúne, como se señala en el título de su edición, «fragmentos del *Siglo de oro* y *El Bernardo*». Monterde sigue las

pautas y correcciones establecidas en la reproducción de 1821 de la Academia Española basadas en la príncipe de Ocharte. Cabe mencionar que su edición lleva ilustraciones del artista mexicano Julio Prieto al comienzo de cada capítulo del poema, así como al principio de los fragmentos de las otras dos obras.

3) En 1971 sale a la luz una edición en la colección «Sepan Cuantos» de Porrúa a cargo de Luis Adolfo Domínguez, basada también en la de Ocharte, que ha visto ya varias reimpresiones[11], por lo cual es la más accesible. Siguiendo el patrón ofrecido por el poeta, «[e]l estudio preliminar [de Domínguez (XI-XXXIII)] sigue el mismo ritmo marcado por Bernardo de Balbuena: un capítulo muy breve, por cada línea» (XI). Al igual que Monterde, Domínguez no agrega notas, aunque sí da una «Tabla cronológica» de la vida y obra de Balbuena, acompañada de los «Acontecimientos culturales» y los «Sucesos políticos y sociales» (XXXV-XL). Termina su edición con un «Índice de autores y citas bíblicas» (149-153).

4) Poco más de tres lustros después, en 1988, José Carlos González Boixo preparó una nueva edición publicada en Roma por la Editorial Bulzoni. En ella justifica sus criterios editoriales, explicando la distinción obligatoria que debe hacerse entre *Grandeza mexicana* (el libro) y «Grandeza mexicana» (el poema). Por estas razones, la suya contiene solamente «el poema y la introducción en prosa, por la relación directa que guarda con el mismo» (25); luego, procede a hacer una lista detallada de todo lo que decidió no incluir (26). González Boixo obsequia a los lectores con 120 notas a lo largo del poema, algo de lo que las anteriores carecen.

5) Hasta donde llega mi conocimiento, la edición más reciente de *Grandeza mexicana* salió en el año 2000. Ese año, Matías Barchino (valdepeñero también) inauguró el nuevo milenio sacando a la luz una recopilación de 43 poemas de Bernardo de Balbuena, bajo el sello de la Biblioteca de Autores Manchegos y con el título *Bernardo de Balbuena: Poesía*

---

[11] A pesar de haberse reimpreso varias veces, la paginación y el contenido se han mantenido fieles a la de 1971.

lírica. En el estudio crítico que sirve de introducción al libro, Barchino presenta de manera pormenorizada la creación poética de su paisano, labor que merece todos los encomios. La selección está dividida en cuatro partes (I. Primeras composiciones; II. *Siglo de oro en las selvas de Erífile;* III. *Grandeza mexicana;* IV. Últimas composiciones), cuyos poemas van acompañados de «su propio aparato de notas», desde «la procedencia y el contexto en que se sitúa el poema dentro de la obra» hasta «un resumen de los trabajos de interpretación crítica» (75).

«GRANDEZA MEXICANA», EJEMPLO TRANSATLÁNTICO DE GEOGRAFÍA LETRADA

Con *Grandeza mexicana* —poema escrito a modo de carta dirigida a Isabel de Tobar y Guzmán, y compuesto en tercetos endecasilábicos con cuartetas que cierran cada parte o capítulo—, Balbuena parece hacer lo mismo que Cristóbal Colón y Hernán Cortés habían hecho para conseguir favores de la Corona. De manera que los Reyes Católicos no se sintieran defraudados, a ambos conquistadores les era imprescindible describir detalladamente, y con cierta exageración, las tierras hasta entonces desconocidas para los europeos. Menos de ochenta años después del saqueo de Tenochtitlán, el erudito escritor peninsular también les estaría ofreciendo prueba a los que reinaron durante sus años de productividad literaria de que, sin lugar a dudas, aquel Nuevo Mundo seguía siendo maravilloso y rico[12]. Todo indica, además, que Balbuena deseaba obtener los beneficios del alto clero. De hecho, podría opinarse que *Grandeza mexicana* es como un palimpsesto —en sentido figurado— de las grandezas antes descritas por el Conquistador en sus *Cartas de relación*. Por ejemplo, a las palabras de elogio de Cortés hacia los «muy buenos edificios de casas y torres» (51) que vio cuando irrumpió en Tenochtitlán, Balbuena le hace eco exaltando la ciu-

---

[12] Balbuena produjo su obra literaria durante los reinados de Felipe II (1556-1598), Felipe III (1598-1621) y Felipe IV (1621-1665).

dad que aún estaba en proceso de reconstrucción sobre la anterior azteca, otra versión de «palimpsesto arquitectónico» (Daniel Torres)[13]. En la dedicatoria a Don Antonio de Ávila y Cadena, Arcediano de la Nueva Galicia, Balbuena describe «los edificios y casas, que son las mexicanas en general de las más famosas del mundo», mientras que en el «Argumento» que sirve de presentación al poema se lee: «De la famosa México el asiento, / origen y grandeza de edificios...». Tal como sucede con cada uno de los ocho versos de la octava que conforma el mencionado «Argumento», ese segundo verso —origen y grandeza de edificios— se convierte en el tema del Capítulo II, en el cual rebosan las descripciones de ciudades antiguas y famosas al igual que de los detalles de la construcción y la arquitectura de aquéllas. Sin embargo, para él, no hay edificios tan magníficos como los de la urbe mexicana:

> Suben las torres, cuya cumbre amaga
> a vencer de las nubes el altura
> y que la vista en ellas se deshaga.
> [...]
> sin levantar las cosas de sus quicios
> lo tienen todo en proporción dispuesto
> los bellos mexicanos edificios (II)[14].

El nuevo texto de Balbuena podría decirse que está sobrepuesto, escrito encima del cortesiano. En el suyo, el poeta apunta únicamente hacia los enormes logros ya obtenidos bajo la Corona española, obviando el pasado azteca. A él sólo le interesa alabar el nivel que ocupa México como metrópoli del mundo gracias a la injerencia del poderío español. En otras palabras, Balbuena no escribe para exaltar las glorias del pasado prehispánico, sino para ensalzar esta «nueva» ciudad que desplaza tanto el legado azteca (en particular la ciudad de Tenochtitlán) como el de otras ciudades antiguamente res-

---

[13] Véase su obra *El palimpsesto del calco aparente* (1993) en la Bibliografía.
[14] El número romano indica el capítulo en el que se encuentran las respectivas citas sacadas de *Grandeza mexicana*.

petadas. Por eso, esta metrópoli recién descubierta por él es nada menos que una «nueva Roma... en trato y talle» (VIII). Él mismo se bautiza «coronista» que va a retratar, desde adentro, a la «gran ciudad de México, fundada como de nuevo por el valeroso Hernando Cortés» («Carta al Arcediano»), a quien puede decirse que idolatra. Así le responde la voz poética a Doña Isabel de Tobar y Guzmán, la dama que le pidió que le describiera la ciudad:

> Mándasme que te escriba algún indicio
> de que he llegado a esta ciudad famosa,
> centro de perfección, del mundo el quicio,
>
> su asiento, su grandeza populosa,
> sus cosas raras, su riqueza y trato,
> su gente ilustre, su labor pomposa.
>
> Al fin, un perfectísimo retrato
> pides de la grandeza mexicana,
> ahora cueste caro, ahora barato (I).

La fundación de México es aún más meritoria, dice, porque está firmemente asentada «en la religión, no supersticiosa, sino verdadera y católica»:

> en la gran suma de iglesias, monasterios, capillas, ermitas, hospitales, religiones, oratorios y santuarios llenos de indulgencias, jubileos y estaciones, de un número increíble y casi infinito («Carta al Arcediano»).

Más aún, al final de su poema deja ver claramente que todo lo que ha alabado de México le pertenece en realidad a España; simple y llanamente, la grandeza mexicana es española, como discutiré más adelante. Partiendo de los binomios espada (Cortés)/cruz (Iglesia), y utilizando lo concerniente a la narrativa histórica, al igual que a historia y ficción, como medios para comprender textos literarios, propongo un nuevo acercamiento que ayude a ubicar mejor a este poeta-cronista y su obra, no sólo dentro del canon americano como han querido muchos, sino dentro del llamado Siglo de Oro o la Temprana Edad Moderna en que nació, se crio y vivió. Establecerlo de esta manera nos lleva directamente a estudiar a Balbuena bajo el rótulo de verdadero autor transatlántico, si no el primero, uno de ellos[15].

En vida, Balbuena recibió el reconocimiento de sus contemporáneos. Excepto por algunos momentos de pausa —quizás el período de mayor silencio respecto a su obra fue precisamente el que siguió a su muerte—, los críticos de entonces como los de ahora se han mostrado atraídos hacia el fenómeno literario y vivencial del escritor valdepeñero. Si algo ha provocado este poeta es la polémica entre lo que es historia y lo que es mito; lo verdadero frente a lo ficticio o fantástico, la realidad frente a la utopía (sobre todo en *El Bernardo)*, lo peninsular en contraposición a lo americano.

La tendencia prevaleciente en la historiografía literaria ha sido la de ubicar a Bernardo de Balbuena dentro del marco hispanoamericano por el mero hecho de haber escrito su obra en y sobre el «Nuevo» Mundo. Sin embargo, una mirada atenta nos lleva a descubrir que la agenda establecida por Balbuena es, reitero, la de glorificar todo lo proveniente de España en un afán desbocado por revivir el poder imperial ya decadente. Quizás por esa inminente decadencia haya ciertas instancias en las que el poeta se enfrasca en el tema de la pobreza, como hace en la «Carta al Arcediano», donde la clasifica de «indigna... por parecer[l]e que es a la que sola en el mundo falta dignidad y estado». Y, después de analizar lo que han dicho otros sobre la pobreza, en especial Mateo, concluye:

> [...] que es cosa tan indigna y desestimada la pobreza, que aun para acudirle en sus menesteres y necesidades y dar la mano a ese sujeto tan caído y deshecho no hay en todo él lugar digno de los ojos del rico. Y así, para hacer esa obra o los ha de poner en Dios o en otros respetos, que en la pobreza no hay dónde.

---

[15] Entre esos escritores está Ercilla, quien se valió de «los modelos épicos italianos (el *Orlando furioso* de Ariosto) para contar la gesta americana (españoles *versus* araucanos)», comentario de Daniel Torres al margen de este trabajo cuando leyó el borrador.

En el «Epílogo y Capítulo Último» del poema vuelve a mencionar la escasez, ahora directamente relacionada con la ciudad de México antes de la conquista:

> Y admírese el teatro de fortuna,
>   pues no ha cien años que miraba en esto
>   chozas humildes, lamas y laguna,
>
> y sin quedar terrón antiguo enhiesto,
>   de su primer cimiento renovada
>   esta grandeza y maravilla ha puesto.

Para todos los efectos, con la llegada de los españoles bajo el mando de Cortés, también llegó la riqueza a México.

Como se ve, el lenguaje que utiliza —sustantivos, adjetivos, en fin, el léxico completo que escoge— refleja cierto prejuicio y arrogancia de quien se cree mejor que el «otro», o sea, el indígena, que Balbuena se ha empeñado si no en borrar del todo, seguramente, en despreciar al referirse a los habitantes de México como «indios salvajes» de «temerosa imagen y espantosa figura», según señala en su «Introducción» al poema. Además, en el corpus mismo de *Grandeza mexicana*, Balbuena sólo menciona al habitante nativo una vez, al final, y de manera peyorativa al adjetivarlo de «feo». El indígena es un mero esclavo que sólo sirve para buscar el deseado oro con el que se habrán de abastecer los bergantines españoles: «entre el menudo aljófar que a su arena / y a tu gusto entresaca el indio feo, / y por tributo dél tus flotas llena» («Epílogo y Capítulo Último»). Balbuena se aleja del aspecto originario de la ciudad obviando su pasado azteca, fenómeno que sucede a los pocos años de la conquista de Cortés; el mismo poeta anuncia que «sólo dir[á] de lo que [es] testigo». Si Henríquez Ureña asegura que en su *Grandeza mexicana* Balbuena ofrece testimonio de la realidad cultural y cívica de México (75), Rojas Garcidueñas acierta en que «Balbuena ve de México solamente su origen español» (128).

A pesar de que la caída de Tenochtitlán había acontecido no hacía mucho tiempo, hubo un gran empeño por reconstruir la ciudad derrumbada, creando una nueva urbe que, a su vez, fuera utópica. Se sabe que desde 1522 comenzó el proyecto de «reconstrucción de la ciudad insular», utilizando la mano de obra de «casi la totalidad de la población indígena del Valle de México» (Kubler, 75). Tan impresionante era la labor, que Motolinía llegó a decir que había más gente empeñándose en aquella tarea que en la construcción del Templo de Jerusalén (Kubler, 76). Balbuena, pues, poetiza el trazo riguroso que se lleva a cabo en la construcción de las nuevas ciudades y el subsiguiente desarrollo urbano. De esta manera podemos explicar la dirección que le da a su escritura sobre el Nuevo Mundo. Casi como los cartógrafos antes y durante su época, este poeta-cronista, a la vez que pinta, retrata y delinea el paisaje general y el de la ciudad y sus comarcas, esconde, o sea, cifra, tema al que vuelvo más adelante. Por un lado se encarga de describir lo que anteriormente se le había dado a conocer al público ilustrado mediante mapas y cartografías, desde las Cartas de Cortés hasta los documentos de los subsiguientes exploradores y conquistadores; por otro, altera los datos para presentar lo que quiere y le conviene, como ya habían hecho sus precursores.

A la vez que se difunden mapas de América (véase pág. 29) en los que aparecen las tierras de ese otro lado del Atlántico, incluida el área del Caribe, Balbuena plasma textual y poéticamente su apreciación y su visión del entorno. Resulta curioso notar que siempre lo hace en contraposición a otros países y ciudades del Viejo Mundo, como lo hizo Colón en su diario y en la carta del Descubrimiento. En otras palabras, Balbuena cambia centros y yuxtapone personajes y cualidades pertenecientes a distintas áreas predominantemente orientales y europeas sin dejar de lado los elementos mitológicos grecolatinos. En *Grandeza mexicana* hay constancia de este procedimiento en el intercambio que continuamente se efectúa entre Oriente y Occidente, Viejo Mundo (Europa) y Nuevo Mundo (México) al igual que entre mito y realidad. De aquí surge la complejidad de su obra, repleta de alusiones tanto a la mitología clásica, como a eventos y personajes históricos, desde los antiguos hasta los más cercanos a su propio momento. Este estilo creativamente preciosista suyo es lo que en efecto habrá de convertirse en signo emblemático del manierismo —o lo que también podríamos llamar el barroquismo

Mapa de América (1590), de Abraham Ortelius.

Mapa de América (1582), de Giovanni d'Anania.

temprano— de Balbuena. Como ha planteado Matías Barchino, «el título de "poeta barroco" se ha venido usando con demasiada facilidad y es hora de matizarlo» (36).

Llama la atención el hecho de que el poeta alaba los portentos de México a la luz de otras ciudades, donde no hay penurias, no hay necesidades ni aquí ni allá, todo es belleza y majestuosidad, paz y contentura, como señala Carlos Monsiváis en su prólogo a la *Nueva grandeza mexicana* (1946), de Salvador Novo. Tal maravillosa armonía queda interrumpida bien por el salvajismo y la fealdad de los indígenas bien porque:

> [...] la naturaleza, cansada de dilatarse en tierras tan fragosas y destempladas, no quiso hacer más mundo, sino que alzándose con aquel pedazo de suelo lo dejó ocioso y vacío de gente, dispuesto a solas las inclemencias del cielo y a la jurisdicción de unas yermas y espantosas soledades... (Balbuena, «Introducción», *Grandeza mexicana).*

En otras palabras, para el poeta la humanidad es europea, la única población digna es española. El exotismo oriental pasa por el cedazo europeo y cobra un nuevo lustre, ya no mediante la cruz y la espada, sino gracias a su «puño de agua», es decir, al poder o la fuerza de su pluma, como le refiere en su «Carta al Arcediano». Menos de ochenta años después de la invasión, conquista y colonización propulsadas por Cortés, la grandeza original de Tenochtitlán terminó siendo, en primer lugar, un mero recuerdo en la memoria colectiva indígena y, en segundo, la costumbre que da paso al casual olvido. En su acertado ensayo «De la utopía poética en *Grandeza mexicana* de Bernardo de Balbuena», Daniel Torres explica la manera en que la elipsis, figura retórica popular en la poesía de la época, se utiliza para transformar la misma urbe y convertirla, forzosamente, en otra, diferente:

> [...] se elide, se omite casi, se suprime apenas o hasta se elimina del todo la «Verdadera» ciudad de México y se instaura la utopía poética americana que le sirve al hablante lírico para una alabanza de la urbe colonial... La elipsis cumple, pues, la

función de fijar la distancia entre el plano real (el México virreinal) y el evocado (la ciudad utópica a la que aspira) (86-87).

Esta omisión hace que el poeta, al final de la mencionada «Carta al Arcediano», le confíe la aprehensión que lo embarga sobre publicar su obra en «este estrecho y pequeño mundo de por acá, que aunque de tierra grandísima, es en gente abreviado y corto», haciendo ver que el lugar está «casi de todo punto desierto y acabado». Este tipo de descripción era prevaleciente y, por supuesto, conveniente. ¿No es acaso naturaleza humana esconder lo que no conviene o al menos cambiar los detalles que no nos interesa que sepan los demás? En efecto, al final de su poema Balbuena presenta una encrucijada lingüística y filosófica: «Todo en este discurso está cifrado». Por un lado, esta frase puede referirse a un resumen, una cifra, de las maravillas mexicanas descritas con lujo de detalles, mientras que, por otro, nos obliga a volver hacia atrás, a leer de nuevo, con nuevos ojos, para descubrir lo aparentemente escondido, omitido, suprimido, o sea, lo cifrado, que yace en sus elocuentes versos. Siguiendo las ideas que presenta Trouillot en *Silencing the Past* (1995) sobre Colón y su «descubrimiento», los eventos que se celebran son «creados» por los que tienen el poder:

> [...] and this creation is part and parcel of the process of historical production. Celebrations straddle the two sides of historicity. They impose a silence upon the events that they ignore, and they fill that silence with narratives of power... (118).

Por eso, mediante el acto de no aludir al pasado azteca y de ni siquiera nombrar a Tenochtitlán, Balbuena impuso el silencio que, con el tiempo, habría de ocasionar la pérdida de la memoria. Acaso esto explique que se celebre tanto más la ciudad de México del poeta que la ciudad anterior, Tenochtitlán. Pero hay algo más profundamente escondido, o acaso no tanto, en el «Epílogo y Capítulo Último» («Todo en este discurso está cifrado») del poema: la grandeza no es, nunca fue, de México, sino de España, observación que repito más adelante y en las notas a pie de página correspondientes. Este debate, sea lingüístico, antropológico o filosófico, no ha terminado; es mucho lo que permanece aparentemente «cifrado».

El mapa letrado

Desde antes del Descubrimiento, el interés por la geografía se había propagado por toda Europa. La publicación de los viajes de Marco Polo así como la obra de los propios exploradores lograron despertar el ansia de viajar y, por consiguiente, de romper fronteras. Se trata de una época de descubrimientos y conquistas en la cual los mapas servían no sólo de guías geográficas, sino también etnográficas con las cuales se le empezaba a dar forma y sentido al «otro» y a todo lo «nuevo» (Mignolo, 1994, 1995). Tanto el exotismo del espacio hasta entonces desconocido como el de los que lo habitaban tuvieron su lugar en aquellos mapas de la Conquista[16]. Asimismo, en el mapa como tal, los cartógrafos empezaron a incorporar ilustraciones de indios, animales y comestibles clasificados de «extraños» para sus ojos europeos, como son los casos del ananás (piña) y el armadillo (véase pág. 33), tan hermosamente ilustrados por el cronista Gonzalo Fernández de Oviedo y Valdés (1478-1557) en su *Historia general y natural de Indias* (1535).

Entre la publicación y la traducción de textos incluidos en los mapas de la época, se encuentran el *Atlas* de Gerardo Mercatore (véase pág. 35) y la *Geografía* de Ptolomeo, que se publicó en 1605 con textos en griego y latín, y a la cual se le fueron añadiendo otros mapas para mantenerla al día (Koeman, 82). No es de extrañar que en sus viajes, y dado su co-

---

[16] Al igual que las crónicas, los mapas de la época podrían clasificarse de tres maneras: los que se basaban en descripciones de oídas, los basados en descripciones escritas, ya literarias, ya cronísticas, y los mapas de vista de los exploradores o cartógrafos que documentaban lo que iban descubriendo. Sea como fuere, y como se expone aquí, existía una amplia publicación y difusión de mapas. Durante el siglo XVI se imprimieron innumerables cartas geográficas, sueltas o incluidas en libros de geografía y cosmología. Si bien es cierto que estas publicaciones salían en su mayoría de las imprentas holandesas, se sabe también que se tradujeron a varios idiomas, lo cual facilitó que se propagaran inmediatamente por el resto del mundo conocido.

«Ahí, en los más remotos confines de estas Indias occidentales [...] se ve coronar el peinado risco de un monte con la temerosa imagen y espantosa figura de algún indio salvaje...» (Bernardo de Balbuena en su Introducción al poema «Grandeza mexicana»).

Representación de «América» (Cornelis Visscher, *ca.* 1555) como mujer guerrera rodeada del exotismo que para los europeos resultaban ser «rarezas». Dato curioso es verla montada sobre un armadillo, animal hasta entonces desconocido para el hombre blanco.

nocimiento enciclopédico, el valdepeñero Balbuena hubiese estado familiarizado y al corriente por lo menos con algunos de aquellos planos. Un estudioso de su calibre seguramente tenía acceso a dichos mapas, sobre todo, cuando sabemos que cruzó el Atlántico en ambas direcciones en más de una ocasión[17]. Sin embargo, pudiera argüirse lógicamente si los mapas son o no los que inspiran el discurso letrado de los escritores de la época, o viceversa. Sin duda este argumento es problemático. No obstante, me inclino a considerar que el fenómeno mapa/poema surge concomitantemente. De hecho, según Hellen Wallis, ya desde el siglo XV era común que se dieran a la par, como actividades relacionadas, «la composición de poesía cosmográfica y la creación de mapas» (23). De modo que los intelectuales, fuesen cartógrafos o eruditos como Balbuena, estaban al tanto de cuanto pasaba a su alrededor y, de una manera u otra, lo exponían para un público igualmente versado. Si analizamos punto por punto la «Introducción» de Balbuena a su *Grandeza mexicana* y la ilustración «América» detenidamente, podremos ver con claridad el parecido que hay entre ambas; escritura y pintura, verbo e imagen, se complementan de manera extraordinaria, como sucede con estos tercetos del «Epílogo y Capítulo Último» de la *Grandeza:*

> tierras fragosas, riscos y malezas,
>   profundos ríos, desiertos intratables,
>   bárbaras gentes, llenas de fierezas,
>
> que en estos nuevos mundos espantables
>   pasaron tus católicas banderas,
>   hasta volverlos a su trato afables.

En efecto, la idea que prevalece es la de una España que llegó a civilizar fieras, con la espada en una mano y la cruz en la otra.

---

[17] El estudio que Ricardo Padrón ha realizado sobre el tema de la geografía y los mapas en las letras coloniales ayuda a esclarecer mi argumento. Véanse sus artículos «Charting Empire, Charting Difference: Gómara's *Historia general de las Indias* and Spanish Maritime Cartography» y «Mapping Plus Ultra: Cartography, Space, and Hispanic Modernity» recogidos en la Bibliografía.

«{¿}Qué Atlante habrá, qué Alcides que sustente / peso de cielo, y baste a tan gran carga, / si tú no das la fuerza suficiente?» («Grandeza mexicana», Cap. I).

Portada de la 1.ª edición del *Atlas* (Duisburg, 1595), de Gerardo Mercatore.

Ya entrado el siglo XVI el interés general por la geografía pasó a relacionarse con los estudios políticos y sociales del Imperio español. Con el Descubrimiento surgió una concepción distinta de la geografía; ya no se trataba meramente de afianzar el poderío ni de adelantar una ideología política, sino de reconocer las posesiones territoriales de la Corona. La expansión política y religiosa iba a la par con la geográfica: la Iglesia, al parecer, salvaba almas y España acumulaba capital en la medida en que se adquirían nuevas tierras. En el momento en que Balbuena escribía, España tenía ya el dominio de gran parte del mundo y existía un sinnúmero de mapas de relaciones geográficas. Sin duda, la nación española logró establecer el poderío político y geográfico a partir del Descubrimiento y gracias a la gran rapidez con que se llevaron a cabo las invasiones que le siguieron (Elliott, 8). En una de las octavas de su poema épico *El Bernardo* (1624), Balbuena corrobora y celebra la globalización de la cruz, la espada y la bolsa:

> Y no solo inviolable sus mojones
> Hará esto á las edades venideras,
> Mas aun los mexicanos esquadrones
> Quando al mundo asombraren sus banderas,
> Y á su tremolar tiemblen las naciones
> Que de ambos mares ciñen las riberas,
> Y sea de su ambiciosa monarquía
> La tierra toda en que se entierra el dia

(XVII, 106.3)[18].

A esto hay que añadirle la exégesis que le escribe al Arcediano de la Nueva Galicia, y que sirve de preámbulo a su *Grandeza*, dejando bien establecida la agenda de ensalzar todo lo proveniente de España. Es entonces cuando se autodenomina «coronista» y, como quien dice, se convierte en

---

[18] El número romano se refiere al libro dentro del poema, seguido por el número de página y el del tomo; o sea, la estrofa citada se encuentra en la página 106 del tercer tomo de la edición de 1808, que usé para mi estudio *(El Bernardo, poema heroyco del doctor Don Bernardo de Balbuena*, 3 tomos, Madrid, Sancha, 1808, 2.ª ed.).

fotógrafo de todo cuanto ocurre en la maravillosa ciudad de México, fiel a los estatutos del más prístino catolicismo.

Para tener constancia de los territorios de los que se apoderaban los exploradores, el rey tenía sus propios cartógrafos que se encargaban de realizar un reconocimiento topográfico pormenorizado acompañado de cartas de relación en las que describían detalladamente todo cuanto veían. De esta manera surgieron las relaciones geográficas (véase pág. 39), mediante las cuales se daba información detallada sobre los lugares conquistados. Por ejemplo, Felipe II, al asignar cargos a diferentes funcionarios de las ciudades y aldeas de la Nueva España, les exigía que llevaran a cabo un censo completo que abarcara todos los aspectos del lugar, es decir, su gente, su historia, la topografía, incluyendo la flora y la fauna. En fin, un estudio gráfico-analítico en el que, en ocasiones, se incluían mapas y planos indígenas (Kubler, 95-96). En otras instancias se alteraban los mapas originales que los indios ya tenían de los territorios amerindios; incluso, como señala Mignolo, se llegaba a prescindir de ellos (1995, 255).

Así, López de Velasco fue nombrado cosmógrafo-cronista oficial del Consejo de Indias, cargo que se había creado en 1571 con el propósito de realizar un reconocimiento general que abarcara tanto la historia como la geografía de las nuevas tierras. Desde entonces estuvo a cargo de las ordenanzas de población que regían los nuevos territorios, preparando mapas del Nuevo Mundo con el propósito primordial de hacer visibles las tierras que comprendían el reino español al otro lado del Atlántico. El trabajo que desempeñó López de Velasco está recopilado en su *Geografía y descripción universal de las Indias* (1574) que, a pesar de no haberse publicado hasta el siglo XIX, sí se imprimió en 1576 en Madrid con el respaldo económico de Felipe II y valiéndose de los mapas que anteriormente había delineado el geógrafo Alonso de Santa Cruz (González Muñoz, XX). Años más tarde, también bajo su reinado y sus auspicios, salió la publicación de la *Descripción de las Indias Occidentales* (1601), de Antonio de Herrera y Tordesillas, cronista mayor (véase la reproducción de la portada, pág. 41). El rey se valió de los servicios de otros cartógrafos conocidos de la época, entre ellos el artista flamenco Anton van den Wyngaerde y el español Pedro de Esquivel, quien a su vez contrató a un grupo de cartógrafos para que lo ayudaran en su labor.

La manera en que se realizaron los mapas solicitados por Felipe II fue siguiendo los parámetros estipulados por Ptolomeo en cuanto a mapas «corográficos» y mapas «geográficos»; cada artista estaba a cargo de un estilo. De manera que Van den Wyngaerde siguió el patrón corográfico al delinear el paisaje de las ciudades, mientras que Esquivel llevó a cabo un trabajo geográfico y descriptivo sobre la vastedad de la tierra; el primero delineó lo particular y el segundo lo general, comenzando así la construcción detallada de las ciudades y los territorios iberoamericanos (González Muñoz).

El interés en aquellos tiempos por la geografía es innegable y, como era de esperarse, cobró fuerza cuando se propagaron las noticias de las tierras recién descubiertas por Colón. Es natural que se despertara la imaginación de letrados y poetas al oír los cuentos y anécdotas sobre «caníbales» y «amazonas», por un lado, y de innumerables y codiciados tesoros de oro y plata, por otro[19]. Según Mignolo: «The monsters, together with the cannibals and naked people, offer a strong complement to the geographical place that America occupies in the map: inferior with respect to Europeans» (1995, 278). Mientras Mignolo se refiere específicamente a la tergiversación con la que se representa a América mediante las ilustraciones que acompañaban los mapas, Balbuena hacía algo parecido en el plano literario, sobreponiendo su visión eurocéntrica en todo momento, como puede leerse en su Introducción a la *Grandeza mexicana*.

Balbuena poetiza el trazo riguroso que se lleva a cabo en la construcción de las nuevas ciudades. Debido a su erudición, es de esperar que —consciente o inconscientemente— hiciera sus propios mapas letrados. Recordando los mapas geográficos y corográficos, podemos decir que

---

[19] Véanse, por ejemplo, los libros de Greenblatt (1991), Lestringant (1994) y Pagden (1993), entre otros.

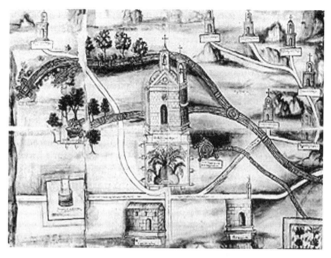

Relación geográfica de Guaxtepec de 1580.

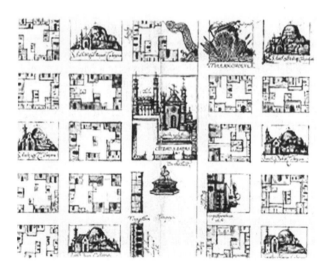

Relación geográfica de Cholula de 1581.

en *Grandeza mexicana* se detecta una técnica casi corográfica[20]. Para los años en que creaba su obra, ya se había alcanzado cierto apogeo urbano en México y los colonos gozaban de mayor estabilidad económica y social. Balbuena, pues, escribía y describía a la luz de la vida sedentaria del virreinato de la época. Como poeta respondía al aspecto intelectual, teórico y, si se quiere, político de la geografía americana en oposición al específicamente práctico que era de uso común en aquellos años[21]. Esto lleva a un gran interés de parte de varios estudiosos por la incorporación de la geografía que presenta Balbuena en su obra. Uno de los primeros en comentar sobre el tema es Manuel Josef Quintana, quien en el siglo XIX apuntó que *Grandeza mexicana* era

> [...] semejante al nuevo mundo donde el autor vivía, es un país inmenso y dilatado, tan feraz como inculto, donde las espinas se hallan confundidas con las flores, los tesoros con la escasez, los páramos y pantanos con los montes y selvas más sublimes y frondosas (188).

Nótese que el ideal de superioridad imperial continuaba vigente. Mientras tanto, Picón-Salas distingue a Balbuena como «uno de los creadores de esa geografía fabulosa, tan típica del barroco español» que convierte a México en el lugar «donde se cruzan y a donde irradian las más extrañas geografías» (110). No obstante, este crítico no aquilata la realidad histórica, el agente rector de la escritura del poeta, por lo cual la próxima cita ofrece, a mi entender, una posición más incisiva:

---

[20] Lo mismo sucede, aunque en menor medida, con su novela pastoril *Siglo de oro en las selvas de Erífile*, mientras que en *El Bernardo* la técnica puede considerarse más bien geográfica.

[21] En su libro *Charting an Empire*, Lesley B. Cormack incluye un apéndice (234-247) en el cual ofrece títulos de libros de geografía que circulaban por toda Europa desde mediados del siglo XVI. Véase, además, *Images of the World. The Atlas through History*, editado por John A. Wolter y Ronald E. Grim, en la Bibliografía.

«[...] templo de la beldad, alma del gusto, / Indias del mundo, cielo de la tierra, / todo esto es sombra tuya, oh pueblo augusto, / y si hay más que esto, aun más en ti se encierra» («Grandeza mexicana», Cap. II).

Portada del libro *Descripción de las Indias Occidentales* (Madrid, 1601), de Antonio de Herrera y Tordesillas, donde se nota la yuxtaposición de mitología clásica y dibujos indígenas que le da forma a la concepción de una nueva geografía «letrada».

En la obra de Bernardo de Balbuena se ha visto el nacimiento de una poesía de la naturaleza americana. Mas este docto y abundante poeta no expresa tanto el esplendor del nuevo paisaje como se recrea en el juego de su fantasía. Entre el mundo y sus ojos se interpone la estética de su tiempo. Sus largos poemas no poseen esqueleto porque no los sostiene la verdadera imaginación poética, que es siempre creadora de mitos; pero su inagotable fantasear, su amor a la palabra plena y resonante y el mismo rico exceso de su verbosidad tienen algo muy muy americano... (Paz, 10).

Visto de este modo podemos aceptar la clasificación de poeta americano que algunos le otorgan a Balbuena ya con cierto respaldo y trasfondo que apoye el término. Otra variante la propone Matías Barchino, cuando asevera:

Algunos estudios sobre la poesía virreinal hispanoamericana asimilan la totalidad de la producción poética del siglo XVII en la línea del barroco como un continuo histórico que afectaría a todos los géneros... En este planteamiento sin matices, no cabe ninguna duda de que Balbuena sería no sólo un poeta barroco sino el primer poeta barroco de América, el que funda una forma nueva de hacer poesía típicamente americana (36).

Como se puede entender, el tema es rico y continúa abierto a debate. Por el momento, continuemos con el aspecto de la geografía y los viajes transatlánticos de Balbuena, situación que lo mantenía «a caballo entre España y América» (Barchino, 74).

Concomitantemente a la difusión de mapas de América, en los que aparecen las tierras del Atlántico y el Caribe, Balbuena plasma en el texto poético su apreciación, a la vez que cambia el centro, yuxtaponiendo, como ya he señalado, personajes y cualidades pertenecientes a distintas áreas. En *Grandeza mexicana* hay constancia de este procedimiento en el intercambio que continuamente se efectúa entre Oriente y Occidente, al igual que entre mito y realidad. Sirvan de ejemplo los versos de este terceto: «El bravo brío español que rompe y mide, / a pesar de Neptuno y sus espantos, / los golfos en que un mundo en dos divide»[22]. Lo verdaderamente trascendente de Balbuena es haber incorporado en su obra esas descripciones geográficas que he clasificado de «mapas letrados». Me refiero al inventario del litoral y del acontecer humano que discurren en sus obras. El poeta define metafóricamente a América como el momento cumbre de la historia cultural, social y política de España donde lo novedoso es, sin lugar a dudas, la geografía y la topografía novomundistas.

Mary Louise Pratt habla de una zona de contacto para referirse al espacio en el que se entrecruzan personas de diferentes puntos geográficos e incluso históricos (6-7). En este sentido, Balbuena crea su propia zona de contacto al escribir su obra en el lugar al que inmigró y al mezclar asuntos y personajes de épocas y espacios distintos a los suyos. En el ámbito geográfico, emergen las dicotomías Europa o España/México, así como también Viejo Mundo/Nuevo Mundo; en el marco literario se reúnen héroes medievales con conquistadores y colonizadores renacentistas, al igual que pastores y pastoras con caballeros y damas de la alta sociedad del virreinato citadino.

A la vez que Roma y el Viejo Mundo habían perdido su atractivo al dejar de ser «el centro» del mundo (Mignolo, 1994), España y todas sus transatlánticas tierras alcanzaban un protagonismo nunca antes visto en Europa. Y nadie como Balbuena para brindar testimonio poético de ese preciso momento histórico. Además, al escribir sobre las tierras americanas —en especial México—, Balbuena desvía el foco de atención hacia la periferia, a la vez que se establece él mismo en el justo centro del quehacer literario tanto de América como de España. Balbuena se dedica a hacer una cosmografía poética que, de por sí, ya se estilaba desde antes de su época, alterando la mirada de sus contemporáneos y concentrándola más allá de sus limitados horizontes europeos. Vale la pena

---

[22] *Siglo de oro,* por otra parte, celebra la vida y el paisaje pastoriles hasta el momento de la reubicación al Nuevo Mundo mediante el viaje subterráneo. Pero es en *El Bernardo* donde nos topamos con la mayor cantidad de cambios y yuxtaposiciones tal como se ven en las decoraciones de muchos mapas y portadas de libros. Ambas obras merecen estudios aparte.

hacer una reflexión cartográfica de su época para demostrar lo consciente que era Balbuena de su entorno geográfico, logrando representar un tiempo aparentemente eterno. El escritor —empapándose de lo existente a su alrededor, fuese ínfimo o abstracto— percibía y se percataba de todo cuanto sus sentidos eran capaces de captar, desde lo común y cotidiano, hasta lo más sutil y extraordinario. Esto se ilustra en el estado de ánimo de sus personajes, sean guerreros, hadas, magos *(El Bernardo),* pastores y ninfas *(Siglo de oro en las selvas de Erífile)* o, lo que más nos interesa, la misma ciudad de México *(Grandeza mexicana)* con sus habitantes criollos, los caballos, la arquitectura, en fin, todo lo «nuevo» —por europeo— en territorio viejo.

En *Grandeza mexicana* se presiente una especie de catalejo o lente de cámara que cambia continuamente de óptica. Sin embargo, todo lo visual que se percibe a través del derroche de descripciones del entorno cambia constantemente de orientación[23]. Y al hacerlo así, Balbuena nos acerca todavía más a la idea de mapa: la superficie cartográfica se transfiere a un tipo de superficie literaria. Ciertamente, el poeta estaba al corriente de lo que le rodeaba, como demuestran los pasajes geográficos de su obra en la que se advierte un cierto aire turístico. El poeta se convierte en un guía de viajes que señala y nos enseña, aquí y allá, lo que percibe: las calles y los caballos (III), la variedad de oficios (IV), los regalos y las ocasiones de contento (V), etc. Y nada de lo que ve, dicho sea de paso, conlleva repercusiones negativas. En su prólogo a la *Nueva grandeza mexicana* (1946) de Salvador Novo, Carlos Monsiváis ofrece una explicación acertada sobre este tipo de descripción positiva que va a la par con la *Grandeza* original de Balbuena:

> [...] nada de lo que se vive —incluidos los crímenes, que siempre recaen sobre otros— es amenazador, hostil o en ver-

---

[23] Esta técnica visual se venía dando ya desde el siglo XVI, más que nada en la pintura, pasando también a la literatura, como en el caso de Balbuena, quien la toma de Sannazaro. Es esto lo que motiva que algunos críticos clasifiquen a Balbuena de manierista; véanse específicamente los artículos de José Pascual Buxó (1977) y Ángel Rama (1983).

> dad desconocido. Y en la capital, Edén no subvertible, la distancia entre el Yo y la Circunstancia suele cubrirse de manera entusiasta y cordial (15).

Dicho de otro modo, se silencia. Este raciocinio nos sirve para explicar uno de los versos más discutidos de su poema, «todo en este discurso está cifrado», como ya vimos. O sea, todo se esconde o, como dice Monsiváis, «[n]ada se problematiza porque los problemas a largo plazo no existen» (15). Es una noria literaria, como el adagio del Eclesiastés, 1, 9: «No hay nada nuevo bajo el sol».

Se ha comentado que la geografía, la cultura y la identidad de un pueblo están vinculadas a la producción literaria y que ésta, a su vez, tiene la responsabilidad de articular dicha conexión. En otras palabras, el sentido de identidad —sea nacional o cultural— de los ciudadanos y el eslabón existente entre dicha identidad y la producción literaria que la acompaña son esenciales en el quehacer latinoamericano (González Echevarría, 125). Aunque tal aseveración es un planteamiento hecho en función de la modernidad hispanoamericana, pudiera aplicarse igualmente a una época en la que ya se estaba construyendo o fabricando por primera vez el concepto de lo que se ha denominado como la «identidad criolla» (Brading, 264). Por otra parte, en la introducción a su *Agencias criollas,* José Antonio Mazzotti plantea la manera en que se comienza a utilizar el término «criollo» para dirigirse a los «neo-europeos, por lo menos desde 1567», aunque a manera de insulto ya que «se tomó del apelativo inicialmente destinado para los hijos de esclavos africanos nacidos fuera del África» (11), a su vez citando *Las promesas* de Lavallé «(15-25)» (11). Además aclara que «la categoría de criollo se refiere más bien a un fundamento social y legal, antes que estrictamente biológico»:

> Implica también un sentimiento de pertenencia a la tierra y un afán de señorío (presentes incluso en los conquistadores, antes de que nacieran los primeros criollos, como proponen Lafaye [7-8] y Lavallé [«Del "espíritu colonial"», 39-41]), así como una aspiración dinástica basada en la conquista que distinguía a sus miembros del resto del

45

conjunto social de los virreinatos (Mazzotti, «La heterogenei-
dad colonial», 173-175 [11]).

Todo esto nos lleva a tratar de entender cómo, a pesar de
sus años de residencia en el Nuevo Mundo, la obra poética
de Bernardo de Balbuena no hace alusión a ninguno de los
temas centrales que definían «lo criollo» en la Nueva España.
Recordemos que hacia finales del siglo XVI ya empezaba a
sentirse el debilitamiento político y económico que las instituciones reales estaban padeciendo en América. Si bien es
cierto que el Nuevo Mundo había ayudado a que la España
imperial mantuviera su poder global, por otro lado se le estaba haciendo difícil —y, sobre todo, caro— permanecer económica, política y hasta psicológicamente en la posición que
había disfrutado en los albores de la Conquista. Esta pérdida
de poderío fue lo que según algunos llevó finalmente a España a la fatalidad y a la bancarrota una vez entrado el siglo XVII
(Elliott, 26). Con esto en mente, resulta lógico exponer, como
ya he dicho, que el interés de Balbuena radicaba en borrar
todo lo anterior, lo autóctono, lo indiano y sustituirlo por lo
que no era: un lugar utópico. El poeta logró la tarea de conver-
tir en dogma todo el esplendor nuevo, decorándolo de una
mitología que nada tenía que ver con la realidad mexicana, la
de la ciudad de Tenochtitlán tan alabada por Cortés, Cervantes de Salazar y Bernal Díaz del Castillo. De esta manera, Balbuena le presentaba al Viejo Mundo lo que también era viejo,
pero con cara de «nuevo», borrando y transformando lo verdaderamente «novohispano» (ante lo cual los prejuicios eran exa-
geradamente absurdos) para apelar al gusto cristiano y europeo. Dicho de otro modo, el valdepeñero reinterpreta la historia en términos de su formación intelectual europea y así
construye su propia utopía para convencer a los demás de su
valor. Ese tipo de exaltación en nada pretendía acercarse o
aceptar siquiera ningún «ideario independentista ni mucho
menos un igualamiento con las mayorías indígenas, africanas
y de castas», como correctamente asevera Mazzotti (13). Los
prejuicios estaban ya muy bien arraigados como puede leerse
abajo en los «insultos [...] del temible Cristóbal Suárez de Fi-
gueroa», quien en 1614 vociferaba el siguiente veneno:

Las Indias, para mí, no sé qué tienen de malo, que hasta su nombre aborrezco. Todo quanto viene de allá es muy diferente, y aun puesto, yua a decir, de lo que en España posseemos y gozamos. Pues los hombres (queden siempre reseruados los buenos) ¡qué redundantes, qué abundosos de palabras, qué estrechos de ánimo, qué inciertos de crédito y fe; cuán rendidos al interés, al ahorro! [...] ¡Notables sabandijas crían los límites antárticos y occidentales! (225-226) (citado por Mazzotti, 12).

Podría pensarse que Suárez aludía a Balbuena, quien se desvivió por probar lo contrario en su *Grandeza mexicana*. En efecto, en la elocuente «Carta al Arcediano», el poeta defiende «el ordinario lenguaje de esta ciudad», afirmando que «es el más cortesano y puro, el más casto y medido que usa y tiene la nación española». Esto lo repite en el poema, sin cansarse de alabar el español americano o mexicano: «Es ciudad de notable policía / y donde se habla el español lenguaje / más puro y con mayor cortesanía...» («Epílogo»).

Al considerar lo discutido hasta ahora, no debería sorprender que en aquel período, y en ambas orillas del Atlántico, se respirara un aire cortante, que fueran ambientes llenos de desconfianza, donde existían desaforadas ansias de sobrevivir contra vientos y mareas, acaso más alegóricos que las ventiscas y marejadas reales.

Geografía letrada: alianza entre poesía y política

Echemos otra mirada a la situación en la que se encontraba Bernardo de Balbuena y la función clave que desempeñaba en el momento en que su España comenzaba a sentir los estragos de la degradación política y económica. Mediante su obra laudatoria en y para ese Nuevo Mundo tan lleno de conflictos y contradicciones, Balbuena escribía para encubrir el deterioro que estaba experimentando el Imperio, a la vez que para complacer y obtener favores de la Corona. De esta manera, la geografía le servía a Balbuena de plantilla, suministrando un espacio desde el cual hacer llegar y valer las victorias pasadas del conquistador Hernán Cortés o del héroe medieval Bernardo del Carpio *(El Bernardo),* junto a las maravillas presentes de aquella grandiosa y nueva ciudad. Pero también recordemos que en cada una de sus obras, las glorias que Balbuena recrea sobre el Nuevo Mundo responden a las eternas glorias de España; tanto los temas como el contenido de sus obras son ejemplos de su erudición y de sus profundas raíces europeas. De ahí que la lectura minuciosa de su poesía vale para evidenciar el encubrimiento y la omisión de los acontecimientos históricos de la Nueva España como fueron las revueltas, las inquisiciones, la división de las castas y, por consiguiente, la opresión continua de la población indígena. Balbuena no participó ni mostró interés en las ambivalencias sociales del momento. Para él, México era una metáfora de España, símbolo de progreso y urbanidad. Por eso, sus imágenes exaltan una cultura y una sociedad que se erigían como las más gloriosas realizaciones de un pueblo nuevo cuyo brío no tenía parecido con los de una Europa que, en palabras de Brading, ya estaba disipada (300). Al realzar a México en su calidad de centro, el poeta se convierte en portavoz de todo cuanto allí era digno de admiración, lo cual se había logrado en un espacio de tiempo relativamente corto, dándole así un nuevo significado al poderío español que ya empezaba a mermar. Gracias a Balbuena, las tierras recién descubiertas pasaron a ser descritas como nunca antes, traspasando la barrera de la marginalidad para convertirse en el centro nuevo de atención, no ya de las «gentes bárbaras» que lo habitaban y para quienes ése era el verdadero ombligo del mundo, sino para los que al otro lado del Atlántico se conformarían con la versión poética, hermosa y benigna del poeta.

El proceso por el cual Balbuena se apropia de la geografía americana al incluirla en su obra literaria puede definirse a la luz de lo que Walter Mignolo llama «semiosis colonial», o sea, la yuxtaposición de signos provenientes de culturas diferentes y cómo éstos se relacionan entre sí para crear un «híbrido cultural» (1994, 16). Mediante este método, los signos pierden su sentido original y se adecuan al nuevo significado que adquieren por la interacción comunicativa que se lleva a cabo entre las fronteras culturales (16). Como se dijo anteriormente, Balbuena pone de relieve las dicotomías España/México y Viejo Mundo/Nuevo Mundo, hecho que nos ayuda a justificar y aclarar la apropiación y la enajenación que hace de la topografía americana (específicamente la de México) otorgándole un exotismo diferente al original. Aunque seguramente ésa no era su intención, el poeta reseña el caos existente que ha sido producto del encuentro entre esos dos mundos y culturas, dos signos tan dispares el uno del otro. De aquí parte, a mi juicio, la confusión a la hora de clasificar a Balbuena como americano o indiano; después de todo, su época es la correspondiente a la etapa en la que empezaba a cobrar forma la ciudad bautizada como «barroca», del período entre 1573 y 1750 (Solano). Desde esta perspectiva, se explica el estilo barroco, que tantos críticos le atribuyen a Balbuena[24], movimiento que llega a América proveniente de la Europa Central a través de España y del cual Balbuena resulta ser uno de sus precursores, como lo es del manierismo, según propone Ángel Rama, para quien el valdepeñero fue su fundador en América. Por otro lado, se ha discutido que tal movimiento ya existía naturalmente en las culturas náhuatl y maya-quiché, en su arte pictórico y en su poesía. De ahí que se hable del «barroco maya, por ejemplo, por lo recargado del estilo de ciertas fachadas» (comentario al margen de Daniel Torres). A tal efecto escribió Alejo Carpentier, diciendo que aquel movimiento europeo se transforma y adapta a las complejidades y maravillas del indígena ya que cualquier tipo de mestizaje inevitablemente engendra cierto barroquismo (114). Balbuena, sin embargo, no asume estas cualidades, sino que a su manera utiliza lo europeo para cifrar o encubrir la realidad, el conflicto entre imperio/colonia, colonizador/colonizado. Su escritura no trata de ordenar el mundo, sino de definir a su manera la situación existente. Las descripciones, menciones y listados que encontramos por toda su obra responden —o si se quiere, parodian— a la

---

[24] Lo opuesto sucede con Sor Juana Inés de la Cruz, a quien se considera como la representante más notable de nuestro Barroco. Carpentier (1984), Lezama Lima (1969), Roggiano (1977, 1982) y otros escribieron ensayos iluminadores al respecto (véase la Bibliografía).

dinámica del momento sin que por ello sea necesario hacer alusiones directas y concretas a la realidad. El escritor lleva a cabo la tarea de re-nombrar los territorios de la Corona a la luz de todo cuanto ya pertenecía a la historia para convertirlo en lo que habría de llegar a ser canon clásico literario. Esto se ve en la cuarteta final del Capítulo II de su *Grandeza mexicana,* donde México es «templo de la beldad, / alma del gusto, / Indias[25] del mundo, cielo de la tierra...», que sustituye y oscurece a cualquier otra gran ciudad. El *movable center* del cual habla Mignolo ha cruzado el Atlántico; por primera vez el espacio nuevo y desconocido da de lado al viejo. Indudablemente, Balbuena dejó un legado que hoy ejerce la función de documento histórico-geográfico o bien, usando una frase de Daniel Torres, su poema tiene valor de «artefacto poético-cartográfico» para las letras coloniales, porque reorienta el mapa intelectual e imaginario del mundo[26].

Si partimos de que la poesía es una imagen, metafóricamente hablando, al igual que la geografía, entonces podemos decir que el poeta produce una geografía intelectual, poética, para recrear el mundo en el cual ahora vive. Así como los conquistadores nombraron lo hasta entonces desconocido, Balbuena logró grabar la memoria de un nuevo mapa, de una nueva cartografía, reubicando el centro del mundo, cambiando las ciudades que habían estado en el centro de los mapas. Ya no se trata de Roma, Jerusalén, Sevilla, Pekín o París en el centro del globo, sino de México, desplazando así a todas las ciudades que habían imperado hasta entonces. Con *Grandeza mexicana,* esta nueva urbe pasa a representar la metrópoli más progresista y adelantada del mundo y se convierte en el enfoque y el origen del planeta: «México al mundo por igual divide, / y como

---

[25] Bajo el reinado de Felipe II (n. 1527-m. 1598), el historiador y cosmógrafo López de Velasco fue el responsable de dar a conocer el nombre de «Indias» en contrapunto al de «Nuevo Mundo» y, por consiguiente, tuvo a su cargo todo el proceso de hacer mapas y nombrar lugares, a la vez que lograba silenciar la voz de los nativos.

[26] Cuando digo «documento» (histórico-geográfico) lo hago pensando en el equivalente del latín *memoria,* o sea, lo que ayuda a comprobar la esencia letrada (Illich y Sanders, 24). Con esto en mente, Balbuena da fe de la razón de ser de la grandeza de *su* México.

a un sol la tierra se le inclina / y en toda ella parece que preside» (III). La Tierra queda dividida gracias a la posición central y de supremacía de la nueva ciudad mexicana, la cual se convierte no sólo en el nexo entre Oriente y Occidente, sino, como dice el poeta, en el «centro de perfección, del mundo el quicio, [...] la ciudad más rica y opulenta, / de más contratación y más tesoro» (I)[27]. En todo momento exalta la preeminencia de México, añadiendo que ésta «con todos se contrata y se cartea» (III), logrando hacer valer la posición de superioridad que goza ante el resto del mundo. Además, el poeta exalta la multiplicidad variopinta que la ciudad sintetiza, o sea, todo lo que él incorpora en su experiencia transatlántica, como representante de la unión de todos los demás países:

> Al fin, si es la beldad parte de cielo,
> México puede ser cielo del mundo,
> pues cría la mayor que goza el suelo.
> [...]
> En ti se junta España con la China,
> Italia con Japón, y finalmente
> un mundo entero en trato y disciplina (V).

En fin, México es el eslabón que une los continentes y los hemisferios, el meollo, el punto de convergencia al otro lado del Atlántico donde se dan cita todos los espacios que hasta entonces habían gozado de una posición privilegiada y que ahora pierden hasta su identidad individual para fundirse en México y formar parte global de Oriente y Occidente: «En ti de los tesoros del Poniente / se goza lo mejor, en ti la nata / de cuanto entre su luz cría el Oriente» (V). Así se explica la zona de contacto antes mencionada que se da entre todos los países y la supremacía que sobre ellos tiene México. Por eso digo que la visión poética de Balbuena —escritor trasatlántico por excelencia— es la de los mapas corográficos ya discutidos, al mismo tiempo que crea un espacio en el que coinciden y se dan cita lo «Viejo» y lo supuestamente «Nuevo»,

---

[27] Como señala Daniel Torres, «éstas serán las mismas ideas que Sigüenza y Góngora desarrollará en sus poemas *Primavera indiana* (1668) y *Oriental planeta evangélico* (1700)».

geográfica y literalmente separados por un mundo, en varios sentidos, de agua.

Balbuena vive, saborea y alaba el ideal imperial, la búsqueda del Siglo de Oro paradisíaco, representado en esta gran capital del Nuevo Mundo. Este erudito llega a la Nueva España en pleno apogeo renacentista de desarrollo y urbanismo utópico, y sobre ellos canta sus glorias. Mucho antes, Gómara, conocido cronista de «oídas» durante el Imperio de Carlos V, repetiría, sin haber salido nunca de España, lo que los cronistas de «vistas» ya habían constatado sobre la ciudad más grande y poblada de todas, lo cual, según George Kubler, no era ninguna exageración. Kubler afirma que México era, sin duda, «la ciudad más grande del mundo hispánico y sobrepasaba a muchas de las capitales europeas» (76), aseverando, incluso, que no existía «nada comparable a ello después del Imperio romano o antes de la creación industrial del siglo XIX» (108). Por esta razón repito que *Grandeza mexicana* representa y constituye un verdadero «mapa» o documento histórico-geográfico, como si se tratara de la gran historia del pasado europeo mexicano, del traslado de Tenochtitlán a México. Por eso sus versos están repletos de todo lo más variado que pudo encontrar y pensar: países, ciudades, flora y fauna, personas, animales (en particular caballos), edificios, calles, minerales y un largo etcétera. De este modo consigue presentarle al lector la gama tan amplia y diversa de la creación que se encuentra en la grandeza de aquella ciudad tan parecida, si no mejor, a las españolas.

Edward Said analiza la importancia del fenómeno de la geografía y la historia, al igual que el vínculo directo que existe entre ambas. Asegura muy lógicamente que no existe ningún espacio libre ni aislado y que la agenda y los intereses creados son los que rigen el momento histórico:

> Just as none of us is outside or beyond geography, none of us is completely free from the struggle over geography. That struggle is complex and interesting because it is not only about soldiers and cannons but also about ideas, about forms, about images and imaginings *(Culture and Imperialism*, 7).

Desde antes, este mismo autor ya había denunciado la agenda por parte de los europeos de «blanquear» el resto del mundo, blanqueamiento que, dicho sea de paso, perdura hasta nuestros días[28]. Este comentario nos ayuda a entender a Bernardo de Balbuena en la tarea de divulgar sus ideas e imágenes políticas eurocéntricas para crear su propio imaginario político-imperial. Con su poesía triunfa en establecer —en pleno Siglo de Oro, pero desde la periferia del Imperio, o sea, «desde los remotos confines» de la colonia— la yuxtaposición historia/geografía de la manera más erudita y, por ende, adornada, que le haya sido posible a ningún otro poeta colonial.

A Balbuena se le debe reconocer por haber logrado unir en un solo corpus poético el más vasto espectáculo político del que se fuera capaz a principios del siglo XVII. Los detalles que el poeta ofrece en *Grandeza mexicana* cumplen la función de activar la psiquis de los lectores. En su totalidad, el poema resulta riquísimo en descripciones líricas que son, a su vez, una fuente inagotable de imágenes sobre lo que el poeta percibía, acudiendo a ciertas libertades y cierto juego literario a la hora de presentarnos su visión de México en particular y de América y del planeta en general. En otras palabras, se trataba de una concepción «caótica» del mundo tal como verdaderamente era (Pratt, 30), pero ajustada por el poeta para representar el apogeo del virreinato de aquella «Nueva» España. Balbuena dio a conocer los espacios tal como los captaba en su calidad de observador —y más aún intérprete— del entorno. De esta manera el supuesto caos y el barroquismo de Balbuena adquieren significado. El poeta da forma y sentido nuevo a lo que anteriormente era desconocido y raro: la ciudad nueva creada sobre los escombros ancestrales indígenas, «salvajes» y «bárbaros».

---

[28] En su libro *Orientalism* (1978), Said ya había apuntado al acto de europeizar y «blanquear» el Oriente y los orientales para beneficio de los intereses monetarios del imperio de turno. Lo mismo sucede una vez que las nuevas tierras cayeron en manos de los españoles a partir de 1492. ¿Acaso no continúan las mismas prácticas en pleno siglo XXI? Se puede hacer una lista que le dé la vuelta al planeta, desde el Congo hasta el mismo México y todas las tierras que hay entre ambos, en todas las direcciones, para corroborar lo expuesto por Said.

En *Grandeza mexicana,* el poeta nos lleva, pues, en un recorrido por las calles de la ciudad que durante el virreinato de Mendoza formaban un «gran cuadro» (véase pág. 55). En dicho cuadro las calles aparecen «intersectadas *[sic]* en ángulo recto siguiendo el modelo de un tablero de damas formado por manzanas rectangulares» (Kubler, 79). También en palabras de Kubler:

> La nueva ciudad se dibuja en el suelo. Y sobre esta traza se pergeñan la plaza mayor, las calles, los solares [...] Estas trazas resultan un sencillo e idéntico diseño, como un damero de ajedrez, que ayuda al asentamiento de la hueste y explica la multiplicación del modelo. El damero es la traza que emplea el español para perpetuarse en la tierra: es un modelo de conquista, un elemento de la expansión... (24).

No en balde, México, gracias a «[l]a uniformidad de apariencia» y a que la edificación se realizaba «bajo estrictas regulaciones municipales», era la que se llevaba los elogios (80). Balbuena, entonces, lleva a cabo un trazado poético que sirve para ilustrar lo anterior:

> De sus soberbias calles la realeza,
> a las del ajedrez bien comparadas,
> cuadra a cuadra, y aun cuadra pieza a pieza,
>
> porque si al juego fuesen entabladas,
> tantos negros habría como blancos,
> sin las otras colores deslavadas (II).

Asimismo, el poeta se convierte en transeúnte que pasea por las calles mirándolo y, por tanto, ordenándolo todo[29]: «recuas, carros, carretas, carretones, [...] las portadas cubiertas de esculturas, [...] el bello sol, que con su luz divina / alumbra el mundo y en un año goza / del cielo todo y cuanto en él camina» (I).

---

[29] En el capítulo VII, «Walking in the City», de *The Practice of Everyday Life,* Michel de Certeau (1925-1986) explora los espacios citadinos y explica la unidad que se logra gracias al acto de caminar de los peatones. De una parte, los caminantes son los que le dan vida a la metrópoli, de otra, sus andanzas por las calles urbanas sobrepasan el territorio individual. Es decir, los transeúntes irrumpen en la vida de los otros, interrumpen el fluir, alteran las reglas de la cotidianidad.

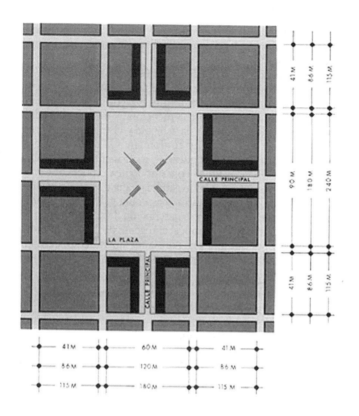

Traza de la plaza mayor según las Ordenanzas de 1573.

De este modo, el poeta-peatón regala un testimonio poético e ideal de la urbe en pleno desarrollo, llena de gente, de actividad y bien soleada[30].

En la introducción a su edición de *Grandeza mexicana* (1971), Luis Adolfo Domínguez plantea acertadamente que el poema viene a ser «una épica urbana muy novedosa para su tiempo» (XV). En efecto, Balbuena menciona y describe los edificios, las calles, el gobierno, la religión y el estado, así como todas las cosas que rodean y conforman a la ciudad. Lo que parece escapársele a Domínguez —y a otros críticos de la obra balbueniana— es la realidad contemporánea al poeta que yace implícita en su poema y la invisibilidad a la que somete el pasado indígena. *Grandeza mexicana* asombra y deslumbra por la amalgama que presenta en esa descripción de la metrópoli más progresista de todos los tiempos, con gente de la más variopinta diversidad por doquier y en constante movimiento, pero sin decir nada que pueda referirse o recordar a los indígenas[31]:

> De varia traza y varios movimientos
>   varias figuras, rostros y semblantes,
>   de hombres varios, de varios pensamientos,
>
> arrieros, oficiales, contratantes,
>   cachopines, soldados, mercaderes,
>   galanes, caballeros, pleiteantes,
>
> clérigos, frailes, hombres y mujeres,
>   de diversa color y profesiones,
>   de vario estado y varios pareceres,
>
> diferentes en lenguas y naciones,
>   en propósitos, fines y deseos
>   y aun a veces en leyes y opiniones (I).

---

[30] Esa referencia a la luz del sol indica el conocimiento común y general de que la buena proyección de la luz solar y la debida iluminación eran detalles obligatorios en la fundación y construcción de cualquier ciudad.

[31] Por desgracia, esta actitud, que no sólo es mexicana, aún perdura; me refiero a esconder al indio o al negro, al indeseado «otro», a la vez que se quiere mostrar la belleza citadina. Lamentablemente este mismo ilógico prejuicio se aplica a cualquier país, antes como ahora.

Si tomamos el concepto de «ciudad» como un espacio donde discurren las transformaciones, así como el valor capital de las propiedades (De Certeau, 94), llegamos a opinar que México marca un hito en la historia de la época. Es decir, la ciudad se convierte en el tema central de los asuntos socioeconómicos y políticos del momento: «Por todas partes la codicia a rodo [en abundancia], / que ya cuanto se trata y se practica / es interés de un modo o de otro modo» (I), y termina corroborando el poder y los intereses creados:

> Pues esta oculta fuerza, fuente viva
>   de la vida política, y aliento
>   que al más tibio y helado pecho aviva,
>
> entre otros bienes suyos dio el asiento
>   a esta insigne ciudad en sierras de agua,
>   y en su edificio abrió el primer cimiento.
>
> Y así cuanto el ingenio humano fragua,
>   alcanza el arte y el deseo platica
>   en ella y su laguna se desagua
>   y la vuelve agradable, ilustre y rica (I).

Todo lo que cuenta está velado por su lenguaje líricamente eurocéntrico que lo «blanquea» todo para deleite de sus lectores rezagados en la Madre Patria, desde el rey de España hasta sus compatriotas letrados. La ciudad viene a ser un producto que responde a los intereses del Imperio en las colonias y Balbuena se convierte en el portavoz que les reafirma el valor monetario del territorio que en una época no tan lejana perteneció a los mexicas. Por eso, y para justificar lo que dice, en el Capítulo V («Regalos, ocasiones de contento») destaca las riquezas abundantes: «Aquí es lo menos que hay que ver la plata», que por su abundancia parece «barata».

Como si este retrato no fuera suficiente, el poeta se desborda en descripciones de todo cuanto hay en estas tierras, desde los deliciosos manjares que permiten que la gente de «paladar y alma golosa [...] / pida su antojo, y no escatime el gasto», ya que hay «[m]il apetitos, diferentes trazas / de aves, pescados, carnes, salsas, frutas, / linajes varios de sabrosas cazas» (V). Además, en su México se puede disfrutar de las más espléndidas actividades sociales:

> Músicas, bailes, danzas, acogidas
> de agridulce placer, tiernos disgustos,
> golosina sabrosa de las vidas,
>
> fiestas, regalos, pasatiempos, gustos,
> contento, recreación, gozo, alegría,
> sosiego, paz, quietud de ánimos justos,
> [...]
> y cuanto la codicia y el deseo
> añadir pueden y alcanzar el arte,
> aquí se hallará, y aquí lo veo,
> y aquí como en su esfera tienen parte (V).

Queda establecido que el progreso y las oportunidades que habían comenzado a raíz de la Conquista y que siguieron sin tregua a lo largo del siglo XVI, metamorfosearon a Tenochtitlán en otra ciudad, nueva, diferente, en la que se palpaba el desarrollo por doquier. Celia Maldonado López da fe de que México era la ciudad más opulenta y poblada del Nuevo Mundo y que la organización del trabajo había logrado el funcionamiento eficaz e idóneo de «todas las instituciones necesarias para regir un vasto cuerpo territorial: la futura patria mexicana» (19), lo cual respalda los ejemplos líricos de Balbuena. Como dice Monterde, son precisamente «[e]sos fragmentos descriptivos» los que habrán de formar el «fondo adecuado para la *Grandeza mexicana*» (XXVI).

Grandeza mexicana es el mapa letrado que fija literalmente el cambio trascendental, con sus consecuencias irreversibles; es el texto que graba la transformación, para siempre, de la topografía, la vida, la cultura, la economía, la política, en fin, de todo México, parte íntegra de las «*Américas* europeas», como llegó a decir Benito Pérez Galdós *(Torquemada y San Pedro*, Parte 6, 492). Balbuena hace que su poema sirva de guía cartográfica y turística más que nada para los lectores que se quedaron allá, al otro lado del Atlántico, en aquellos otros «más remotos confines» de la tierra.

Por todo lo anterior considero que Balbuena es el verdadero hacedor de la topografía mexicana convertida en grandeza oficial. Lo que más define a Balbuena como poeta hispano-transatlántico es su conocimiento de la historia, la política, la geografía y las exigencias del momento. Nadie mejor que él apela al pasado histórico y legendario como una de las estrategias más comunes de interpretar el ahora, escondiéndolo (Said), elidiéndolo, omitiéndolo, suprimiéndolo (Torres), silenciándolo (Trouillot) o poetizándolo, como he dicho, sobre todo cuando su presente comenzaba a experimentar los principios de la decadencia imperial. La incursión de lo oriental y lo europeo en la obra de Balbuena responde, precisamente, a esta tarea de encubrir el lado «feo» de la historia.

Esta edición

Para esta edición he consultado las ediciones prínceps disponibles en la Harvard University Houghton Library y la Bancroft Library de la University of California, Berkeley (la de Ocharte) y en la biblioteca John Carter Brown de la Brown University (la de Dávalos). A la vez, comparé mi trabajo con cuatro ediciones publicadas en el siglo pasado: las de Van Horne, Monterde, Domínguez y González Boixo desglosadas al principio de esta Introducción. Mi propósito es el de avivar el interés y facilitar la lectura de la obra completa (poesía y prosa) mediante la actualización, regularización y modernización del texto. Me interesa, además, ofrecer una óptica más profunda y filosófica en torno al tema de la grandeza mexicana que presenta Balbuena. Mis modestas aportaciones complementan las de Van Horne y González Boixo; en mis notas aclaro léxico, alusiones mitológicas e históricas, etc., comparando los criterios editoriales usados por los anteriores y los de aquéllos con los míos. *Grandeza mexicana* se destaca por el lenguaje altamente erudito, con abundantes alegorías y referencias tanto a la historia como a la religión y la mitología. De modo que tener al menos un poco de información a la mano podría ayudar a entender mejor esta obra.

La experiencia me ha demostrado que si bien es cierto que se ha escrito mucho sobre *Grandeza mexicana*, ésta apenas se incluye en cursos. En Estados Unidos, donde resido e imparto clases, los cursos dedicados a los Estudios Coloniales casi nunca enseñan esta obra y de hacerlo, se limitan a algunos capítulos; ni siquiera en los estudios de maestría o de doctorado se acostumbra a leerla completamente. Considero que conocerla en su totalidad lleva a descubrir la importancia y la trascendencia que tiene *Grandeza mexicana* para los Estudios Coloniales y los Peninsulares. Balbuena, ejemplo vivo de su época, no sólo es peninsular, sino que su *Grandeza mexicana* podría decirse que es más bien española, tema que ya abordé. En fin y sin lugar a dudas, Balbuena y su obra son paradigmas de lo transatlántico.

Como la de Van Horne, mi edición incluye el poema íntegro, «Grandeza mexicana», y los adjuntos que en ambas prínceps comprenden todo el libro de *Grandeza mexicana*. Decidí mantener el formato estrófico original de todos los poemas que ha sido obviado por algunos editores. Por ejemplo, en todas las estrofas (tercetos y cuartetas) los versos que siguen al primero aparecen levemente sangrados hacia la derecha. La mayoría de las veces, a la hora de explicar palabras y términos mitológicos e históricos, el *Tesoro de la lengua castellana o española* (1611; 2006), de Sebastián de Covarrubias Horozco (1539-1613), fue un verdadero y muy valioso tesoro.

Espero que mis anotaciones y el estudio que precede a la obra de Balbuena sean de suficiente provecho para comprender y disfrutar la lectura de *Grandeza mexicana,* ejemplo y símbolo de la relación simbiótica entre Imperio y Colonia, imperialismo y colonialismo, al mismo tiempo que del desarrollo urbano de la Ciudad de México en los albores de la conquista. Sirva, pues, la presente edición bien para entusiasmar a los estudiantes que acaban de aventurarse a recorrer el mundo de los Estudios Hispánicos, bien para que los estudiosos ya formados consulten otra manera de ver o releer la obra de Bernardo de Balbuena y la compartan con sus discípulos.

Apuntes y aclaraciones sobre la ortografía

A continuación explico los parámetros utilizados para editar la obra de Balbuena. En general, he modernizado la puntuación y la ortografía respetando la intención semántica del autor, así como cuando la grafía era necesaria para las intenciones literarias. Por ejemplo, en los versos no he alterado las palabras que antaño se escribían unidas (deste > de este, della > de ella, etc.), aunque he dividido algunas de estas aglutinaciones en ciertos pasajes en prosa. Palabras como coluna > columna, cudicia > codicia, encienso > incienso, mesmo > mismo, entre muchas otras, se han modernizado, al igual que los infinitivos que llevan pronombres enclíticos asimilados al verbo: comparallo > compararlo, defraudalle > defraudarle, encontralla > encontrarla, etc. En todo caso, y como se verá, he seguido los criterios ya establecidos por quienes han editado las obras canónicas de los consagrados autores del llamado Siglo de Oro, coetáneos de Balbuena. En algunas instancias coincido, en otras no, con los que hicieron ediciones anteriores a ésta. Más detalladamente:

— Cambio de vocales: *e* > *i*: *e*ncienso > *i*ncienso, escr*e*bir > escr*i*bir, rec*e*bi > rec*i*bí; *i* > *a*: añ*i*diste > añ*a*diste; *i* > *e*: s*i*gun > s*e*gún; *u* > *o*: c*u*dicia > c*o*dicia.

— Simplificación de consonantes dobles: *ss* / *s* > altí*ss*imo / altí*s*imo.

— Adición de la *h* al principio de palabras: ay > *h*ay, oy > *h*oy.

— Resolución de las siguientes variantes: *ç/c/z*: de*z*ir > de*c*ir, de*zy*a > de*c*ía, ha*z*er > ha*c*er; *x/j/g*: di*x*e, di*x*o > di*j*e, di*j*o, pa*x*aro > pá*j*aro; *b/u/v*: a*v*er / a*v*iendo > ha*b*er / ha*b*iendo, *v*anda > *b*anda, *v*isoño > *b*isoño, nue*u*a > nue*v*a, *v*ltima > *ú*ltima; *y/i*: o*y*dor > o*i*dor; *t/ct*: do*t*rina > do*ct*rina, le*t*or > le*ct*or, le*t*ura > le*ct*ura, perfe*t*o > perfe*ct*o; *ch/qu*: *ch*imera > *qu*imera; *ph/f*: *Ph*ilipinas > *F*ilipinas; etc.

— Se ha modernizado la abreviatura &c. (etcétera/etc.), excepto en las citas del latín, y completado casi todas las palabras abreviadas por Balbuena en su prosa («Carta al Arcediano», «Introducción» y «Compendio»), para facilitar aún más la lectura.

— En cuanto a la acentuación, se han eliminado (*à* > *a*) o añadido (seg*ú*n, n*ú*mero, alt*í*simo, recib*í*, etc.) acentos de acuerdo a los criterios actuales. Además, se ha acentuado la combinación de verbo con pronombre enclítico (mandasme > mándasme, pareceme > paré-

63

ceme), siempre y cuando no alterara ni la rima ni el ritmo del poema. Por otra parte, se eliminan comas y puntos innecesarios, según los concebimos hoy, y se agregan donde parece indiscutible que deben estar.

— A la vocal con virgulilla se le ha dado su valor de [n] o [m], bien sea intervocálica o al final de palabra, como se ve en este verso: «[...] tãbien [también] en aquellos siglos era grãde [grande] ẽbeleco [embeleco] de adivinos» («Carta al Arcediano»).

— Cambio de las mayúsculas por minúsculas al principio de cada verso, excepto cuando se marca un nuevo comienzo.

— Los signos iniciales de exclamación o interrogación, que no se usaban durante la época de Balbuena, y las abreviaturas empleadas por él (específicamente en la prosa), se han distinguido mediante llaves —{¿}, {i}, Eleg{ía}, Prov{erbio}, etc.— para diferenciarlos de los corchetes [ ] usados en el texto original. Hay ocasiones, sin embargo, en que Balbuena (o el tipógrafo) sí escribió la palabra completa, sin abreviarla. Esto me lleva a aclarar que en el original también hay palabras escritas con la ortografía de hoy, pero nunca acentuadas.

ABREVIATURAS USADAS POR BALBUENA

Actu.	Actus Apostolorum > Actos
Æne.	Eneida
Annot.	anotada
Antiquit.	Antigüedades
Apoc., Apocal., Apocalip.	Apocalipsis
Apost.	Apóstol[es]
Arist.	Aristóteles
Aug.	[San] Agustín
Bibliot.	Biblioteca
c., ca., cap.	Capítulo
Cant.	Cantar de los cantares
Celan.	[Ad] Celantiam
Cor.	Corintios

Divinat.	[De] divinatione
Dno.	Domino
Eccl., Ecclesi.	Eclesiastés, Eclesiástico
Eleg.	Elegía[s]
Epist.	Epístola[s]
Epitaf.	Epitafio
Escrpt.	Escri[p]tura[s]
Etym.	Etimologías
f.	Folio
ff.	Folios
fr.	fray
Georg.	Geórgicas
Hier.	Hieronimo > Jerónimo
Juriscon.	Jurisconsulto
Lect.	lectura
Leg.	[De] Legibus
Li., Lib.	Libro
Matth.	Matthaeus > Mateo
Metam.	Metamorfosis
n.	número
Natu.	[De] natura Deorum
Nra.	Nuestra
Num.	Número[s]
Orat.	[De] Oratore
Orig.	Orígenes
p.	parte, página
paralip.	Paralipómenon
Phars.	Pharsalia > Farsalia
Præpar. evang.	Præparatio evangelica
Prop.	Propheta > Profeta
Prov.	Proverbio[s]
Psal.	[P]Salmo[s]
Re rust.	De Re Rustica
Reg.	Reges > Reyes
S.	San
Sag.	Sagrado
Saty.	Sátira[s]
Serm.	Sermón, Sermones
Tab.	Tábula[s]

Tex.	Texto
Timot.	Timoteo
Tract.	tratado
Tuscul.	Tusculanae
Vir., Virg.	Virgen, Virgilio
Vmd.	Vuestra Merced
V. S.	Vuestra Señoría
V. S. R.	Vuestra Señoría Reverendísima
§	sección
&.	Et = y
&c.	Etcétera

Pido disculpas de antemano por cualquier desliz que contradiga los señalamientos anteriores, y me hago responsable de los errores en los que yo pueda haber incurrido tanto aquí como en las notas y el corpus de la obra Cualquier error que pueda haber en las páginas de esta edición se debe únicamente a mi propio descuido.

RECONOCIMIENTOS Y AGRADECIMIENTOS

No es posible cerrar estas páginas sin agradecer ni valorar a quienes lo merecen: a la hora de la verdad, todo trabajo conlleva cierta labor comunitaria por lo cual el aprecio y el reconocimiento tienen su sitio primordial y de rigor.

Como queda claro en la dedicatoria, Marcelino Canino Salgado[32] tiene ese sitial de honor. No sólo fue mi mentor durante mis estudios de maestría en la Universidad de Puerto Rico, Recinto de Río Piedras, sino que me ha brindado apoyo incondicional hasta el día de hoy. De hecho, mientras cursaba mis estudios de doctorado en la University of Pennsylvania, fue él quien me sugirió que estudiara a Balbuena y su obra para mi tesis.

---

[32] Catedrático jubilado de la Universidad de Puerto Rico, Recinto de Río Piedras, es conferenciante y autor de innumerables artículos, ensayos y libros de variados temas, desde la Edad Media y el Siglo de Oro hasta el folclore puertorriqueño; además de ser poeta y novelista, el doctor Canino Salgado es pianista, arpista y relojero.

Hacia finales de mi doctorado, y cuando me preparaba para comenzar la investigación, me brindaron respaldo José Miguel Oviedo[33] y, en particular, Marina Scordillis Brownlee[34], cuya dedicación a los Estudios Medievales y al Siglo de Oro ha sido mi norte.

Las primeras ideas de este ensayo se gestaron en la casa de quien fuera mi compañera de doctorado, Persephone Braham, cuya solidaridad agradezco. Otra compañera a quien le debo profundo agradecimiento por su apoyo durante aquellos años de estudios doctorales es Lidia Verson Vadillo[35].

Recientemente he tenido la suerte de recibir las valiosas sugerencias de Daniel Torres[36], quien, al igual que Marcelino Canino Salgado, leyó varias versiones del manuscrito y me regaló sabios comentarios que procedí a incorporar en mi análisis del poema de Balbuena.

Como prueba de la vigencia del tema transatlántico, los amigos, compañeros y escritores puertorriqueños Margarita Maldonado Colón[37] y Reynaldo Marcos Padua[38] me hicie-

---

[33] Crítico literario peruano, profesor emérito por la University of Pennsylvania, es autor de numerosos ensayos, así como de historias y antologías de la literatura hispanoamericana.

[34] Además de ser autora de innumerables artículos, entre sus publicaciones más destacadas se encuentran: *The Severed Word: Ovid's «Heriodes» and the Novella Sentimental* y *The Cultural Labyrinth of María de Zayas*. Actualmente es catedrática en la Princeton University.

[35] Persephone Braham es catedrática auxiliar de Estudios Latinoamericanos en la University of Delaware. Lidia Verson Vadillo se desempeña como catedrática y directora del Instituto Interdisciplinario y Multicultural de la Universidad de Puerto Rico, Recinto de Río Piedras.

[36] Conocido también como Daniel Carrasquillo Cotto, es crítico literario *(El palimpsesto del calco aparente: Una poética del Barroco de Indias,* de 1993 y *La poesía en la literatura española y latinoamericana: de Garcilaso de la Vega a José Emilio Pacheco,* 2007, entre otros), poeta, cuentista, novelista puertorriqueño y catedrático de la Ohio University.

[37] Obras de Margarita Maldonado Colón son *El umbral del tiempo* (Premio Novela del Pen Club de Puerto Rico, 2005) y la colección de cuentos *El envés de la frontera* (2008), entre otras. Actualmente trabaja en varios proyectos literarios y de historia puertorriqueña.

[38] Reynaldo Marcos Padua, profesor universitario, pertenece a la generación de escritores del Grupo Guajana, cuyos cuentos (muchos inéditos) recopiló bajo el título *Relatos en espiga.* Es además autor de varios libros de poesía y narra-

ron el gran favor de ir a la catedral de San Juan a fotografiar la tarja conmemorativa dedicada a Balbuena (véase Introducción, pág. 17).

Durante el verano de 2009, y gracias al respaldo del Departamento de Foreign Languages and Literatures de la University of Delaware, la estudiante Karen Billotti me ayudó en varias tareas. A Tomás McCone y su equipo del Media Center les agradezco el haber convertido el «Compendio apologético» en documento Word, y a Aaron Ward por echarme una mano con la reproducción de las imágenes.

Entre los excelentes colegas con quienes tengo el privilegio de compartir el profesorado, distingo a Ángel Esteban[39] por haberme entusiasmado a preparar esta edición; sus numerosas ediciones son inspiradores ejemplos del quehacer literario.

Mi reconocimiento, también, a la cooperación del personal de las bibliotecas de las Universidades Brown, Harvard y Berkeley que me facilitaron e hicieron llevadera la labor de conseguir las ediciones de 1604 de la *Grandeza mexicana*.

Deseo reconocer la inspiración que recibí de mi madre Ana Nelly Maura Sánchez (q. e. p. d.), en cuya casa y mientras la cuidaba realicé gran parte de la investigación durante el verano de 2008. El licenciado Rafael Torres también me ofreció hospitalidad y me proporcionó un espacio en su propio hogar con las facilidades necesarias.

A todos los que de una manera u otra estuvieron al tanto de este proyecto les manifiesto mi sincera gratitud.

---

tiva: *El club de perdedores* (cuentos) y *Águila* (novela histórica) son dos títulos entre otros muchos.

[39] Profesor de Literatura de la Universidad de Granada, imparte cursos en los Estados Unidos durante el semestre de otoño. Sus títulos más recientes incluyen: *De Gabo a Mario: la estirpe del boom*, *Habaneros de acá, de allá y del medio*, *Darío a diario: Rubén en las dos orillas*, *Cervantes y América*, *Gabo y Fidel: el paisaje de una amistad* y *Cuando llegan las musas*.

Bibliografía

EDICIONES DE «GRANDEZA MEXICANA»
(SELECCIÓN)

Grandeza mexicana, del Bachiller Bernardo de Balbuena, dirigida al Ilustrísimo y Reverendísimo Don Fr. García de Mendoza y Zúñiga, Arzobispo de México, por Melchor Ocharte, México, 1604.
— del Bachiller Bernardo de Balbuena, dirigida al Excelentísimo Don Pedro Fernández de Castro, Conde de Lemos y Andrade, Marqués de Sarria, Presidente del Real Consejo de Indias, &c., en la imprenta de Diego López Dávalos, México, 1604.
— Real Academia Española, Madrid, Ibarra, 1821.
— Nueva York, Lanuza, Mendía y Cía., 1828.
— Madrid, Miguel de Burgos, 1829 y 1837.
— La Sociedad de México, Andrade y Escalante, 1860.
— Eusebio Vasco (ed.), Valdepeñas, *La Voz de Valdepeñas,* 1881.
— ed. facsimilar de la de Ocharte, México, Sociedad de Bibliófilos Mexicanos, 1927.
— John Van Horne (ed.), Urbana, University of Illinois Press, 1930.
— y fragmentos del *Siglo de oro* y *El Bernardo,* Francisco Monterde (ed.), México, Universidad Nacional Autónoma, 1941.
— y *Compendio apologético en alabanza de la poesía,* Luis Adolfo Domínguez (ed.), México, Porrúa, 1971.
— José Carlos González Boixo (ed.), Roma, Bulzoni, 1988.
— en *Bernardo de Balbuena: Poesía lírica,* Matías Barchino (ed.), Ciudad Real, Biblioteca de Autores Manchegos, 2000.
— México, Éxodo, 2007.

Amescua, Mira de, «Al lector», en *Siglo de oro en las selvas de Erífile,* José Carlos González Boixo (ed.), Xalapa, Universidad Veracruzana, 1989, 67-75.

Barchino, Matías, *Bernardo de Balbuena: Poesía lírica,* Ciudad Real, Biblioteca de Autores Manchegos, 2000.

Buxó, José Pascual, «Bernardo de Balbuena y el Manierismo novohispano», *Studi Ispanici* (1977), 143-162.

Brading, David A., *The First America. The Spanish Monarchy, Creole Patriots, and the Liberal State 1492-1867,* Cambridge, Cambridge University Press, 1991.

Carpentier, Alejo, *Ensayos,* La Habana, Letras Cubanas, 1984.

Cormack, Lesley B., *Charting an Empire: Geography at the English Universities, 1580-1620,* Chicago, University of Chicago Press, 1997.

De Certeau, Michel, *The Practice of Everyday Life,* Steven F. Rendall (trad.), Berkeley, University of California Press, 1984.

De Vorsey, Jr., Louis, *Keys to the Encounter. A Library of Congress Resource Guide for the Study of the Age of Discovery,* Washington, Library of Congress, 1992.

Elliott, John Huxtable, *Spain and Its Worlds, 1500-1700,* New Haven, Yale University Press, 1989.

Fernández Juncos, Manuel, *D. Bernardo de Balbuena: Obispo de Puerto Rico. Estudio biográfico y crítico,* San Juan, Las Bellas Letras, 1884.

González Echevarría, Roberto, *The Voice of the Masters: Writing and Authority in Modern Latin American Literature,* Austin, University of Texas Press, 1985.

González Muñoz, María del Carmen, «Estudio preliminar», en *Geografía y descripción universal de las Indias,* de Juan López de Velasco, Madrid, Biblioteca de Autores Españoles, 1971, III-XLVIII.

Greenblatt, Stephen, *Marvelous Possessions: The Wonder of the World,* Chicago, The University of Chicago Press, 1991.

Henríquez Ureña, Pedro, *Las corrientes literarias en la América Hispánica,* México, Fondo de Cultura Económica, 1969, 75-77.

Illich, Ivan y Sanders, Barry, *ABC: The Alphabetization of the Popular Mind,* Nueva York, Vintage, 1998.

Koeman, Cornelis, «Atlas Cartography in the Low Countries in the Sixteenth, Seventeenth, and Eighteenth Centuries», en *Images of the World. The Atlas through History,* John A. Wolter y Ronald E. Grim (eds.), Washington, D. C., Library of Congress, 1997, 73-107.

KUBLER, George, *Arquitectura mexicana del siglo XVI*, Roberto de la Torre, Graciela de Garay y Miguel Ángel de Quevedo (trads.), México, Fondo de Cultura Económica, 1982.

LESTRINGANT, Frank, *Mapping the Renaissance World: the Geographical Imagination in the Age of Discovery*, David Fausett y Stephen Greenblatt (trads.), Berkeley, University of California Press, 1994.

LEZAMA LIMA, José, *La expresión americana*, Santiago de Chile, Universitaria, 1969.

LÓPEZ DE GÓMARA, Francisco, *Historia general de las Indias y Vida de Hernán Cortés*, 2 vols., Jorge Gurría Lacroix (ed.), Caracas, Ayacucho, 1979.

LÓPEZ DE VELASCO, Juan, *Geografía y descripción general de las Indias*, Marcos Jiménez de la Espada (ed.), Madrid, Biblioteca de Autores Españoles, 1971.

MALDONADO LÓPEZ, Celia, *La Ciudad de México en el siglo XVII*, México, Colección Distrito Federal, 1988.

MAZZOTTI, José Antonio, *Agencias criollas: La ambigüedad «colonial» en las letras hispanoamericanas*, Pittsburgh, Instituto Internacional de Literatura Iberoamericana, 2000.

MENÉNDEZ PELAYO, Marcelino, *Historia de la poesía Hispano-Americana*, Enrique Sánchez Reyes (ed.), Santander, Artes Gráficas, 1948, 30-31.

MIGNOLO, Walter D., «The Movable Center: Geographical Discourses and Territoriality During the Expansion of the Spanish Empire», en *Coded Encounters. Writing, Gender, and Ethnicity in Colonial Latin America*, Francisco Javier Cevallos-Candau *et al.* (eds.), Amherst, University of Massachusetts Press, 1994, 15-45.

— *The Darker Side of the Renaissance: Literacy, Territoriality, and Colonization*, Ann Arbor, University of Michigan Press, 1995.

MONSIVÁIS, Carlos, «Prólogo», *Nueva grandeza mexicana de Salvador Novo*, México, Cien de México, 2001.

MONTERDE, Francisco (ed.), *Grandeza mexicana y fragmentos del Siglo de oro y El Bernardo*, México, Biblioteca del Estudiante Universitario, 1941.

— «Balbuena y su alabanza de México», *Cultura mexicana. Aspectos literarios*, México, Intercontinental, 1946, 1-41.

MURGA, Vicente y HUERGA, Álvaro, *Episcopologio de Puerto Rico*, vol. III, Ponce, Universidad Católica de Puerto Rico, 1989, 241-264, 589 y 593-594.

NOVO, Salvador, *Nueva grandeza mexicana*, México, Cien de México, 2001.

PADRÓN, Ricardo, «Mapping Plus Ultra: Cartography, Space, and Hispanic Modernity», *Representations*, 79 (2002), 28-60.

— «Charting Empire, Charting Difference: Gómara's *Historia general de las Indias* and Spanish Maritime Cartography», *Colonial Latin American Review*, 11.1 (2002), 47-69.

PAGDEN, Anthony, *European Encounters with the New World: from Renaissance to Romanticism*, New Haven, Yale University Press, 1993.

PAZ, Octavio, *Las peras del olmo*, Barcelona, Seix Barral, 1982.

PÉREZ GALDÓS, Benito, *Las novelas de Torquemada: Torquemada y San Pedro*, Madrid, Alianza, 1970, 465-651.

PICÓN-SALAS, Mariano, *De la Conquista a la Independencia. Tres siglos de historia cultural hispanoamericana*, México, Fondo de Cultura Económica, 1950, 108-110.

PRATT, Mary Louise, *Imperial Eyes. Travel Writing and Transculturation*, Londres, Routledge, 1992.

QUINT, David, *Epic and Empire: Politics and Generic Form from Virgil to Milton*, Princeton, Princeton University Press, 1993.

QUINTANA, Manuel Josef, *Poesías selectas castellanas, desde el tiempo de Juan de Mena hasta nuestros días*, tomo I, LIX-LX, 188-238 (selección de églogas del *Siglo de oro en las selvas de Erífile*), Madrid, Gómez Fuentenebro y Compañía, 1807.

RAMA, Ángel, «Fundación del Manierismo hispanoamericano por Bernardo de Balbuena», *University of Dayton Review* 16.2 (1983), 13-22.

ROGGIANO, Alfredo A., «Instalación del barroco hispánico en America: Bernardo de Balbuena», en *Homage to Irving A. Leonard: Essays on Hispanic Art, History and Literature*, Raquel Chang-Rodriguez, Donald A. Yates y Robert G. Mead (eds.), East Lansing, Michigan State University Press, 1977, 61-74.

— «Acerca de dos barrocos: el de España y el de América», Madrid, Actas del XVII Congreso del Instituto Internacional de Literatura Iberoamericana, 1975.

— «Bernardo de Balbuena», *Historia de la literatura hispanoamericana. Epoca colonial*, Luis Íñigo Madrigal (ed.), Madrid, Cátedra, 1982, 215-224.

ROJAS GARCIDUEÑAS, José, *Bernardo de Balbuena: la vida y la obra*, 2.ª ed., México, UNAM, 1988.

SAID, Edward, *Culture and Imperialism*, Nueva York, Knopf, 1993.

— *Orientalism*, Nueva York, Pantheon, 1978.

SOLANO, Francisco de (dir. científico), *Historia urbana de Iberoamérica*, 4 tomos, Madrid, Testimonio, 1990.

TAPIA Y RIVERA, Alejandro, *Biblioteca histórica de Puerto Rico*, San Juan, 1854, 463.

TORRES, Daniel, *El palimpsesto del calco aparente: Una poética del Barroco de Indias*, Nueva York, Peter Lang, 1993.

— «De la utopía poética en *Grandeza mexicana* de Bernardo de Balbuena», *Calíope*, 4.1-2 (1998), 86-93.

TOVAR DE TERESA, Guillermo, *La ciudad de México y la utopía en el siglo XVI*, México, Seguros de México, 1987.

TROUILLOT, Michel-Rolph, *Silencing the Past. Power and Production of History*, Boston, Beacon, 1995.

VAN HORNE, John, *Bernardo de Balbuena: biografía y crítica*, 2.ª ed., con un «Avance» acerca de Van Horne y su obra por José Cornejo Franco, Guadalajara (Méx.), Et Cætera, 1972.

WALLIS, Helen, «Sixteenth-Century Maritime Manuscript Atlases for Special Presentation», en *Images of the World. The Atlas through History*, John A. Wolter y Ronald E. Grim (eds.), Washington, D. C., Library of Congress, 1997, 31-49.

WHITFIELD, Peter, *New Found Lands: Maps in the History of Exploration*, Nueva York, Routledge, 1998.

WOLTER, John A. y GRIM, Ronald E. (eds.), *Images of the World. The Atlas through History*, Washington, D. C., Library of Congress, 1997.

BIBLIOGRAFÍA COMPRENSIVA SOBRE BALBUENA Y SU OBRA,
EN PARTICULAR LA «GRANDEZA MEXICANA»

ACOSTA, Leonardo, «"El barroco americano" y la ideología colonialista», *Unión*, 11.2-3 (1972), 30-63.

ARROYO, Anita, «Bernardo de Balbuena y su *Grandeza mexicana*», en *América en su literatura*, San Juan de Puerto Rico, Universitaria, 1976, 100-114.

BARCHINO, Matías (ed.), *Bernardo de Balbuena: Poesía lírica*, Ciudad Real, Biblioteca de Autores Manchegos, 2000.

BARRERA, Trinidad, «Entre la realidad y la exaltación: Bernardo de Balbuena y su visión de la capital mexicana», en *Poéticas de la restitución: Literatura y cultura en Hispanoamérica colonial*, Raúl Marrero-Fente (ed.), Newark (Delaware), Juan de la Cuesta, 2005, 73-82.

BUXÓ, José Pascual, «Bernardo de Balbuena, o el Manierismo plácido», *La dispersión del manierismo*, México, UNAM, 1980, 113-146.

— «Bernardo de Balbuena: el arte como artificio», *Homenaje a José Durand*, Luis Cortest (ed.), Madrid, Verbum, 1993, 189-215.

CALDERÓN DE PUELLES, Mariana, «"Indias del mundo, cielo de la tierra": La grandeza de México en Bernardo de Balbuena», en *Poéticas de la restitución: Literatura y cultura en Hispanoamérica colonial*, Raúl Marrero-Fente (ed.), Newark (Delaware), Juan de la Cuesta, 2005, 83-96.

CASTAGNINO, Raúl H., «Telurismo y anticipación en Bernardo de Balbuena», *Escritores hispanoamericanos. Desde otros ángulos de simpatía,* Buenos Aires, Nova, 1971, 47-55.

CASTRO LEAL, A., «La naturaleza americana en Bernardo de Balbuena y Salvador Díaz Mirón», *Literatura iberoamericana. Influjos locales. Memoria del X Congreso del I.I.L.I.,* México, 1965, 151-155.

CHEVALIER, Maxime, «Sur les elements merveilleux du Bernardo de Balbuena», *Études de philologie romane et d'histoire litteraire offerts à Jules Horrent à l'occasion de son soixantième anniversaire,* Jean Marie D'Heur *et al.* (eds.), Tournai, Gedit, 1980, 597-601.

CHRISTIAN, Jr., Chester C., «Poetic and Prosaic Descriptions of Colonial Mexico City», *Exploration,* 9 (1981), 1-21.

CORTIJO OCAÑA, Antonio, «El compendio apologético de Balbuena: la inserción polémica del poeta en el edificio civil», *Nueva Revista de Filología Hispánica,* 45.2 (1997), 369-389.

FERNÁNDEZ JUNCOS, Manuel, *D. Bernardo de Balbuena: Obispo de Puerto Rico. Estudio biográfico y crítico,* San Juan, Las Bellas Letras, 1884.

FORCADAS, Alberto, «La *Grandeza mexicana* de Bernardo de Balbuena en el "Canto a la Argentina" de Rubén Darío», *Cuadernos Americanos,* 198 (1975), 229-247.

GARCÍA, Hugo, *Detrás de la imagen de la ciudad virreinal sujeto, violencia y fragmentación,* Tesis doctoral, Columbus (OH), Ohio State University, 2006.

— «Los elementos visuales en *La Grandeza Mexicana,* de Bernardo de Balbuena», en *Selected Proceedings of the Pennsylvania Foreign Language Conference, 2002,* Gregorio C. Martin (ed.), Pittsburgh (PA), Duquesne University Press, 2003, 55-62.

GARCÍA ICAZBALCETA, Joaquín, «La *Grandeza mexicana* de Balbuena», en *Obras,* tomo II, México, Biblioteca de Autores Mexicanos, 1896, 187-215.

GÓMEZ, Fernando, «Estética manierista en los albores modernos de la periferia colonial americana: acerca de *La grandeza mexicana* de Bernardo de Balbuena (1562-1627)», *Hispanic Review,* 71.4 (2003), 525-548.

GONZÁLEZ GAMIO, Ángeles, *«Grandeza mexicana» a fin de milenio,* México, Instituto de Seguridad y Servicios Sociales de los Trabajadores del Estado, 1999.

HINTZE DE MOLINARI, Gloria, «Intertextualidad manierista en la *Grandeza mexicana* de Bernardo de Balbuena», *Revista de Literaturas Modernas,* 24 (1991), 197-210.

HUERGA, Álvaro, *Los obispos de Puerto Rico en el siglo XVII,* Ponce, Universidad Católica de Puerto Rico, 1989, 35-54.

LAFAYE, Jacques, «La *Grandeza de México* según Bernardo de Balbuena», en *Quetzalcoatl y Guadalupe: La formación de la conciencia nacional en México* (obra del mismo Lafaye), México, Fondo de Cultura Económica, 1976, 99-109.

MADRIGAL, Luis Íñigo, «*Grandeza mexicana* de Bernardo de Balbuena o El interés, señor de las naciones», *Revue Suisse des Litteratures Romanes,* 22 (1992), 23-38.

MEDINA, José Toribio, *La imprenta en México, 1539-1821,* tomo II, «Balbuena (Bernardo de)», Santiago de Chile, En Casa del Autor, 1909, 14-15.

— *Escritores hispanoamericanos celebrados por Lope en el «Laurel de Apolo»,* Santiago de Chile, Universitaria, 1922, 10 y 49-80.

MERRIM, Stephanie, «*La grandeza mexicana* en el contexto criollo», en *Nictimene... sacrílega. Estudios coloniales en homenaje a Georgina Sabat-Rivers,* Mabel Moraña y Yolanda Martínez San-Miguel (eds.), México, Universidad del Claustro de Sor Juana, 2003, 81-97.

MILLÁN, María del Carmen, «Dos aspectos en la obra de Bernardo de Balbuena», *Rueca,* II.10 (1944), 27-31.

— *El paisaje en la poesía mexicana,* México, Universitaria, 1952, 33-56.

MIRELES MALPICA, Guadalupe, *La significación de Balbuena, Alarcón y Altamirano dentro de la evolución de la cultura literaria mexicana* (Tesis doctoral), México, UNAM, 1954.

MONTERDE, Francisco, «Balbuena y su alabanza de México», *Cultura mexicana. Aspectos literarios,* México, Intercontinental, 1946, 1-41.

— «Bernardo de Balbuena y la *Grandeza mexicana»,* Prólogo, México, Biblioteca del Estudiante Universitario, 1941, V-XXXVIII.

MUÑOZ FILLOL, Cecilio, «Bernardo de Balbuena en sus obras», *Cuadernos de Estudios Manchegos,* 2 (1971), 35-134.

PASCUAL BUXÓ, José, «Bernardo de Balbuena y el manierismo novohispano», *Studi Ispanici* (1977), 143-162.

PÉREZ BLANCO, Lucrecio, «Bernardo de Balbuena: Innovación y magisterio en la literatura hispanoamericana de los siglos XVI y XVII», Madrid, Universidad Complutense, s. f.

PORRAS MUÑOZ, Guillermo, «Nuevos datos sobre Bernardo de Balbuena», en *Revista de Indias,* X (1950), 591-596.

RIVERA-AYALA, Sergio, «Alboroto y motín de la *Grandeza mexicana»,* en *El discurso colonial en textos novohispanos: Espacio, cuerpo y poder* (del mismo Rivera-Ayala), Nueva York, Boydell & Brewer, 2009.

RUBIO MAÑÉ, Jorge Ignacio, «Bernardo de Balbuena y su *Grandeza mexicana»,* *Boletín del Archivo General de la Nación,* 2.ª serie, I (1960), 87-100.

— «Noticias adicionales de Bernardo de Balbuena», *Boletín del Archivo General de la Nación,* VII (1966), 857-862.

SAAD MAURA, Asima F. X., *Nuevas ópticas sobre la obra de Bernardo de Balbuena,* Tesis doctoral inédita, University of Pennsylvania, 1999.

— «Bernardo de Balbuena», en *Greenwood Encyclopedia of American Poets and Poetry,* 5 vols., Westport (CT), Greenwood Press, vol. I, 2006, 83-84.

— «From the Traditional Utopian Fountain to the Exotic Lagoon: New Spain as an Urban Arcadia in Bernardo de Balbuena's *Siglo de oro en las selvas de Erífile*», estudio inédito, presentado en la Conferencia de la *Renaissance Society of America,* Nueva York, 1-3 de abril de 2004.

SABAT-RIVERS, Georgina, «Balbuena: géneros poéticos y la epístola épica a Isabel de Tobar», *Texto Crítico,* X.28 (1984), 41-66.

— «Las obras menores de Balbuena: erudición, alabanza de la poesía y crítica literaria», *Revista de Crítica Literaria Latinoamericana,* 43-44 (1996), 89-101.

SIMÓN DÍAZ, José, *Bibliografía de la literatura hispánica,* Fuentes bibliográficas sobre Bernardo de Balbuena, Madrid, C.S.I.C., 1950.

TIRRI, Néstor, «Bernardo de Balbuena y la comunidad barroca hispanoamericana», *Cuadernos del Sur,* 8-9 (1967-1968), 45-54.

TORRES, Daniel, «De la utopía poética en *Grandeza mexicana* de Bernardo de Balbuena», *Calíope: Journal of the Society for Renaissance and Baroque Hispanic Poetry,* 4.1-2 (1998), 86-93.

VALBUENA BRIONES, Ángel, «La poesía barroca de Balbuena», *Historia de la literatura española,* tomo V: *Literatura hispanoamericana,* Barcelona, Gustavo Gili, 1969, 81-87.

VALLE-ARIZPE, Artemio de, *Historia de la ciudad de México según los relatos de sus cronistas,* México, Pedro Robredo, 1939, 20 y 338-340.

VAN HORNE, John, *La «Grandeza mexicana» de Bernardo de Balbuena,* Urbana (IL), University of Illinois, 1930.

— «Documentos del Archivo de Indias referentes a Bernardo de Balbuena», *Boletín de la Real Academia de la Historia,* XLVI, Madrid, 1930, 857-876.

— «El nacimiento de Bernardo de Balbuena», *Revista de Filología Española,* XX (1933), 160-168.

— «Bernardo de Balbuena y la literatura de la Nueva España», *Arbor,* III.8 (1945), 205-214.

ZERTUCHE, Francisco M., «Bernardo de Balbuena y la *Grandeza mexicana*», en *Armas y Letras,* XI (1947), 3-5.

Grandeza mexicana

«México al mundo por igual divide / y como a un sol la tierra se le inclina / y en toda ella parece que preside» («Grandeza mexicana», Cap. III).

Detalle del plano de la ciudad de México como la concebía Juan Gómez de Trasmonte en 1628 (Tovar de Teresa, 164).

Al Ilustrísimo y Reverendísimo
Don Fray García de Mendoza y Zúñiga,
Arzobispo de México, del Consejo
de Su Majestad, etc.[1]

Habiendo amagado a escribir estas excelencias de México con deseo de darlas a conocer al mundo viéndolas hoy aumentadas y en todo su colmo y lleno con la deseada venida de V. S. R., paréceme que no cumpliera con lo que a ellas y a mis deseos debo si a todos juntos no hiciera un nuevo servicio: a V. S. en ofrecerle un retrato de esta su dichosa ciudad, a ella en darle por amparo y defensa de sus grandezas la mayor de todas, y a mis deseos ocasión donde mostrar que si en la tierra hay otra cosa que con nombre de grande pueda competir con las dos es el amor que los ofrece. Suplico a V. S. que puestos los ojos en él, merezca yo por esta vez gozar el gusto de verlo tan bien empleado, y estos rasguños y sombras contra los riesgos del tiempo de la del gran valor de V. S., cuya importantísima vida guarde nuestro Señor muchos años para bien nuestro. México, quince de septiembre de MDCIII años.

B. Bernardo de Balbuena.

---

[1] Dedicatoria en la edición de Ocharte, después de la cual sigue «Al lector».

Al Excelentísimo
Conde de Lemos y Andrade,
Marqués de Sarria, Presidente
del Real Consejo de Indias[2]

EL BACHILLER BERNARDO DE BALBUENA

ELOGIO

Si al grave curso del feliz gobierno,
    en que de un nuevo mundo la gran masa
    con tu saber y grandeza mides,
el paso cortas y el fervor divides
    y un pecho tan prudente como tierno
    da alivio al tiempo, a los cuidados tasa,
Nuevo Mecenas, gloria de la casa
    más noble y más antigua
    que España en sus Archivos atestigua,
    pues siglos vence y las edades pasa,
pase también, y crezca como espuma,
    mi humilde hiedra, que en su excelso muro,
    busca arrimo seguro,
    donde ni la marchite ni consuma
el envidioso aliento que procura
    manchar el Sol y hacer su lumbre oscura.

---

[2] Dedicatoria en la edición de Dávalos, después de la cual sigue «Al lector».

Mientras que a sombras del laurel altivo,
    que adorna y ciñe esas heroicas sienes,
    das lustre al reino, y a la envidia espanto,
oye a los rayos de tu luz mi canto
    y en él lo lejos de un retrato vivo
    de la real sangre que en la tuya tienes.
Otros te sirvan con menores bienes,
    y te rindan tributos
    los blandos chinos y los Andes brutos,
    que en paz gobiernas y en quietud mantienes,
y en blanco mármol o en bruñido Açofar
    te levanten Colosos,
    do envíen de sus Reinos caudalosos,
    oro el Poniente y el Oriente aljófar,
Persia diamantes, el Arabia olores,
    África palmas, triunfo a tus mayores.

Que yo, que sólo soy rico en deseos,
    de las venas de amor sacaré el oro
    con que labraste una inmortal corona,
y en versos dignos de tu real persona,
    arcos levantaré, pondré trofeos,
    de que se ufane España y tiemble el moro.
En tanto ahora, que de su sonoro
    plectro la Musa mía
    mayor tributo a tu grandeza envía,
    acoge esta pobreza en tu tesoro,
pequeño ensaye de unas grandes veras,
    en que mide y compasa
    los nobles hechos de tu ilustre casa,
    y ufana en las edades venideras,
irán respecto de su heroico vuelo
    las más altivas nubes por el suelo.

Allí entre las grandezas españolas,
    que a mi Bernardo adornan fama y hechos
    con letras de oro campearán las tuyas,
y en cuadros de marfil y nácar, cuyas
    vislumbres de tu honor serán las olas,
    y de mi voz las honras y provechos,

en láminas de bronce verás hechos
   los bultos de mil reyes,
   que a ti principios, y a sus Reinos leyes
dieron con nobles y prudentes pechos,
1[3]   y la gótica sangre deducida
   del Santo Recaredo,
   a la que Julio César quitó el miedo
en aquella costosa arremetida
que la ciega ambición trazó a su modo
   cuando apostó a una suerte el mundo todo.

2   Y ahora el elocuentísimo Turino
   pronosticó a tu gran entendimiento
   mil y seiscientos años antes fuese
que un Clodio a Roma y a Colonia diese
   por Duque del ejército Agripino,
   que a la ciudad abrió el primer cimiento
donde de en uno en otro crecimiento
   vino tu sangre ilustre,
   a Bernardo y Belchides honra y lustre
   del asturiano y bélgico sarmiento,
que dio por fruto jueces a Castilla,
   a los leones freno,
   un Cid a España de victorias lleno
y otros que en nuevo triunfo y maravilla
celebró aquella edad, y en mi sonoro
   verso en ésta tendrán estatuas de oro.

Yo digo del rectísimo don Suero,
   bisnieto del gran rey Bermudo y tío
3   del que a Castro juntó al valor de Ançules,
y del gentil Persides los azules
   roeles dio a tu casa, y un sincero
4   alcalde de Toledo, cuyo brío

---

[3] Este número y los siguientes que aparecen al margen pertenecen a las notas o «Advertencias» que el mismo Balbuena puso para explicar los versos específicamente numerados. Dichas explicaciones aparecen en la prínceps al final de la dedicatoria, como se verá más adelante.

hizo del campo godo un rojo río
   lleno de orilla a orilla
   de la más noble sangre de Castilla,
   vertida en un combate y desafío,
y luego de su mismo rey cuñado,
   de un emperador yerno,
   a tu estado añadió un sucesor tierno,
   que el mundo hizo temblar después de armado
y a pesar de mil riesgos y mil daños
5   dentró en Castilla los famosos Baños.

Príncipe digno que el autor del Cielo
   le rebelase las reliquias santas

   de las grandes Patronas de Sevilla,
por cuya devoción y fe sencilla
   hoy goza Burgos su mayor consuelo,
   y España toda maravillas tantas.
De nuevo enjerta en tan heroicas plantas
   la Real dio un infante,
6   hermosa Irene, para tierno amante
   tuyo, que a Venus y a Belonas espantas,
pues si él puso por ti trincheras de Holanda,
   tú, gallarda amazona,
   libraste con tus damas y persona
   la dura peña a tu obediencia blanda,
dando espantos al moro, al amor penas,
   la fe a tu amante, a Martos sus almenas.

7 Nieto fue tuyo un noble adelantado,
      tal, que con cuanto el sabio Alfonso supo,
      no supo que en Castilla toda hubiese
   otro que más valiente y noble fuese,
      y así aunque niño le entregó el estado
      que por herencia y sucesión le cupo.
   Mas {¿}a qué fin sin tan razón me ocupo
      en contar las estrellas,
      teniendo a ti por Sol en medio dellas?
      Porque mi pluma y voz no desocupo

a sola tu grandeza, pues {¿}qué basta
  y sobra para Homero?
  Mas si he de dibujarte todo entero,
  {¿}qué mejor vena de oro que tu casta
de excelencias, virtudes y contrastes,
  que de matices sirvan y de engastes?

8 Aquí hallaré el valor y fortaleza,
    de aquel que cuarenta años fue cautivo
    y después libre sujetó a Toroño.
  Y aquel que Héctor cabe él fuera bisoño,
    y a Sarria y Lemos dio, para cabeza
    de tu estado, y pasó su ánimo altivo
  al africano Alarbe fugitivo
    y en la esposa que goza,
    a tu sangre real la de Mendoza,
  y a España un Don Esteban, Marte vivo,
  pertiguero mayor y Adelantado,
    de Doña Aldonza esposo,
    nieta del Rey que el verde hábito honroso
    sacó a la luz, y ella al mundo el celebrado
  Fernando, que en Monforte murió al cabo,
    yerno del noble rey Don Sancho el Bravo.

9 Deste nació Don Pedro, que la guerra
    su braveza le dio por apellido,
    y en la de Portugal fue sin segundo.
  En Tarifa su espada asombró un mundo,
    en Lerma y Peñafiel toda la tierra,
    y allí un infante a su opinión rendido
  fue el primero en la Banda Real ceñido
    y el que por nobles hechos
    honró con ella otros hidalgos pechos,
    en Algecira muerto y no vencido.
  Tuvo una hija reina de Castilla
    y otra que, aunque encubierta,
    en Portugal reinó después de muerta,
    para mayor grandeza y maravilla,
  que si su suegro la mató furioso,
    reina la hizo después el rey su esposo.

O bellísima Inés, sagrario y templo
   de castidad, dechado de hermosura,
   a quien por tal martirio otorgó el cielo
de reyes sucesión eterna al suelo,
   ya entre la saña y armas te contemplo
   del enemigo rey guardar segura
la tierna infanta para ser futura
   abuela de mil reyes,
   que a Nápoles y a España darán leyes
   por mil años [si el tiempo tantos dura].
Aragón y Navarra se te humilla
   por sus nobles infantes
   y a tu famoso padre, más que de antes
   preciará Londres y honrará Castilla
por su gran hijo de lealtad dechado,
10   yerno de un rey y de otros dos cuñado.

Aquel que entre contrastes y vaivenes
   guardó siempre una fe desde la cuna
   y se enterró en el Ánglica rivera,
donde el deshecho y su lealtad entera
   muestra en su fama, cuan menudos bienes
   con los del alma son los de fortuna,
11 pues a su bella hija, a quien ninguna
   llegó en noble y afable,
   no faltó por esposo un condestable
   rico, nieto de rey, que en cosa alguna
humilló la grandeza de tu casa
   de cuya real persona
12   heredó España un gran Duque de Arjona
   y él por envidia, suerte y vida escasa
13 ya está la que en dichoso desposorio
   juntó su sangre real con la de Osorio.

Fue de las dos ejemplo don Rodrigo
   de Lemos Conde, asombro de Granada,
   y de su ánimo ilustre y su pujanza
14 la gran nuera del Duque de Braganza.
   Y España de tal bien parte y testigo,
   toda de heroicos príncipes sembrada,

gozó la flor y el alba deseada
que al mundo prometieron
el gran caudal que en tu valor le dieron.
Y acercándose más la edad dorada
que ya en sí goza fértil y florida,
fue amontonando estados,
títulos, nombres, sangre, principados,
honra a tu triunfo, pompa a tu venida,
cerniendo el tiempo para tal hazaña,
la flor del mundo y lo mejor de España.

15 Y aquella sangre gótica de Asures
y Sandoval, que dio la antigua fuente
de quien la tuya real procede y mana,
en nuevo nudo y junta soberana
con que tu gloria aumentes y asegures,
volvió en tu pecho a su primer corriente.
Y para hacer más grande esta creciente,
te dio en prenda divina
la sin igual beldad de Caterina,
fama a mil siglos, honra del presente.
O alteza digna que en retratos de oro
te reverencie el mundo,
allá el primero y desde aquí el segundo,
ambos te pechen, como yo te adoro,
que aunque te ofrezco este tributo pobre,
mi amor es oro, si mi verso es cobre.

Al fin, señor, desta divina masa,
desta nata de reyes, deste esmero
de mundo, en él nació en dichoso punto
aquel que en ti lo puso todo junto
para que tú también pongas sin tasa
honra a tu siglo, envidia al venidero.
16 o rayo de aquel sol, que en ser primero,
excedió tu excelencia
y Nápoles dio luz con tu prudencia
y a España con dejar tal heredero,
no desestimes esta humilde lira
que en las grandezas tuyas

86

claras desea volver las voces suyas,
    y que por cuanto el sol alumbra y mira
tu nombre corra y vuele sin segundo
    desde do nace a do fenece el mundo.

No se ocupará más el pincel mío
    en alzar sombras, dibujar grandezas,
    desta región desierta do sin tasa
tu luz alumbra y la del cielo abrasa,
    ni del bárbaro atroz el feroz brío
    con que en los yermos labra sus malezas.
Otros canten de Arauco las bravezas,
    y aquellos capitanes
    que llegaron a ver tras mil afanes
    un nuevo cielo y polo en sus cabezas,
y en la abrasada zona en quien temía
    Europa ardientes llamas,
    arroyos de cristal y hojosas ramas,
    con volcanes de fuego y nieve fría.
Que aunque estilos y venas de oro sean,
    al fin de guerras bárbaras se emplean.

Yo cantaré de tu español Bernardo,
    las antiguas victorias y hazañas
    de aquel siglo, furor del nuestro espanto
y en honra de su espada y de mi canto,
    mientras en veloz curso y brío gallardo
    vence las aventuras más extrañas,
y a León humilla las francesas sañas,
    no habrá golpe de afrenta,
    grandeza, antigüedad, pecho de cuenta,
    que allí no suene de ambas las Españas.
Y celebrando asombros y portentos,
    y a ti por mi Mecenas,
    en aulas de oro y de carbuncos llenas,
    deste árbol hallarás los fundamentos,
y arrimada ya en él mi humilde rama,
    mío será el pregón, tuya la fama.

Y tú, Canción, que donde muere el día
de España en son perfecto
naciste, ve a los pies del más discreto
príncipe ilustre que en sus Cortes cría
y allí con la grandeza del sujeto
(si todo no lo pierdes por ser mía)
le ruega admita ya este amago tuyo
por muestras de mi amor y a mí por suyo.

*Estas Advertencias eran márgenes de las Canciones,
y por no caber en ellas se pasaron aquí, para que se entiendan
con más facilidad*[4].

1. Y la gótica sangre, etc. La sangre de los godos se juntó a la de Castro, en Nuño Belchides, descendiente de Bernardo del Carpio, y de Castrino famoso español, que en Farsalia arrojó la primera lanza contra el Real de Pompeyo.

2. Turino, un gran retórico en Roma, fue descendiente de Castrino y padre de Clodio, que fundó a Colonia, de a donde fue natural Belchides, que fue nieto de Bernardo del Carpio, y padre de Nuño Rasura, suegro de Layn Calvo, y ambos fueron jueces de Castilla.

3. El que a Castro juntó el valor de Ançules, o Asures que es lo mismo, fue Ruy Fernández de Castro, que casó con hija del Conde Don Martín Osorio y nieta del Conde Don Pedro Asures señor de Valladolid.

4. Alcalde de Toledo, fue Fernán Ruiz de Castro, casado con Doña Estefanía, hija del emperador Don Alfonso y hermana del rey Don Fernando de León.

5. El que hizo los famosos baños en Castilla fue Pero Fernández de Castro el Castellano, que casó con hija del infante Sancho que mató el oso.

6. El amante de Irene fue Alvar Pérez de Castro, casado con Doña Irene, hija de Diego López de Haro, y ella la que defendió la Peña de Martos con solas sus damas en hábito de caballeros.

---

[4] Esta nota parece ser del editor, Dávalos; no cabe duda de que las «Advertencias» son de Balbuena.

7. Nieto fue suyo un noble Adelantado, etc., Fernán Ruiz de Castro, a quien el rey Don Alfonso el Sabio habilitó de muy poca edad para que pudiese gozar sus estados.

8. Aquel que cuarenta años fue cautivo fue Gutierre Fernández de Castro, y el que recuperó a Sarria y Lemos, Don Fernán Gutiérrez su hijo.

9. Don Pedro de la Guerra tuvo dos hijas, una Doña Juana reina de Castilla, casada con el rey Don Pedro, y otra Doña Inés de Castro, que casó con el príncipe Don Pedro de Portugal, la mató el rey su suegro en Coimbra, y después el príncipe, su esposo, la hizo coronar reina, de la cual por línea materna descienden los reyes de Castilla.

10. Yerno de un rey y de otros dos cuñado fue Don Fernán Ruiz de Castro, casado con hija del rey Don Alonso y hermana de los dos reyes Don Pedro y Don Enrique, murió en Inglaterra.

11. Pues a su bella hija, etc., Doña Isabel de Castro que casó con Don Pedro hijo de Don Fadrique, maestre de Santiago y nieto del rey Don Alfonso el II.

12. Duque de Arjona fue Don Fadrique de Castro, de quien se dijo, de vos el Duque de Arjona grandes querellas me dan.

13. La que su sangre real juntó con la de Osorio fue Doña Beatriz de Castro, hija del gran Duque de Arjona.

14. Nuera del Duque de Braganza fue Doña Beatriz de Castro, Condesa de Lemos, tuvo doce hijos, todos grandes príncipes eclesiásticos y seglares.

15. Y aquella sangre gótica de Asures y Sandoval, etc., trae también su origen la insigne casa de Sandoval de Nuño Belchiades, del Conde Fernán González y de los antiguos Asures, y últimamente se volvieron a juntar estas reales sangres en el excelentísimo Don Pedro Fernández de Castro, y se aumentaron de nuevo, en el felicísimo casamiento con su prima Doña Catalina de Sandoval, hija del gran Duque de Lerma, Don Francisco Gómez de Sandoval.

16. O rayo de aquel sol, etc., Don Fernán Ruiz de Castro Conde de Lemos y Virrey de Nápoles, fue padre del sobredicho Don Pedro Fernández de Castro, que hoy posee los estados y preside al Real Consejo de Indias.

Al lector[5]

Dice el Sabio en el Ecles{iástico} 12[6]. *Faciendi plures libros non est finis.* No hay término ni fin en el hacer y multiplicar libros. Cada uno saca el suyo y le tiene por el más esencial y mejor[7]. Y es la razón, a mi parecer, no poderse dar uno tan copioso y general, tan ajustado y medido a todos gustos que ni tenga de más ni de menos; son varios los talentos y profesiones, los estados, los discursos, las habilidades, las inclinaciones y apetitos de los hombres; unos briosos, otros humildes; unos altivos, otros rateros: unos desenvueltos, otros encogidos; unos fáciles y de trato suave y compuesto, y otros tan satíricos, desabridos y melancólicos que en

---

[5] A partir de aquí, ambas ediciones dejan de diferenciarse.

[6] La puntuación del original es un punto tanto antes como después de la cita en latín, la cual está enmarcada por signos parecidos a los asteriscos (*), equivalentes a las comillas o cursivas que usamos hoy al citar. Escogimos seguir el original y mantener los asteriscos. Como se explica en los «Apuntes y aclaraciones sobre la ortografía» (págs. 62-64), dado que en el original hay pasajes entre corchetes optamos por las llaves { } para completar las abreviaturas y, así, eliminar cualquier confusión. Unas líneas más abajo, el autor emplea precisamente los corchetes: «[que no entra en este número]» y «[cosa que jamás pensé hacer]». Por esta razón, solamente usamos corchetes en las notas al pie de página, como en la nota que sigue a ésta.

[7] La cita completa del Eclesiastés es: «Lo que de ellas [las palabras de los sabios] se saca, hijo mío, es ilustrarse. Componer muchos libros es nunca acabar, y estudiar demasiado daña la salud» *(Biblia de Jerusalén)*. «Guárdate, hijo mío, de buscar más allá de esto. Debes saber que multiplicar los libros es una cosa interminable y que mucho estudio fatiga el cuerpo» *(La Nueva Biblia Latinoamericana)*. El Eclesiastés, asimismo, se refiere al Sabio que narra o da las enseñanzas recopiladas en dicha escritura bíblica.

todo tropiezan y todo les enfada; unos dicen bien de todo y a otros nada les cae en gusto. {¿}Quién guisará para todos? Si escribo para los sabios y discretos, la mayor parte del pueblo [que no entra en este número][8] quédase ayuna[9] de mí. Si para el vulgo y no más, lo muy ordinario y común ni puede ser de gusto ni de provecho. Unos se agradan de donaires, otros los aborrecen y tienen por juglar a quien los dice. Si a los graves enfadan las burlas, ¿a quién no cansan las ordinarias veras? Horacio quiso que se hiciese una mezcla de todo, de lo útil con lo dulce. Pero eso, {¿}quién lo sabe? {¿}Quién sino Dios lloverá maná que a cada uno sepa a lo que quisiere? Esta misma razón y discurso, que un tiempo pudo desaficionarme[10] a escribir, es quien[11] hoy me ha convencido a salir a luz con mis obras [cosa que jamás pensé hacer], no la confianza que algunos tienen de las suyas, creyendo que a todos gustos han de agradar, que ésa es locura y caso imposible. Y así, ni yo creo esto de mí, ni ningún cuerdo lo crea de lo más limado[12] que escribiere. Lo que sólo pudo animarse, es entender que hay de todos antojos y preñeces en el mundo. Y que entre los que comían el maná, con ser la malilla[13] de los gustos, hubo a quien se le antojasen cebollas y codornices. Y que a Marcias no le faltó un Midas que le aprobase su música en competencia del mismo Apolo[14]. {¿}Pero qué mucho si el can-

---

[8] Estos corchetes, como se dijo antes, están en el original. Van Horne y Domínguez los cambiaron por paréntesis.

[9] *quédase ayuna*, permanece sin saber nada.

[10] *desaficionar*, quitarle el gusto. En su *Tesoro de la lengua castellana o española* (1611), Covarrubias identifica «aficionarse» como el acto de «enamorarse y acodiciarse»; de ahí que *desaficionar* venga a significar dejar de amar o de tener ganas de algo. A Balbuena se le habían ido las ganas de escribir.

[11] *quien*, lo que, la razón que...

[12] *limado*, pulido.

[13] *malilla*, la baraja a la que se la puede dar el valor que convenga; lo que es cómodo —comodín— y le gusta a todo el mundo.

[14] *Marcias* [Marsias, Marsyas o Marsya], sátiro que aparece en las *Metamorfosis* de Ovidio y en el *Paraíso* de Dante; es el inventor de la flauta y a quien Apolo castiga cruelmente por haber tenido la osadía de desafiarlo nada menos que a él, el dios de la lira. Algo parecido ocurre con Midas, quien, arrepentido y perdonado después de haber pedido que todo cuanto tocase se convirtiera en oro, vuelve a cometer otra impertinencia: prefiere a Pan y su música de zampoña a la lira del divino Apolo. Ante tal desaire, el dios se

tar del Sátiro le había primero regalado los oídos con lisonjas? Harto es eso, pero lo principal es que para la hermosura ha de haber de todo y quien se incline a ello. {¿]Qué tabaque[15] hay de manzanas tan desflorado donde no haya una que escoger? {¿]O qué campo tan eriazo[16] y por cultivar que no tenga alguna yerba a propósito? *Unusquisque proprium donum habet ex Deo, alius quidem sic, alius vero sic*[17]. A todos da Dios sus dones, a unos de una manera y a otros de otra. Ésa es la belleza del mundo y la variedad de los gustos y opiniones de él. Y la que ahora me obliga a creer que así como no es posible que este mi libro sea para todos, así tampoco lo es que deje de ser para algunos. Si al demasiado grave le pareciere humilde, no por eso le cuente por perdido, que humildes habrá que le tengan por grave; si la obra es pequeña, el sujeto es grande, y la calidad y valor de la cosa no está en lo mucho sino en lo bueno; ni la discreción y elocuencia en el gran número de hojas y ruido de palabras, sino en pocas y bien dichas. Si hubiera de aguardar a todos los votos de los padrinos, ni el casamiento se efectuara, ni saliera a vistas la novia. Por eso añadió luego el Sabio. *Frequens meditatio afflictio carnis est*[18]. Aflicción y congoja es el demasiado cuidado en estas cosas. Uno de los primores de Apeles[19] fue saber levantar el pincel de la tabla. Y yo, imitándole en esto, no quiero cansarme más en buscar manjar para todos, pues no le hay. Sino rogar a la ventura acierte a salir éste al gusto de los discretos, para quien se guisó. Y a quien como a dioses de la tierra ofrezco desde luego estos primeros sacrificios, y ofreceré los segundos, que cuando ellos no se admiran, yo me habré pagado de mi mano en el gusto de haberlos empleado tan bien.

---

venga haciéndole crecer orejas de burro. Se le conoce también como «padre de la canción popular».

[15] *tabaque,* cesto o canasta de mimbre.

[16] *eriazo,* erial, estéril.

[17] *Vulgata,* 1 Corintios 7, 7.

[18] Eclesiastés, 12, 12.

[19] *Apeles,* «pintor excelentísimo de la isla de Coos. Floreció en tiempo de Alejandro, a quien solo concedió pudiese hacer retrato suyo. Murió antes de poder acabar una tabla de Venus y, dejándola imperfecta, no hubo pintor ninguno que se atreviese a dar pincelada en ella» (Covarrubias).

Suma de la licencia

El Bachiller Bernardo de Balbuena tiene licencia del Excelentísimo Conde de Monterrey, Virrey que fue desta nueva España, para imprimir este libro intitulado Grandeza Mexicana por tiempo de diez años. Ante Pedro de Campos Guerrero, Secretario de Gobernación. En diez días del mes de julio, de 1603 años.

Tiene también licencia para lo mismo del Ilustrísimo y Reverendísimo don Fr. García de Mendoza y Zúñiga, Arzobispo de México. Despachada ante el Maestro Sebastián Torrero, Secretario de Su Señoría. En catorce de septiembre de 1603 años.

De Don Antonio de Saavedra y Guzmán[20]

*

SONETO

Ésta es grandeza, que de las grandezas
    muestra el trasunto[21] al vivo dibujado
    con esmalte tan rico y estimado
    que evidentes descubre sus proezas.

Allí de ambas a dos naturalezas
    se ve el pincel tan propiamente dado
    que del cielo y el suelo se ha sacado
    el tesoro mayor de sus riquezas.

Bernardo de Balbuena es quien ha sido
    nuestro divino Apeles ilustrando
    los tesoros que México escondía.

Ciña su frente el Monte esclarecido
    y todo esté su nombre celebrando
    desde do nace adonde muere el día.

---

[20] Antonio de Saavedra y Guzmán (México, *ca.* 1550-España, 1620), autor de *El peregrino indiano* (1599).
[21] *trasunto*, copia, imagen o traslado de un original.

De Don Lorenzo Ugarte de los Ríos, Alguacil mayor del Santo Oficio de la Inquisición en esta Nueva España

*

SONETO

Sea México común patria y posada,
    de España erario[22], centro del gran mundo,
    Sicilia en sus cosechas, y en jocundo[23]
    verano, Tempe su región templada.

Sea Venecia en planta, en levantada
    arquitectura Grecia, sea segundo
    Corinto en joyas, en saber profundo
    París, y Roma en religión sagrada.

Sea otro nuevo Cairo en la grandeza,
    curiosa China en trato, en medicina
    Alejandría, en fueros[24] Zaragoza.

Imite a muchas en mortal belleza
    y sea sola inmortal y peregrina
    Esmirna[25] que en Balbuena a Homero goza.

---

[22] *erario,* el tesoro público.
[23] *jocundo,* jocoso, festivo, alegre.
[24] *fueros,* leyes particulares de cada región o provincia.
[25] *Esmirna,* ciudad de la Jonia de donde se cree que era el poeta Homero a quien, por eso, se le dice esmirneo.

Del Licenciado Miguel de Zaldierna de Maryaca

*

SONETO

Espíritu gentil, luz de la tierra,
    sol del Parnaso, lustre de su coro,
    no seas más avariento del tesoro
    que ese gallardo entendimiento encierra.

Ya Erífile[26] fue a España, desencierra
    de ese tu Potosí[27] de venas de oro
    el valiente Fernando, y con sonoro
    verso el valor de su española guerra.

---

[26] *Erífile*, nombre que usará Balbuena en el título de su novela pastoril *Siglo de oro en las selvas de Erífile* de 1608. Por parte de la mitología, se debate sobre si fue hija de Talón o de Ifios.

[27] *Potosí*, monte en Bolivia famoso por sus minas de oro y plata. Por extensión se usa para referirse a cualquier gran riqueza, como en la frase «Vale un potosí». De hecho, Hernando Domínguez Camargo (1606-1659) lo usa en su *Poema heroico de San Ignacio de Loyola* (1666), «Potosí de la hermosura», para referirse a la belleza del pezón de la madre de Ignacio cuando lacta a su santo bebé (información que le debo a Daniel Torres).

No te quedes en sola esta grandeza,
danos tu universal Cosmografía[28]
de antigüedades y primores llena.

El divino Cristiados la alteza
de Laura[29], el arte nuevo de Poesía
y sepa el mundo ya quién es Balbuena.

---

[28] *Cosmografía,* menciones como ésta hacen pensar que Balbuena tenía otros manuscritos en cierne. Lamentablemente, se cree que su obra inédita desapareció cuando su biblioteca personal ardió durante el saqueo que los holandeses llevaron a cabo en San Juan de Puerto Rico, de septiembre a noviembre de 1625. Van Horne opina que las alusiones geográficas que abundan en *El Bernardo* son evidencia suficiente de que el poeta realmente tenía una obra de cosmografía (137).

[29] *Laura,* prototipo de belleza, virtud y perfección, amada del poeta Petrarca.

Del Doctor Don Antonio Ávila de la Cadena, Arcediano de la Nueva Galicia

*

SONETO

No resonarán, no, la selvas tanto
   ni del hijo de Anquises[30] se supiera
   si el Mantuano Títiro[31] no hubiera
   celebrado su nombre en dulce canto.

Y si de Homero el numeroso encanto
   con que a su Grecia alaba no se oyera
   menos del bravo Aquiles conociera
   lo que hoy adora el mundo con espanto.

---

[30] *Anquises,* descendiente de Zeus y padre de Eneas tras su unión con Afrodita/Venus (Homero, *Ilíada).* Por no haber guardado el secreto de sus amoríos y el hijo que tuvo con Venus, ésta lo castigó privándole de la vista. Durante la quema de Troya, Eneas lo cargó en sus hombros para salvarlo (Virgilio, *Eneida).*

[31] *Mantuano Títiro,* Virgilio.

México, tu grandeza milagrosa
  ya queda del olvido y de su llama
  más segura que en láminas de acero.

Por mil edades vivirás gozosa,
  pues si de Italia y Grecia hoy hay tal fama,
  Balbuena es ya tu Títiro y tu Homero.

Del Licenciado Sebastián Gutiérrez Rangel[32]

*

SONETO

Cisne de los remansos de Caystro[33],
   no digo yo que cantas cuando mueres,
   sino cuando vivir más vida quieres
   que el que sesga el Meandro[34] y bebe el Istro[35].

De la inmortalidad en el registro
   nombre de grande en tu grandeza adquieres,
   o eres disimulado Apolo, o eres
   en el saber un nuevo Trismegistro[36].

---

[32] Autor de *El arco triunfal* (México, 1625), en cuyo prólogo explica que, al momento de imprimirse la *Grandeza mexicana* de Balbuena, alguien le alteró el soneto (este mismo) que había compuesto para ésta (Van Horne, 32/342).

[33] *Caystro* [Caístro], «río de Lidia con muchos tributarios; va dando vueltas por Asia y en él se cría gran cantidad de cisnes» (Covarrubias).

[34] *Meandro,* río de Asia que por las vueltas que da parece que quisiera volver a su nacimiento. Según Covarrubias, los antiguos llamaron meandro «a todo lo que va dando vueltas y revueltas a semejanza de este río». Además, continúa explicando que en sus orillas «se crían los cisnes de que hace mención Ovidio en el principio de la *Epístola* de Dido a Eneas» (Covarrubias).

[35] *Istro* [Ystro, Ister], río caudaloso que recorre Europa con decenas de afluentes.

[36] *Trismegistro,* apelativo que se da a Hermes por ser tres veces grande.

Grandeza a tus grandezas añadiste
   con la que hoy de tu ingenio se derrama.
   De México es la voz, tuyo el sentido.

De un nombre bueno a otro mejor subiste,
   hijo inmortal del tiempo y de la fama,
   encantado a las ondas del olvido.

De Francisco de Balbuena Estrada
hermano del autor

*

Llegó aquí un hidalgo un día,
   persona grave y anciana
   que por gran cosa traía
   un librillo que decía
   la Grandeza Mexicana.
Vino a mí de mano en mano,
   y en oyendo el cortesano
   estilo, dije parad
   y decidme {¿}esa deidad
   es de Homero o de mi hermano?

No sé, mas de Polo a Polo,
   dijo, es bien que esta voz suene
   que es de mi patria el Apolo
   y ella mayor por él solo
   que por cuanto sin él tiene.
Fue dicho sabio y profundo
   y yo en lo mismo me fundo
   para sólo me preciar
   de quien ha podido honrar
   la mejor ciudad del mundo.

Al Doctor Don Antonio de Ávila
y Cadena, Arcediano
de la Nueva Galicia

*

EL BACHILLER BERNARDO DE BALBUENA

*

Habiendo respondido a la última de Vmd. recibí otra en un pliego[37] del Señor Deán[38], que aunque más antigua contenía lo mismo que la primera, y así quedan ambas satisfechas con que Vmd. lo esté, que le deseo servir. Y que el pintor todavía dificulta el cuadro en la disposición que se le pide. Para lo cual importará enviarle de allá el dibujo y a mi gusto el recibo de las mías, y de la del Señor Oidor Vallecillos, de quien deseo mucho saber si está algo más moderada su dificultad, o le parece todavía que la hay en hacer de la Acarnania[39] a los lapitas peletronios[40], pueblos que están, según Estrabón[41] y los demás geógrafos en los collados y laderas del Pindo. Por aquella misma

---

[37] *última... otra,* cartas que le llegaron a Balbuena de parte de uno y otro.
[38] *Deán,* en la jerarquía religiosa, es el puesto inmediatamente inferior al del obispo.
[39] *Acarnania,* región occidental de Grecia en la costa de del Mar Jónico.
[40] *Lapitas peletronios,* «gente valerosa en Tesegia. Se dice que fueron los primeros en valerse de los caballos en la guerra» (Covarrubias); cobraron fama por inventar los frenos y domar los caballos.
[41] *Estrabón,* autor conocido por su obra *De situ orbis.*

parte que divide la Acarnania de la Etolia[42], y el lugar de los Fastos[43] es el que más favorece mi opinión. Vmd. me la haga en verla y avisarme de la suya para que, si no conforma con la mía, me deje de ella, pues *ab obe maiore discit arare minor*[44]. Por esto he suspendido la impresión de los tercetos, y por probar con ellos ventura, y ver si la mía será tal que admita el S{anto} Arzobispo a servicio el deseo de hacerle alguno en dedicarle las grandezas de esta ciudad. Y pasar por ellas los ojos antes de ponerlas en los del vulgo. Y como estos primeros días de su entrada han sido tan llenos de ocupación, alboroto y concurso de gente, no le ha llegado la sazón a la quietud que mi caso pide, y así me estoy detenido aunque no ocioso antes en esta general alegría podré yo decir lo que Diógenes, que viendo a todo Corinto alborotado con la venida de Filipo rey de Macedonia[45] y que nadie le encargaba qué hiciese, comenzó a rodar de una parte a otra la tinaja en que vivía, diciendo Luciano *Voluto etiam ego dolium meum ne solus otiose feriari videar inter tot laborantes.* Volteo yo también mi tinaja por no parecer solo ocioso entre tantos que trabajan. Así, viendo yo este nuevo mundo de México tan lleno de regocijo y placer con la venida de Su Señoría Reverendísima y que las tapicerías de las calles, los jeroglíficos del arco, el concurso de la gente, el tropel de los caballos, las galas de los caballeros, la música de las campanas, la salva de la artillería, el ruido de las trompetas y la admiración y espectáculo del pueblo[46] era un agradable

---

[42] *Etolia,* otra región de Grecia al este de Acarnania.

[43] *Fastos,* «[...] los libros que contenían todos los días del año y lo que en cada uno se debía hacer. En la Iglesia Católica tenemos en lugar de estos fastos, el libro que llamamos calendario y martirologio» (Covarrubias).

[44] *ab ove maiore discit arare minor,* el menor o más joven aprende a arar del buey mayor. Balbuena no ofrece esta traducción, posiblemente por tratarse de una cita conocida.

[45] *Filipo, rey de Macedonia,* «padre de Alejandro Magno. Fue muy belicoso y acrecentó su reino con más de ciento y cincuenta pueblos. Fue muerto por Pausanias, mancebo que, viniéndole a pedir justicia de un grande agravio y afrenta que le había hecho Átalo, tomándolo en chacota, se encolerizó tanto el mozo que le dio de puñaladas...» (Covarrubias).

[46] *tapicerías... espectáculo del pueblo,* a Balbuena le gusta hacer este tipo de listado y lo repetirá a lo largo de toda la obra, tanto en los pasajes en prosa como en los poemas.

sobre escrito de la general alegría de los corazones, por no parecer yo solo envidioso y singular a tanto contento, siendo quizá el mío de los mayores, acordé de mostrarle, ya que no encareciendo el que tuve, haciéndome coronista[47] del que todos tienen, con un prelado tan lleno de virtud, valor, santidad y entereza de ánimo y digno del lugar que ocupa, retrato en todo de su gran nombre y fama. De quien se puede decir lo que del sucesor de Moisés, Ecl{esiástico} 46. *Qui fuit magnus secundum nomen suum.* Grande según su nombre[48]. A este fin, por ofrecer a vueltas de los magnates mi puño de agua[49], hice un elogio en canciones celebrando su venida y dedicándole la Grandeza Mexicana. Si ellas no son cuales las pedía el sujeto a lo menos por el que tienen ya merece el primer lugar y que Vmd. las ponga en el que su Señoría estima y tiene el deudo y amistad que tuvo con el señor Don Luis de la Cadena, abad mayor de Alcalá, tío de Vmd. Las canciones son éstas:

Divina garza que a la blanca nieve
   y al cisne altivo del Meandro helado
   en canto vences y en pureza igualas.
Y a cuenta de tu vuelo remontado[50]
   nos da hoy el cielo cuanto bien nos debe,
   Apolo su laurel, su oliva Palas.

---

[47] *viendo... coronista,* Balbuena asume la postura del cronista de vistas que describe lo que ve; su enumeración es representativa de la transformación europea/española por la que atraviesa México desde la invasión realizada por Hernán Cortés.

[48] Eclesiastés, 46, 1: «Valiente en la guerra, así fue Josué, hijo de Nun, sucesor de Moisés como profeta. Él, haciendo honor a su nombre, se mostró grande...» *(La Nueva Biblia Latinoamericana).*

[49] *puño de agua,* metáfora que usa para referirse, con cierta falsa humildad, al esfuerzo que hace empuñando la pluma en vez de la espada.

[50] En las prínceps se lee claramente «*Y a cuenta de...*», ortografía escogida también por Van Horne; así escrito significa que gracias a su «vuelo remontado» la garza se acerca más a Dios y nos trae sus grandezas y bendiciones. En cambio, Domínguez unió la conjunción y la preposición, formando, así, el adverbio *ya,* en cuyo caso el sentido viene a ser otro.

Recoge y pliega las tendidas alas
al fresco desta juncia[51]
que a tu grandeza anuncia,
nido de incienso en las tiberias[52] salas.
Y tras este escalón de nuestros bienes
la tiara más alta,
que ahora te falta y merecida tienes.

Ya tu rica ciudad cumple los votos
que puesta de rodillas en la playa
hizo al cielo en rescates de tu vida.
Y entre el humo de aromas de Pancaya
resuenan placenteros alborotos
de nuestro siglo de oro[53] y tu venida.
El aire más sereno nos convida
a un inmortal verano,
y ya lo enfermo en sano
vuelto, promete y da salud cumplida.
Que luego que llegó a nuestro horizonte
tu luz, en solo verte
huyó la muerte al reino de Aqueronte[54].

Entre los riscos de una gruta oscura
de Jezabel el perseguido Elías[55]
se puso a ver la majestad del cielo.
Y un suelto cierzo[56] por las peñas frías
pasando hizo temblar la más segura.
Gimió la mar y estremeciose el suelo.

---

[51] *juncia,* hierba.

[52] *tiberias,* llenas de ruido, desordenadas.

[53] *nuestro siglo de oro,* este verso se adelanta al discurso de Don Quijote a los cabreros *(Don Quijote* [1605], Primera parte, Capítulo XI).

[54] *Aqueronte,* río al que, según los antiguos, van a parar las almas de los muertos.

[55] *Jezabel,* reina del antiguo Israel, cuya historia, marcada por su vileza contra los profetas de Yahvé a quienes masacra, aparece en los dos Libros de los Reyes. *Elías,* del lado de Yahvé, se venga del sangriento asesinato, masacrando a su vez a los falsos profetas de Baal, acto que convierte a Jezabel en su enemiga y perseguidora.

[56] *cierzo,* viento del norte (cfr. n. 96, *infra).*

Llovió fuego, y tras él en blando vuelo
    una aura placentera
    sirvió a Dios de litera,
que en él todo es quietud, paz y consuelo.
Y los cierzos, borrascas, fuego y breñas
    en esta estrecha vida
    de su venida las mejores señas.

Así también, o padre soberano,
    Atlante firme a nuestras justas leyes,
    si no eres Dios, en su lugar viniste.
Garza real con sangre de mil reyes
    a cuyos graves túmulos ufano
    añades honra que en virtud consiste.
Luego que a nuestro mundo amaneciste
    con rayos celestiales
    murieron nuestros males,
    sucedió tiempo alegre, huyó el triste.
Y tú en carro de luz Faetonte[57] nuevo
    dejada su imprudencia
    con mayor ciencia le guiaras que Febo[58].

Deseo de fama, cebo y golosina
    de ánimo noble, atrevimiento santo,
    enemigo de humildes pensamientos,
los míos en su fuego encendió tanto
    que sin mirar a la pobreza indina
    del corto don desnudo de ornamentos,
crio alas al amor, al alma alientos
    de dar a estos borrones

---

[57] *Faetonte* [Phaetón, Faetón], hijo de Climena y el Sol, de quien obtuvo permiso para usar su carro; el joven, por inexperto e irresponsable, se desvió del camino abrasando todo a su paso hasta que Júpiter lo derribó con su rayo.

[58] *Febo*, nombre griego que también se le da a Apolo; es hijo de Júpiter y Latona, aunque igualmente se dice que nació de Diana. Según Covarrubias, «fue tenido por dios de la ciencia de adivinar y de la sabiduría». Por extensión, se usa como referencia directa al Sol.

sobre los Aquilones[59]
más altos deste mundo los asientos,
presentándolos hoy al sacro templo
de la inmortal memoria,
cielo de gloria y de la tierra ejemplo.

Es general el bien, eslo[60] el contento
y el mostrarlo cada uno por su modo
gustosa fuerza que el amor nos hace.
El que da el corazón lo ha dado todo,
yo con él ofrecí este honrado intento
que al más pródigo en obras contrahace.
Si él a ti como al cielo satisface,
envídieme el empleo
de tan rico deseo
cuanto en lisonjas de fortuna nace.
Pues merecí colgar mi dulce lira
en el Laurel de Apolo[61],
que eres tú solo en cuanto al mundo admira.

---

[59] *Aquilones,* vientos de gran velocidad y fuerza.
[60] *eslo* por *lo es;* ejemplo de metátesis.
[61] *Laurel de Apolo* (1630), título de la obra de Lope de Vega (1562-1635) que contiene la siguiente silva dedicada al poeta, y en la cual alude al ataque holandés a Puerto Rico, siendo Balbuena obispo de la isla:

Y siempre dulce tu memoria sea,
generoso prelado,
doctísimo Bernardo de Balbuena.
Tenías tu el cayado
de Puerto Rico, cuando el fiero Enrique,
holandés rebelado,
robó tu librería,
pero tu ingenio no, que no podía,
aunque las fuerzas del olvido aplique.
¡Qué bien cantaste al español Bernardo!
¡Qué bien al Siglo de Oro!
Tú fuiste su prelado y su tesoro,
y tesoro tan rico en Puerto Rico,
que nunca Puerto Rico fue tan rico (II, vv. 111-124).

Canten otros de Delfos el sagrario,
  de la gran Tebas muros y edificios,
  de la rica Corinto sus dos mares.
Del Tempe[62] los abriles más propicios,
  de Éfeso el templo, el sabio seminario
  de Atenas, y de Menfis los altares,
de Jonia las columnas y pilares,
  los celajes de Rodas
  y las dehesas[63] todas
  de Argos y sus caballos singulares.
Que yo con la grandeza mexicana
  coronaré tus sienes
  de heroicos bienes y de gloria ufana.

Aquí, señor, cual merecías, el cielo
  mejoradas te dio aquestas grandezas
  en tu insigne ciudad y a ella contigo
más que en todos sus bienes y riquezas,
  pues te dio por su amparo y su consuelo
  puerto seguro, paz sin enemigo.
Padre piadoso, muro de su abrigo,
  esposo fiel y honesto,
  pastor tierno y modesto,
  príncipe afable, superior amigo,
juez prudente, sabio consejero
  de Dios y de sus bienes
  que a mano tienes rico despensero.

Teatro de verdad y de justicia
  desnudo de rencor, ira y violencia
  sin codicia, soberbia ni arrogancia.
Pacífico dechado de prudencia,
  santo doctor opuesto a la malicia
  del mundo, a su altivez y su ignorancia.

---

[62] *Tempe,* nombre de un valle cercano al Olimpo. Balbuena mismo lo explicará más adelante (cfr. n. 119).

[63] *dehesas,* campos de hierba para los animales.

Ésta es nuestra ventura y tu ganancia
   que a México en su punto
   seas todo esto junto
y ella a ti si en tu gusto es de importancia.
Delfos, Argos, Corinto, Tempe, Rodas,
   Éfeso, Atenas, Jonia,
   Tebas, Aonia y sus grandezas todas.

Y el santo cielo que con nombre santo
   de gracia suya y de provecho nuestro
   nos dio tal ave en armas y defensa,
y una estrella por guía y por maestro,
   que si no es más que el sol, es otro tanto
   en lumbres de virtud y gloria inmensa,
pues con tan alto bien nos recompensa
   cuantos le hemos pedido,
   y él como agradecido
   de olores santos sin cesar le inciensa,
crézcale el nombre, auméntele el estado,
   el contento y la vida
   a la medida de un tan gran prelado.

Y a ti, canción, que en el sujeto fuiste
   digna que el mundo sea
   columna de tu idea
mientras de flores se desnuda y viste.
El tiempo, juez y autor de las verdades,
   de llana, humilde y tierna
   te hará eterna y firme en mil edades.

Paréceme que, llegado aquí, oigo decir que intenté más que dije o que dije lo menos que pude; pero de esto, señor, me disculpa que si yo lo pudiera decir todo no fuera ello tanto. Éste sólo fue mi caudal y al fin, si no alcanzó a pagar enteramente la deuda, descubrió a lo menos grandes deseos de pagarla. Bien sé que ni los merecimientos son todos unos, ni a todas personas convienen un mismo género de alabanzas, y por esta misma razón no es mucho que las mías queden cortas por ser el sujeto tan alto que lo que en otro sirviera de encarecimiento, en éste se vuelve estilo ordinario y humilde, y así darle nombre de cisne, garza, laurel, oliva, luz y los demás que a estos se siguen, es mendigar el pensamiento y el agua a la boca, descubrir pobrezas propias por celebrar riquezas ajenas, y no es de maravillar que como éstas son del ánimo y él de suyo divino ajústanle mal ropas humanas. Demás de que tengo para mí que entre el deseo de decirlo todo se me perdieron los pensamientos mejores, y así volviendo por mí y haciendo anatomía de ellos o regalándolos de nuevo en la suavidad de la materia, quiero por el gusto mío probar si doy con el de Vmd. en decir algo de lo que allí me quitó de la pluma el rigor de los consonantes[64]. Porque hay algunos escritores tan dueños y señores de lo que dicen que hacen de las palabras toda aquella armonía, elegancia y suavidad que quieren y otros tan sus inferiores y esclavos que las más veces, sin querer ni sentir lo que dicen, arrebatados del furor y fuerza de los consonantes, se hallan donde nunca imaginaron. La diferencia que hay entre éstos es que los unos hablan a caso y los otros con fundamento. Yo no sé en qué paralelo me hallo, que el amor propio es grande embeleco de pensamientos. Por eso quiero desengarzar los míos y ver qué correspondencia guardan. Es todo el Elogio diez canciones del género demostrativo. Y en la cadencia y orden de versos imitan la última del Petrarca[65]. Con que guardando el estilo y uso de los poetas líricos así griegos como latinos, que todos acostumbraron concluir sus libros con un himno en alabanza de alguna deidad, él pone fin al suyo con aquella canción a la Virg{en} que empieza Virgine bella, etc. y las mías:

Divina Garza que a la blanca nieve.

---

[64] *consonantes,* se refiere a los versos que siguen las reglas de este tipo de rima y la inflexibilidad de la norma que limita la libertad creativa del poeta al momento de expresar lo que realmente desea decir.

[65] *la última del Petrarca,* o sea, la estructura utilizada por Petrarca en su última canción, dedicada a la Virgen.

Puse aquí el nombre de la garza, no tanto por la semejanza suya con el de García[66], cuanto por el misterio y correspondencia de sus propiedades. Escribiendo el divino Bernardo al papa Eugenio en la 2 p{ágina} de la carta dice[67]: *Si rebus raritas pretium facit nil in Ecclesia pretiosius nil optabilius bono utilique, pastore nempe rara avis est ista*. Si a las cosas el ser raras les añade precio, ninguna en la Iglesia de Dios más preciosa que el buen prelado, que es una ave rara en el mundo. Cual[68] la garza de hoy, de quien Orologio[69] dice que suele ser símbolo de la victoria. Y lo alega un comentador de Ovidio sobre 14 de las Metam{orfosis} tratando de Ardea, ciudad de Italia, a quien Turno abrasó y los dioses convirtieron en garza. Porque así como la fama del fuego de la tribulación sale más resplandeciente, así la garza con la mayor tormenta más se levanta y sube al cielo, como que va ya[70] allá a buscar la serenidad y paz, y traérnosla en sus alas. Pues nunca baja sino con ella y con el buen tiempo. Por cuya razón, señalando Virgilio señales de tempestad en su astrología rústica, dijo {en el Libro} 1 {de las} Geór{gicas}[71]:

---

[66] *con el de García,* entiéndase con el nombre de Fray García (muy parecido a *garza)* de Mendoza y Zúñiga, arzobispo de México, a quien Balbuena dedica la obra y quien, a su vez, le otorga el permiso de publicación, según aparece al principio en la «Suma».

[67] *el divino... la carta,* Balbuena alude a la segunda parte de las Cartas de San Bernardo al papa Eugenio. En una nota al pie de página, Van Horne acepta que no encontró esta referencia «aunque sí algunas muy semejantes» (39), lo cual se explica dado que Balbuena no fue exacto. Después de mucho buscar, y gracias a Internet, esta editora dio con las palabras exactas en la Epístola CCXLIX al mismo (ad eumdem) Papa. El resto del encabezado que sirve de título a la carta lee así: «Priorem Casae-Dei, electum in episcopum Valentinensem, uti dignum commendat».

[68] En la de Domínguez se añade una línea antes de esta palabra, «—Cual», línea que se repite en su edición.

[69] *Orologio,* como opina Van Horne, se trata del italiano Giuseppe Orologi, autor de abundantes obras originales al igual que traductor y comentarista de otras.

[70] Al igual que hace Van Horne, se escogió mantener separados el verbo y el adverbio, como en el original, con lo cual queda claro que la garza *va ya* (de inmediato) *allá.* En cambio, Domínguez unió ambos monosílabos convirtiéndolos en el subjuntivo de *ir (vaya),* sin el necesario precedente en el modo indicativo.

[71] Las *Geórgicas* de Virgilio, se componen de cuatro libros. Los versos que cita Balbuena aparecen en el Libro I.

Notasque, paludes
Deserit, atque altam supra volat Ardea nuuem[72].
Sus conocidos lagos deja y sube
la garza altiva a la más alta nube.

Es ave agradable, hermosa, limpia y noble, amiga de aguas, lagunas, estanques y riberas frescas, que no tiene poca correspondencia y espíritu con la nuestra mexicana[73], puesta hoy al abrigo y sombra de sus alas. De la gallardía suya dice David, Psal{mo} 103[74]. *Herodij domus dux est eorum.* Esto es, que el nido de la garza es el capitán de las altiveces. Porque ella sola le hace sobre los más levantados cedros del Líbano. Y cuando acomodemos algo de esto a las soberbias y altivas torres del octavo milagro del mundo San Lorenzo el Real[75], que hasta ahora han sido nido y casa propia de nuestra garza, no será violentar mucho el pensamiento ni gran exageración decir que baja de las nubes, pues baja de allá. Plinio, Arist{óteles} y Pierio ponen otras tres diferencias de garzas, pero lo dicho basta a lo que yo pretendí en su nombre. Esto es, que siempre su venida y presencia es anuncio dichoso de buen tiempo.

> *Y al blanco cisne del Meandro helado*
> *en canto vences y en pureza igualas.*

El primer verso es imitando al segundo de Ovidio en la carta de Dido a Eneas:

---

[72] A diferencia de las otras citas entre asteriscos, ésta y la traducción que le sigue están en cursivas en las príncipes; así será con las demás citas que a lo largo de toda la carta van separadas del *corpus* epistolar.

[73] *nuestra mexicana,* el uso del posesivo en frases como ésta han hecho que muchos consideren que Balbuena era criollo y americano, aunque también, como se dijo en la introducción a esta edición, este adjetivo posesivo se limita al sentido de propiedad de todo lo europeo, clásico y oriental, en resumen, lo eurocéntricamente «nuevo» que ve el poeta por doquier, obviando el pasado de los indígenas que aún luchaban por permanecer vivos.

[74] Salmo 103, 7.

[75] Se trata de la Basílica de San Lorenzo el Real, localizada en el centro de El Escorial; por otro lado, es también el convento en el cual se recluirá Isabel de Tobar y Guzmán, como dirá más adelante en esta misma carta y repetirá en el Capítulo VIII del poema.

Ad vada Meandri concivit albur olor.
Al vado de Meandro el blanco cisne
canta suavemente.

Y aunque de la garza nadie ha encarecido el canto, y así parece impropiedad hacerla superior en esto al cisne, no lo es por la figura hipérbole mediante la cual dice Cicerón en los Tópicos: *Concessum est ut muta etiam sequantur ut mortui ab inferis excitentur, aut aliquid quod fieri ullo modo possit augendae rei gratiae dicatur aut minuendae.* De manera que para encarecer o disminuir una cosa con esta figura se puede llegar a lo imposible. Y es en toda la lección antigua muy ordinario comparar los sabios a los cisnes. El mismo Cicerón, hablando de Craso[76], dice 3 de Orat{ore}. *Illa tanquam Cignea fuit divina hominis vox & oratio.* Fue la de aquel hombre una divina oración y voz de cisne. Y Gregorio teólogo en sus Epíst{olas}, reprendiendo un charlatán y mandándole callar, dice: Deja de inquietar nuestro silencio con tus impertinencias o referirte he un refrán tan breve como verdadero. *Tunc canent Cigni cum tacebunt graculi,* entonces cantarán los cisnes cuando callaren los grajuelos[77]. Lo mismo dijo el gran Basilio en la Epist{ola} ad Celeusium. Y corre la comparación de los cisnes a los sabios con más propiedad de aquellos que, estando en lo perfecto de su edad, dan la dulzura de su doctrina con mayor suavidad y prudencia. Y así el glorioso Jerónimo[78], habiendo hecho un catálogo de letrados antiguos, concluye sus alabanzas diciendo: *Hi omnes

---

[76] *Craso,* de todos los que llevaron este nombre, Cicerón alabó en particular al Craso orador «en el exordio del tercero *De oratore*» (Covarrubias).

[77] *grajuelos,* los pichones del grajo: «ave conocida menor que cuervo, pero de su forma y manera» (Covarrubias).

[78] «Vale tanto Jerónimo como ley, o regla sagrada... Bien cuadró el nombre al glorioso dotor San Jerónimo, pues tan observante fue de la ley del Señor, y la regla de su orden tan santa; la cual confirmó el papa Gregorio Undécimo, cerca de los años del nacimiento de Nuestro Redentor de 1373» (Covarrubias). Balbuena volverá a mencionarlo más abajo, con el epíteto de «divino», y nuevamente en el Capítulo VIII («Religión y Estado») del poema —«del divino Jerónimo el asiento...»— cuando desglosa los diferentes conventos, monasterios y órdenes religiosas.

nescio quid Cigneum vicina morte cecinerunt.* Todos estos, acercándose la muerte, tuvieron un no sé qué de cisnes. Y en el Epitaf{io} de Nepociano usó el mismo modo de hablar, fundándose en la propiedad del cisne que cuando más vecino a la muerte con más suavidad y dulzura canta, y así dijo Marcial:

> *Dulcia defecta modulatur camina lingua*
> *cantator Cygnus fitneris ipse sui.*
> *El cisne a sus obsequias medio hechas*
> *con la lengua cansada*
> *canta en suave son dulces endechas.*

Ésta, pues, es la comparación de nuestra garza al cisne y a la nieve al cisne por su gran sabiduría. Y porque según Pierio en este pájaro significaban los egipcios las venerables canas llenas de suave consonancia de virtudes y moderadas costumbres. Y a la nieve en su blancura por símbolo de la pureza del alma, conforme al pensamiento de David cuando decía {en el} Sal{mo} 50. *Lababis me, & super nivem de albabor.* Lavarme has y blanquearé más que la nieve. Y el Pro{feta} Isaías 1. *Si fuerint peccata vestra vt coccinum quasi nix dealbabuntur.* Aunque vuestros pecados sean como escarlata, se volverán más que nieve. Y de aquel hombre divino que cercado de lumbres y candelas vio S{an} Juan en su Apocalip{sis} 1, dice. *Caput {autem}[79] eius & capilli erant candidi tanquam lana alba, & tanquam nix*. La cabeza de él y los cabellos de ella eran resplandecientes y blancos como lana blanca y como nieve. Al fin la pureza y blancura significa la del ánimo y así lo entiende la Iglesia cuando vistiéndose el sacerdote el alba para celebrar dice, *de albame Domine, & munda cor deum &c.* Blanquéame, Señor, y limpia mi corazón[80]. La misma significación le da Durando en su Ra-

---

[79] Balbuena deja fuera la palabra *autem* que completa la frase original de la *Vulgata*.

[80] Domínguez, inexplicablemente, cambia esta puntuación original, añadiendo punto y coma [;] seguidos de la conjunción *y:* «[...] limpia mi corazón; **y** la misma...».

cional[81]. Y en ella también los ángeles salieron de blanco el día de la Resurrección, y en el de la Ascensión con la misma librea[82]. Y de todo el innumerable escuadrón de santos que rodeaban el Cordero ninguno había que no tuviese su estola blanca. Y yo al olor de esta divinidad y lenguaje santo de la Escritura puse aquí la blancura por la integridad y pureza de ánimo de nuestro Prelado.

Apolo su laurel, su oliva Palas.

Del nombre de Apolo dice Cicerón, {en el} 3 De natu{ra} Deorum, que hubo antiguamente muchos aun que los hechos y fama de todos se cuentan por del hijo de Latona y Júpiter que según Homero, Hesíodo y el mismo Cicerón In Verrem 3[83], nació en Delos, isla del archipiélago. Macrobio[84] dice que fue instituidor de la poesía, autor del verso, padre de las musas, príncipe de los adivinos, gran flechero, famoso músico y excelente médico. Tuvo otros muchos nombres por varios y diferentes sucesos. Quien quisiere un curioso compendio de todos, vea a Natalis Comes y a León Hebreo[85].

---

[81] Se refiere al obispo Durando de Mende, autor del *Rationale divinorum officiorum* (1286), compuesto de ocho libros y un proemio, publicado por primera vez en 1459. Esta obra adquirió gran importancia dentro de la Iglesia y se convirtió en libro esencial de la *Summa Liturgica*. El racional aparece descrito en el Éxodo como una prenda de vestir de los grandes sacerdotes o rabinos judíos; éste llevaba doce joyas para representar las doce tribus de Israel. Ya en el siglo X pasó a ser parte de la indumentaria ceremonial de la liturgia cristiana.

[82] *librea*, nombre de un tipo de vestido. Explica Covarrubias que en la antigüedad, los «reyes daban vestido señalado a sus criados... para ser distinguidos y diferenciados de todos los demás», lo cual denotaba privilegios y libertades; de ahí *librea*.

[83] *In verrem*, obra que contiene los discursos que Cicerón hizo (70 a.C.) durante el juicio en contra del gobernador de Sicilia, Gaius Verres. Van Horne señala que el número 3 es erróneo y que debe ser 2 (42, n. 38).

[84] *Macrobio*, escritor, pensador y gramático de finales del siglo IV de nuestra era.

[85] *Natalis Comes*, nombre latino de Natale Conti (1520-1582), nació en Milán, pero vivió en Venecia; se le conoce principalmente por su obra *Mythologiae* escrita en latín. *León Hebreo* (Yehuda León ben Isaac Abarbanel o Abravanel), aunque era portugués (Lisboa, *ca.* 1460-1521) y de origen judío, algunos

Pintábanle en la mano derecha las gracias y en la siniestra unas flechas significando el Sol, planeta benévolo y más dispuesto a ser favorable que dañoso. Y Apolo en griego tanto quiere decir como el que ahuyenta los males, dedicáronle el cisne y el laurel, por adivino. El cisne, porque como dice Cicerón, (en} Tuscul{anae} 1, con la suavidad del canto, al tiempo de su muerte parece que profetiza los bienes que en ella están escondidos. Y el laurel, porque también en aquellos siglos era grande embeleco de adivinos, que en el modo de quemarse auguraban lo por venir, como se lee en los libros de magia. Y la señal era que cuanto con mayor ruido se quemaba, tanto mayor felicidad prometía, por cuya causa dijo Tibulo[86], lib{ro} 2, Eleg{ía} 6:

> *Et sucensa sacris crepitet bene laurea flmnis*
> *Omine quo felix & sacer annus eat.*

> *Y el laurel encendido*
> *haga en las sacras llamas gran ruido,*
> *en cuyo buen agüero*
> *salga dichoso el año venidero.*

Y al contrario, si lenta y flojamente se quemaba, era todo infelicidades y desdichas. Y así dijo Propercio[87] {en el} lib{ro} 2, Eleg{ía} 28:

> *Def iciunt magico torti sub carmine rhombi*
> *Et iacet extinto laurus adusta foco.*

---

se empeñan en considerarlo español por el hecho de haber vivido en España durante unos diez años hasta 1492 cuando él y su familia fueron expulsados por la orden de los Reyes Católicos. Su obra más conocida, *Diálogos de amor,* está escrita en italiano y vio la luz por primera vez en Roma, en 1535.

[86] Albio Tibulo *(ca.* 55-19 a.C.), poeta latino del grupo de Horacio, Virgilio y Ovidio. Se distingue por su posición en contra de la guerra y su gusto por la vida pastoril, lejos de los ruidos de la ciudad.

[87] Sexto Propercio (47-15 a.C.), poeta latino contemporáneo de Tibulo, con quien se le solía comparar. Se le conoce por las *Elegías,* recopiladas en cuatro libros y dedicadas en su mayoría a Cintia.

Al mágico conjuro
faltan revueltos cercos, y a lo escuro el laurel abrasado
está en el lento fuego amortiguado.

Puesto debajo la almohada del que duerme, dice Alciato[88] en sus emblemas que hace verdaderos los sueños. Y aunque todos éstos lo son y supersticiones vanas de la gentilidad, porque sola la voluntad de Dios y no otra puede hacer los sueños verdaderos. El dístico de Alciato es éste:

Prescia venturae laurus fert signa salutis
Subita pulvillo somnia vera facit.

El laurel es señal y anuncio cierto
de salud venidera,
y entre la cabecera
puesto vuelve verdad el sueño incierto.

Era también insignia de triunfo, como lo dice Plinio li-b{ro} 15 Cap{ítulo} 30, y premio de grandes hazañas según Cicerón pro Murena. *Qui imaginem parentis laureatam in-gratulatione sua conspexit.* El cual vio en agradecimiento suyo la imagen de su padre laureada. Por estas dos últimas razones le puse yo aquí por laureola y borla de nuestras letras mexicanas, pues siendo ellas en todas facultades tan insignes y famosas, y estando hasta ahora como ociosas y baldías y sin aquella correspondencia y galardón que se les debía, ya con la dichosa venida de tan insigne prelado tendrán el premio, laureola y estimación que les faltaba. Y lo mismo puede significar la oliva, pues dice Cicerón 2. De divinat{ione} *Agricola cum florero oleae videt vaccam quoque se visurum putat.* En viendo el labrador la flor de la oliva, casi desde luego se juzga por dueño y señor del fruto. Consagrose este árbol a Palas, diosa de la sabiduría, nacida del cerebro de Júpiter por haber sido ella la invento-

---

88 Andreas Alciatus (1492-1550), escritor y jurista italiano, famoso por sus *Emblemas* («dísticos», según Balbuena). Vivió en Francia y se le considera el fundador de la Escuela de Humanistas del Derecho.

ra de los provechos suyos, como lo dice Virgilio en la invo-
cación de sus Geórg{icas}.

> *Adsis, o Tegeae, favens, oleæque Minerva*
> *inventrix.*

> *Y tú, Tegeo Pan, y tú, Minerva,*
> *de la oliva inventora*
> *asistid a mi intento favorables.*

Fue también pronóstico y señal de paz desde el principio
del mundo, trayéndole a Noé la paloma un ramo suyo en el
pico. De las Epíst{olas} de S{an} Pablo notó el divino Jerónimo en la que escribió a Cipriano, que en todas sus salutacio-
nes dice *Gratia vobis & pax a Deo &c.* La gracia y paz de
Dios sea con vosotros. No dice la paz y la gracia, sino la gracia y la paz, como que la gracia sea fuente y disposición de la
paz. Habiéndonos pues el cielo anunciado su gracia en el nombre de nuestro prelado, que eso quiere decir García, de fuerza
se había de seguir a él la paz y a la garza acompañar la oliva.
Significa también este árbol mansedumbre y felicidad, que
todos son arroyos y manantiales de paz. Por eso hacían las
estatuas de los dioses de oliva, como lo dicen Herodoto y
Pierio. Y en este mismo sentido hizo Salomón de esta made-
ra los serafines y columnas del santuario del templo, 3 Reg{es} 6.
Y si para hacer estatuas de dioses fingidos era buena materia
la mansedumbre y blandura para prelados que en el mundo
son verdaderos dioses o vicedioses de él. *Ego dixi dij estis.*
Psal{mo} 81. {¿}Cuál otra será mejor? Estando los hijos de
Israel en los sequedales del desierto con grande necesidad
de agua, díjole el Señor a Moisés núm{ero} 20. *Tolle virgant,*
& congrega populum, tu & Aaron frater taus & loquimini ad
petram coram eis, & illa dabit aquas. Toma la vara, junta los
del pueblo y delante de ellos tú y Aarón tu hermano hablad
a la piedra, que ella os dará agua. Hízose así, y a dos golpes
de vara convirtiose el risco en una fuente dulcísima con que
el pueblo satisfizo su sed. Pero dijo el Señor a los dos príncipes. *Quia non credidistis mihi ut sanctificaretis me coram*
filiis Israel non introducetis hos populos in terraram quam

dabo eis.* Porque no me creísteis y santificasteis ante los hijos de Israel, no gozaréis la honra de introducir y posicionar estos pueblos en la tierra que les tengo prometida. Santo Dios, {¿}en qué se erró este caso? El pueblo se congregó, la piedra dio sus aguas, los israelitas satisficieron su sed, Dios fue glorificado en la maravilla. {¿}Qué circunstancia los dejó culpados? Los doctores hebreos dicen sobre este lugar que la culpa de los dos hermanos fue no haber hablado a la piedra como se lo mandó Dios, sino herídola de dos golpes. Y por eso dice que no le santificaron delante de su pueblo, porque mayor grandeza fuera sacar agua de una peña con una palabra que con dos golpes de un palo. Advierta pues aquí el Príncipe y el Prelado y los que tuvieren a su cuenta gobierno y cargo de república que los daños que se pueden remediar con una palabra blanda no se castiguen con aspereza, y a los que bastaren reprehensiones no los carguen de golpes y heridas, que esto es ser hechos de oliva, tener el corazón amasado de blandura y misericordia. Y como dice S{an} Bernardo sobre los Cantares, Serm{ón} 23. *Discite subditorum matres vos esse non dominos, studete magis amari quam metui, & si interdum sæueritate opus est paterna sit non tyranica.* Aprehended los príncipes y superiores a ser madres y no señores de vuestros súbditos, trabajad en ser más amados que temidos, y si en algún caso es menester severidad, sea paterna y no tiránica.

Recoge y pliega las tendidas alas
al fresco desta juncia.

Sigue el concepto de la garza, y como ave amiga de lagunas y riberas frescas, la convida a la juncia mexicana, usando de la misma figura y modo de hablar que Isaías, cuando en el ca{pítulo} 23 dijo. *Erubesce Syon ait mare.* Avergüénzate, Sión, dijo la mar. Donde mar no significa las aguas ni golfos suyos, sino la ciudad de Tiro fundada sobre sus aguas, que era la que a Sión correspondía en los contratos y ferias, y donde primero se enfardelaban las cargazones que allá se despendían[89].

---

[89] *enfardelaban... despendían,* se empaquetaban o empacaban las grandes cargas que luego habrían de malgastarse o derrocharse.

Que a tu grandeza anuncia
nido de incienso en las tiberias salas.

Incienso es un género de resina olorosa concedida a solos los collados sabeos[90], una parte de la Arabia Felix[91], por quien dijo Virg{ilio}, {en} I Geórg{icas}:

India mittit ebur, molles sua thura Sabæi
La India envía marfil. Los regalados
sabeos sus inciensos.

Tiene dos cosechas, una al principio del verano y otra en los caniculares[92], sangrando el árbol por la corteza. Es perfume debido a solas las cosas sagradas, y así, prometiéndole Eneas a la Sibila de Cumas templos e incienso en Italia, le respondió, Metam{orfosis} 14:

Nec sum Dea dixit, nec sacri thuris honore
Humanum dignare caput &c.

Ni diosa soy ni mi cabeza es digna
De encienso santo olor y honra divina.

---

[90] *collados sabeos,* colinas o cerros conocidos por la gente.
[91] *Arabia Felix,* la Península Arábiga se dividía en tres zonas que llevaban nombres latinos: Arabia Deserta, desierta por los inmensos espacios de arena y desolación en el centro; Arabia Felix, «feliz» por todas las riquezas que allí había, localizada en el suroeste (hoy Yemen); y Arabia Petraea, piedra, en el noroeste, donde se construyeron edificios esculpidos directamente en las rocosas montañas. Entre las ciudades más asombrosas está Petra, la capital, que perdura hoy como museo y centro turístico.
[92] *caniculares,* en contraste al principio del verano, cuando todavía se dan días frescos, los caniculares son los «días del verano de mayores calores; tomaron nombre de la constelación celeste dicha Canis, formando de las estrellas una figura de un perro que va siguiendo una liebre y en la lengua tiene una estrella que propiamente se llama Canis [...] y otra en la cabeza, que algunos llaman Sirion. Conforme a esto decimos haber en el cielo dos canes [...]. De aquí llamamos días caniculares, porque en ellos esta estrella sube por el horizonte con el Sol conjunta con él... y acrecienta el calor... y porque parece morder con su calor demasiado...» (Covarrubias).

Dije nido por la propiedad del ave y de incienso, en correspondencia a la dignidad suprema. Y que el incienso sea símbolo de esta dignidad consta del cap{ítulo} 24 del Levítico que tratando de los panes de la proposición donde nuestra Vulgata dice. *Pones super eos thus lucidissimum.* Pondrás sobre ellos encienso lucidísimo, los setenta intérpretes trasladan en lugar de encienso sal, nombre propio de los apóstoles dado por la boca de Dios, que los llamó sal de la tierra, Mat{eo} 15[93].

Por salas tiberias entiendo el palacio sacro. Y aunque en rigor latino se habían de decir tiberinas, en el castellano no tuve a mucha licencia sacar tiberias de Tíber, pues de la misma fuente salió Tiberio. Tiara es un cierto género de tocado y aderezo de cabello que antiguamente usaban las mujeres persianas, y de ellas después le tomaron los reyes y pontífices. Era, al fin, en otro tiempo, un ornato de cabeza a modo de sombrero. Y así dice Juvenal, {en la} Sát{ira} 6:

> *Et Phrigia vestitur bucca tyara*
> *Y el trompeta de Frigia*
> *Se viste su tiara.*

Hoy significa en la Iglesia Católica la corona y mitra de la suprema dignidad de ella, que es el Pontífice Romano.

> *Ya tu rica ciudad cumple los votos*

Es imitación de estos versos de Ovidio en la carta de Penélope a Ulises:

> *Argolici rediere duces, altaria fumant*
> *ponitur ad patrios barbara præda Deos*
> *Grata ferunt Nymphæ pro salvis dona maritis*
> *Ili victa suis Troyca fata canunt.*

---

[93] Van Horne hace dos puntualizaciones: que «habría debido decir *sal* además de *encienso* (no en vez de encienso)» y que el citado libro de Mateo es «V (no XV), [versículo] 13» (46, nn. 61 y 62).

> *Volvieron ya los griegos capitanes*
> *humean los altares, y la presa*
> *bárbara ofrecen a los patrios dioses.*
> *Las damas llevan agradables dones*
> *por los salvos maridos, y ellos cuentan*
> *de la gran Troya los vencidos hados.*

Pancaya es una provincia de Arabia en cuyos arenales se cría el más rico y precioso encienso, y así dijo Virg{ilio} {en la} Eneid{a}[94]:

> *Totaque thuriferis Panchaya pinguis arenis.*
> *Y la rica Pancaya con arenas*
> *de olor preñadas y de encienso llenas.*

> *De nuestro siglo de oro y tu venida, &c.*

Pintando Ovidio la edad de oro en el primero de sus Transformaciones, le da las mismas felicidades que a esta ciudad promete la dichosa venida de Su Señoría Reverendísima. Los versos de Ovidio son éstos:

> *Aurea primo sata est ætas, quæ vindice nullo*
> *Sponte sua, sine lege fidem, rectumque colebat*
> *Pœna, metusque, aberant nec vincla minantia collo*
> *Ære ligabantur, nec suplex turba timebat:*[95]
> *Iudicia ora sui, sed erant sine iudice tuti:*

> *Fue la primera edad criada de oro*
> *que sin apremio, con deleite y gusto*
> *y sin leyes la fe se conservaba.*
> *Faltaban pena y miedo, el bronce duro*
> *aún no había con prisión ceñido el cuello*
> *ni el pueblo humilde del juez severo*

---

[94] «*Geórgica* (no *Eneida)* II, 139» (Van Horne, 47, n. 65).
[95] Primera vez que aparecen los dos puntos en este contexto, puntuación que se repite en el siguiente verso.

> temía el rostro airado, antes todos
> sin jueces ni justicias eran salvos.

> *El aire más sereno nos convida, &c.*

Dije esto por una general peste que cesó en esta ciudad al tiempo que llegó a ella la nueva de la venida de Su Señoría, y amplíase más el pensamiento en las dos canciones siguientes, donde en la primera, con la figura de Elías 3, reg{es} 19, conformando él un caso al otro, el cierzo[96] frío que causó la peste hizo temblar la salud más firme. A este frío se siguió el fuego de la enfermedad, y a él el aura suave que trocando las cosas y mejorando los tiempos huyó a su presencia el triste, y sucedió el alegre y dichoso que gozamos.

> *Así también, oh padre soberano,*
> *Atlante firme, &c.*

Atlante fue rey de Mauritania a quien Perseo, mostrándole la cabeza de Medusa, convirtió en monte, y los poetas fingieron que sustentaba el cielo, porque habiendo sido el inventor de la esfera material, de ordinario la traía en la mano. Y así sustentaba el cielo en su figura. Es nombre que admirablemente cuadra al Prelado, que ha de ser una firme columna y puntal de las leyes que son cielo de la república. Porque así como el cielo con sus influencias conserva, rige y vivifica las cosas y les es superior, y sin quien el mundo y cuanto en él hay perecería, así las leyes en la república son amparo, conservación y defensa suya. A cuya causa dijo Cicerón 3 De leg{ibus}. *Nihil est tam aptum ad usum conditionemque, naturæ quam lex sine qua nec domus ulla, nec civitas, nec gens, nec hominum universum genus stare, nec rerum natura omnis, nec ipse mundus potest.* Es la ley como si dijera un cielo conservador trazado tan a medida y tamaño de la naturaleza humana y sus condiciones, que sin él ni la casa ni la

---

[96] *cierzo,* «viento frío [por lo cual Balbuena comete redundancia] y seco» del norte (Covarrubias).

república, ni la ciudad, ni sus gentes, ni el universal linaje de los hombres, ni toda la naturaleza de las cosas, ni el mismo mundo puede permanecer y durar.

Garza real con sangre de mil reyes.

Alude a la antigüedad de su real y esclarecido linaje, que según Mosén Diego Valera[97], Argote en su Nobleza de la Andalucía[98], fray Prudencio en su Historia de linajes[99] y otros. Los Zúñigas traen el origen del suyo de los reyes de Navarra, y señalándolo Garibay en su Compendio Historial[100] dice que descienden de un hijo de don García Yñiguez, segundo Rey de Navarra. Y aun el nombre parece que alude y renueva aquí el de su principio. Y que diga yo que con la virtud añade honra a los graves y reales túmulos de sus mayores, es conformarme con el dicho de Cicerón Epíst{ola} 10, ad Plancum. *Verum decus in virtute positum est.* La verdadera honra está puesta en la virtud. Y en otra parte 3 De Orat{ore}. *Vera taus veræ virtuti debetur.* La verdadera alabanza es premio y deuda de sola la verdadera virtud. Y Séneca dice que tales estatuas, rastros y memorias ha de dejar un hombre en el mundo de sí, que representen y digan más la grandeza de su virtud que de su cuerpo. *Statuæ huius modi sunt relinquendæ, quæ virtutis sunt monumenta magis quam

---

[97] *Mosén Diego Valera*, escritor e historiador (1412-1488) allegado a la realeza, en particular a la corte de Juan II. Algunas de sus obras poéticas son: *Epístolas* (en las que ofrece consejos a los reyes), *Crónica abreviada* o *Valeriana*, *Crónica de los Reyes Católicos* e *Historia de la casa de Zúñiga*. *Letanía* y *Salmos penitenciales*.

[98] Se refiere a Gonzalo Argote de Molina (1548-1596), quien se dedicó a estudiar y escribir sobre historia y genealogía. Su *Nobleza de Andalucía* (Sevilla, 1588) es una crónica que incluye referencias a la historia al igual que contiene elementos literarios.

[99] Fray Prudencio de Sandoval *(ca.* 1560-*ca.* 1621), perteneció a la Orden de San Benito y llegó a ser obispo. Entre sus obras de linajes se destacan las siguientes: *Historia de los cinco reyes, Historia de la vida y hechos del Emperador Carlos V* y *Crónica del ínclito emperador de España don Alonso VII.*

[100] Esteban de Garibay y Zamolla (1525-1593), autor del *Compendio historial de las crónicas y universal historia de todos los reinados de España* (1571), compuesto de cuarenta libros.

statuæ corporis.* Y S{an} Gerónimo, en la Epíst{ola} ad Celan{tiam}. *Nobilitas vera est clarum esse virtutibus.* La verdadera nobleza es resplandecer en virtudes. Y así es ella entre todos los bienes humanos el más excelente y de tal manera digno de estima y precio, que habiendo Dios de nacer en el mundo y escogiendo para ello madre, aunque la quiso pobre y humilde, trazó que fuese ilustre y noble, no porque en su estimación valga más una sangre que otra, o le había de dar más honra ésta que aquélla, pues él mismo dijo por S{an} Juan S. *Claritatem ab hominibus non accipio.* No me pueden dar a mí honra ilustre los hombres. Mas porque las virtudes salen y resplandecen más en un sujeto noble, como los esmaltes y grabados sobre el oro, y a la que había de ser el verdadero ejemplo de virtudes no era justo le faltase el nobilísimo fundamento de ellas, quien pues negara la mucha nobleza y calidad que la Virgen santísima añadió al gran catálogo de los reyes sus progenitores[101]. Así pues, hay hombres famosos que aunque descienden de reyes añaden, con su particular vida, honor y lustre a sus túmulos, porque esto de la nobleza son olas y avenidas de virtud, que en unos crecen y en otros menguan.

Y tú en carro de luz Faetonte nuevo.

Dile carro de luz en la propiedad de haber amanecido a nuestro mundo, y por la que tiene este nombre con su dignidad y oficio puesta por el mismo Dios, que a sus Apóstoles y en ellos a los sucesores suyos llamó luz del mundo. {¿}Quién pues les podrá mudar el nombre?

Faetón fue hijo del Sol, y el que solo se atrevió a subir en su carro y llevar luz por el mundo. Pues viniendo nuestro Prelado

---

[101] A pesar de que copia el original letra por letra, Van Horne cierra la oración con signo se interrogación. Domínguez no pone el signo, pero acentúa *quién* y *negará*. Ante la duda —sobre todo, porque Balbuena, cuando quiere, claramente usa signos de interrogación (véase los «Apuntes y aclaraciones sobre la ortografía», págs. 62-64), como ocurre al final del siguiente parráfo— aquí optamos por darle a *quien* el valor de pronombre relativo, refiriéndose al *sujeto noble,* y mantener *negara* como imperfecto de subjuntivo.

de las regiones de Oriente en carro de luz, de su gran doctrina y ejemplo, era conveniente y justo, no siendo el mismo Sol, darle nombre de hijo suyo, siguiendo la costumbre antigua que a todos los sabios llamaba hijos del Sol. Y porque Faetón en lo literal y corteza de la fábula no corresponde a la prudencia y sabiduría suya, le llamé Faetonte nuevo, esto es, diferente en todo del antiguo, y que como tal, dejada la imprudencia del primero y pareciéndole sólo en venir en carro de luz de su dignidad arzobispal, la gobernará con cordura y saber.

> *Deseo de Fama, cebo y golosina*
> *de ánimo noble, &c.*

Es de Cicerón, *Generosis animis amor laudum veluti stimulus ad præclara facinora in natus est.* Es el amor de las alabanzas a los generosos ánimos como un estímulo que los ocasiona {y} alienta a esclarecidas hazañas. Y es, al fin, de los premios humanos el mayor que tienen las letras, la honra, el nombre y la fama eterna. Y así dijo Ovidio 3, {en} De arte Amandi:

> *Quid petitur sacris nisi tantum Fama poetis?*
> *Hoc votum nostri summa laboris habet.*

> *{¿}Qué otra cosa se pide sino fama*
> *a los poetas sagrados? A este solo*
> *premio, el trabajo y su afición nos llama.*

Y luego, más adelante:

> *Sed famam vigilare iubat, quis noscet Homerum*
> *Ilias æternum si latuisset opus?*

> *Justo es que vele por la fama el hombre.*
> *{¿}Quién conociera a Homero si ocultara*
> *la Ilíada eterna que le ha dado el nombre?*

Atrevimiento santo. Porque como dice el Sabio Eclesi{ástico} 41. *Curam habe de bono nomine hoc enim magis permanebit tibi quam mille thesauri pretiosi & magni.* Trabaja de adquirir buen nombre, que te será de más provecho y dura{dero} que todos los tesoros del mundo.

Enemiga[102] *de humildes pensamientos,*

díjolo Ovidio Metamor{fosis}, lib{ro} 12:

> *Fama tenet, zumaque, locum sibi legit in arce.*
> *De la fama resuena aquí el contralto*
> *que escogió en el alcázar lo más alto.*

Llamé indigna la pobreza por parecerme que es a la que sola en el mundo falta dignidad y estado. Varron[103] dice que *dives* se deriva de *divus,* y que así es lo mismo decir rico que divino, pues si lo que es divino merece suma reverencia, el pobre que está al otro extremo, al ángulo contrario, por fuerza se ha de quedar indigno de toda estimación y respeto. Y así es ello verdaderamente que en nada ni con nadie tiene gracia, hasta en servir y querer dar gusto, que es oficio que le pudiera valer, no acierta. Porque aun en eso es pesado el pobre, como lo dijo Lucano, Fars{alia} 3:

> *Non sibi sed domino grabis est quæ servit egestas.*
> *No es en sí la pobreza tan pesada*
> *como al señor que por servirle enfada.*

Cuenta el Ecle{siastés} 9 que estando una pequeña ciudad cercada de un poderoso rey y casi ya rendida del todo, un sabio que estaba dentro, hombre pobre y de por ahí, la libró del riesgo y restituyó su libertad. Mas en haber sido hazaña de pobre, así quedó olvidada y desaparecida, que nadie se acordó de ella, de manera que a bien librar, los servicios del pobre se han de pagar en esta moneda, y que aunque diga divinidades,

---

[102] Palabra claramente femenina en el original, *enemiga,* para referirse a la fama, pero que Van Horne cambió a *enemigo.*

[103] Marco Terencio Varrón (116-27 a.C.), polígrafo y escritor prolífico, a la vez que político y hombre de ejército. Entre sus obras se destacan la gramática latina *De lingua latina,* varios libros de agricultura y otros dedicados a la poesía.

sean groserías y descuidos. *Dives locutus est & omnes tacuerunt & verbum illius usque ad nubes perducent.* Dijo el Sabio Ecle{siástico} 13. Habló el rico y callaron todos, celebrando con encarecimiento su dicho y levantando su razón al cielo, porque era aliento y voz de rico. Pero habló el pobre [añade luego] y dijeron todos, {¿}quién es éste?, como si dijeran que no es nadie o nadie sabe quién sea. Enviando el Baptista sus discípulos que preguntasen al Señor si era el Mesías prometido, respondioles el saber eterno, volved al que os envía y decidle lo que habéis oído y visto. * Cæci vident &c. Mat{eo} 11.* Los ciegos ven, los cojos andan, los leprosos sanan, los sordos oyen, los muertos resucitan y los pobres hablan y evangelizan verdades. De manera que entre los milagros con que Dios se quiso descubrir y manifestar en la tierra, uno de ellos y el mayor de todos, y como tal le puso al fin, fue dar a los pobres lengua y aliento para hablar en el mundo. Porque verdades en la lengua, y lengua de pobre, y bien recibidas, milagro es que sólo el brazo de Dios le hace. Digo pues, por no alargarme, que es cosa tan indigna y desestimada la pobreza, que aun para acudirle en sus menesteres y necesidades y dar la mano a ese sujeto tan caído y deshecho no hay en todo él lugar digno de los ojos del rico. Y así, para hacer esa obra o los ha de poner en Dios o en otros respetos, que en la pobreza no hay dónde. Y así dijo muy bien Marcial {en el }lib{ro} 5:

> Semper eris pauper si pauper es Emiliane,
> dantur opes nullis nunc, nisi divitibus.
> Si eres pobre, Emiliano,
> siempre pobre te serás
> que ya no se dan riquezas
> sino a los que tienen más.

Yo, pues, como pobre ofrezco un corto don desnudo de ornamentos. Que como dijo Ateneo. *Poetæ semper sacra sine fumo sacrificamus*[104]. Siempre los poetas ofrecemos sa-

---

[104] Van Horne anota que no encontró esta cita de Ateneo (53, n. 88). Buscando en la red para la presente edición, la encontramos en *Adagia Optimorum Utriusque Linguae Scriptorum Omnia*.

crificios sin humo, hojas y flores, palabras y no más. Por eso no todas veces son aceptos. Que está ya el mundo hecho un Hércules de Luciano, de quien en el su ordinario satirizar dice. *Taurivorus quidem Deus est Luciane quique fumi expertibus sacris haud quidquam gaudeat.* Sabe Luciano que es gran glotón este tu dios Hércules, engúllese un toro de una vez, y así no le agradan sacrificios sin humo.

De dar a estos borrones
sobre los aquilones, &c.

Aquilón, según Plinio, lib{ro} 2, cap{ítulo} 47, es un viento septentrional entre Norte y Solano, frío y seco. Tomó el nombre de aquila por la velocidad con que sopla[105]. Aquí significa el mismo Norte y en él la mayor altura del mundo. Que quien le tiene por cenit está en noventa grados, que es el mayor desvío que se puede dar de la equinoccial. Quise pues decir en esto que dedicando mi libro a Su Señoría y poniéndolo a la sombra de su amparo le ponía sobre los aquilones del mundo, esto es, en el lugar más alto de él, y por la propiedad que le da Ovidio de serenar el cielo y deshacer los nublados, Metam{orfosis} 6.

Apta mihi vis est qua tristia nubila pello.
Dispuesta fuerza tengo con que suelo
de tristes nubes escombrar[106] el cielo.

Que es lo mismo que dijo el Sabio Prov{erbio} 25. *Ventus Aquilo dissipat pluvias.* Y en el mismo sentido se ha de entender el lugar de Job, 27[107]. *Ab Aquilone venit aurum.* Del Aquilón viene el oro, esto es, una aura y viento fresco que

---

[105] Según Covarrubias, se llama así «por la velocidad e ímpetu con que corre, semejante al vuelo del águila».

[106] *escombrar,* despejar. «Desembarazar, desocupar, quitar de delante..., quitar sombra; porque todo cuerpo opaco hace sombra, y desocupando cualquier lugar de lo que está en él, queda con menos sombra y más claridad» (Covarrubias).

[107] Van Horne apunta «XXXVII, 22» (53, n. 93).

barriendo el cielo de nubes y celajes le deja dorado con los rayos del Sol. Y éste, según Titelman[108], es su literal sentido. Y es un viento regalado y fresco y que acarrea salud, y así le convida la esposa a las macetas y frescuras de su jardín diciendo {en el} Cant{ar de los cantares} 4. *Surge Aquilo, & veni Auster perfla hortum meum & fluent aromata illius.* Levántate Aquilón, y tú, Auster, ven a soplar y retozar por mi huerto y sembrarse ha el aire de sus aromas y olores. Bien pudiera yo, sin salirme del propósito, alegorizar todo esto a la misma venida que voy celebrando. Y al haber mejorado con ella los tiempos, así en la salud como en el contento, y notar de paso el efecto natural que por todo este trópico septentrional de nuestras Indias hace este viento, barriendo a soplos el cielo y enjugando con ellos el mundo, y lo que Africano en sus Geórg{icas} y Arist{óteles} en sus Meteoros dicen de él, con otras curiosidades de escrit{uras}. Pero estas de ahora bastan a mi propósito, que tratar de todas fuera salirme de él.

Presentándolos hoy al sacro templo
de la inmortal memoria, &c.

Así como las cosas que de suyo son profanas y seculares puestas en algún templo y dedicadas a él se vuelven de condición divina y sagrada y adquieren una nueva calidad tan diferente de la que tenían, que profanarlas es sacrilegio, por cuya razón dijo Paulo Juriscon{sulto}[109]. *Sacrilegi sunt qui publica sacra compilarint.* Así mi obra, que de suyo es humilde y llana, presentándola hoy a este templo, digno de serlo de la inmortalidad, espero se volverá de condición sagrada y divina. De modo que ninguna lengua haya tan atrevida y sacrílega que no la trate con moderación y respeto, mereciendo por su nuevo dueño lo que por su desaliño y humildad le faltaba.

---

[108] Franciscus Titelman, autor de *Elucidatio in omnes psalmos* (1531) y *Exposito in Job* (1534).

[109] Julio Paulo, jurisconsulto (abogado, jurista, letrado, etc.) romano del siglo III d.C.

Es general el bien, eslo el contento,
y el mostrarlo cada uno por su modo
gustosa fuerza que el amor nos hace.

Cicerón dice, 2 De Officiis. * Summa & perfecta gloria
constat ex tribus his, si diligit multitudo, si cum admiratione
quadam honore nos dignos putet, si fidem habet.* Tres cosas
son las que en el mundo nos pueden causar suma y perfecta
alegría, si el golpe, concurso y generalidad del pueblo nos
ama, si con admiración y respeto nos juzga dignos de honor,
si nos guarda lealtad y fe. Es todo lo que se puede desear, y
lo mucho que en este caso debe al cielo nuestro pastor lo
juzgue quien hoy ha ocho días vio en su recibimiento aho-
garse las gentes por las calles, henchirse de ellas las plazas y
hacer de las ventanas, torres y miradores un bellísimo teatro
de hermosura para mejor verle y gozar de su vista, con notable alegría, que es el honor y reverencia dada con admiración
que dice Tulio, y la gustosa fuerza que allí hacía el amor apo-
derado en los corazones y reventando por los ojos. Que
como dice el Sabio Prov{erbio} 13. *Cor hominis immutat
faciem illius sive in bona, sive in mala.* El corazón del hombre le altera el rostro en bien o en mal. Esto es, tiene sus
contraseñas y atalayas, por donde descubre los rincones del
alma, da libreas, corre cortinas y pone barnices exteriores al
paso de las mudanzas y movimientos del alma, como dueño
y señor de todo. Por cuya causa, al que da el corazón no le
queda más que dar. *Præbe fili mi cor tuum mihi.* [Dijo el
Sabio] Prov{erbio} 23. Dame, hijo, tu corazón, que es el que
hace las veras, que los demás son ademanes, que la lengua
rece, las manos den limosna, los ojos se enfrenen, los pies se
descalcen, si falta el corazón que les dé vida serán todas obras
muertas, ademanes y nomás. Por eso David en su penitencia
no pide a Dios otra cosa sino un corazón limpio y como
criado de nuevo, {en el} Sal{mo} 50. *Cor mundum crea in
me Deus.* No pide lengua para alabarle, oídos para oír su
palabra, manos para bien obrar, pies para andar sus caminos
ni ojos con que ver y acudir necesidades de sus prójimos,
porque todo eso sin corazón limpio es cuerpo sin alma. Y así
acudió luego el Sabio Ecle{síastico} 45. *Dedit illi cor ad

præcepta & legem vitæ & disciplinæ.* Que es el bien mayor que en esta vida da Dios al hombre un corazón preparado y dispuesto y trastornado hacia su ley, que quien éste da, todo lo da hecho y cumplido.

> *Pues merecí colgar mi dulce lira*
> *en el Laurel de Apolo*[110].

Lira es la vihuela. O como dice Plinio, lib{ro} 9, ca{pítulo} 10, cierto instrumento músico semejante a una concha de tortuga. Inventola Mercurio en Cileno, monte de Arcadia, y diola después a Apolo en premio de ciertos bueyes. Y así Horacio, hablando con Mercurio, dice lib{ro} I, Oda 10:

> *Te canam magni Iovis et decorum*
> *Nuntiunt, curbaeque lyrae parentem.*

> *Cantarte he, mensajero de los dioses,*
> *del gran Júpiter, hijo,*
> *autor y padre de la corva lira.*

Después Apolo, habiendo hallado la cítara, dio la lira a Orfeo, que la supo tocar tan diestramente que con su dulzura suspendía el mundo, detenía los ríos y movía los montes. Y al fin cobró el instrumento tanta dignidad de mano en mano, que por muerte de este músico vino a heredar lugar en el cielo y ser una de las constelaciones de allá, puesta según Higinio[111] en las espaldas del signo Leo, por cuya causa se nos pone y desaparece a los primeros de Hebrero. Y consta de Ovidio que dijo en el tercero de los Fastos:

---

[110] Balbuena hace alarde una vez más de ser parte de los escritores incluidos en la obra de Lope de Vega.

[111] *Higinio,* décimo Papa de la Iglesia católica. «Griego, natural de Atenas. Hijo de un gran filósofo [...] Creado pontífice a trece de enero, año de ciento treinta y nueve. Tuvo la silla once años, imperando Antonio Pío. Fue martirizado a once de enero, año de ciento y cincuenta. Sepultáronle en el Vaticano junto a San Pedro» (Covarrubias).

Illa nocte aliquis tolens ad sidera vultum
dicit, ubi est hodie quæ lyra fulsit heri?

Aquella noche alguno levantando
el rostro al cielo, con espanto dijo
{?}dónde la lira está que centellando
ayer vimos con grande regocijo{?}[112].

De este nombre lira se llaman líricos los poetas que escriben canciones y cosas para cantar en vihuela, del segundo lugar después de los heroicos, que eso quiso decir dejar Apolo la lira habiendo hallado la cítara, instrumento más grave. Esto es, trocar lo lírico por lo heroico. Y yo, aunque por cantar de un Príncipe que lo es tanto y una ciudad tan insigne cuanto al sujeto mi canción y mis tercetos tengan harto de la majestad heroica, todavía en el modo la canción es lírica y los tercetos no del todo heroicos. Y por eso dije lira y no cítara ni trompa.

En el laurel de Apolo. El laurel, entre otras propiedades suyas que reservé a este lugar, demás de las dichas es una prometer en su sombra seguridad y amparo, defendiendo con particular naturaleza de los incendios y rayos del cielo. Como parece en una moneda antigua que trae Pierio, pintada en ella una ciudad a sombras de dos ramos de laurel, con esta letra: *Ob cives servatos*[113]. Y Plinio dice {en el} lib{ro} 15, cap{ítulo} 30, que por la misma razón sembraban laureles a las puertas de los emperadores y pontífices, en veneración y guarda de su grandeza, a lo cual aludió Ovidio diciendo, {en} Metam{orfosis} 1:

Postibus Augustis eadem fidissima custos
ante fores stabis, mediamque tuebere quercum.

A los postes Augustos por fiel guarda
ante las puertas estarás, y en medio
segura guardarás la encina parda.

---

[112] El original no tiene este signo de interrogación, lo cual podría deberse a un olvido de Balbuena o del tipógrafo.

[113] Por el bien del o para salvar al ciudadano.

Y Tiberio, medroso y espantadizo de los truenos, en viendo el cielo revuelto, como armándose de alguna fortísima celada, contra sus tiros se coronaba de hojas de laurel. Y yo le escogí para mi lira, por el puerto más defendido y guarida más segura, contra las injurias del tiempo.

Canten otros de Delfos el Sagrario, &c.

Es toda esta canción imitada a la Oda 7 del primer libro de Horacio que empieza:

Laudabunt alii claram Rhodon aut Mytilenen
aut Ephesum bimarisve Corinthi
Moenia vel Baco Thebas vel Apollini Delphos
insignis, aut Thessala Tempe.

Sunt quibus unum opus est intactæ Palladis urbem
carmine perpetuo celebrare, &
Indique decerptam frondi præponere olivam.
Plurimus in Iunonis honorem.

Aptum dicet equis Argos, ditesque Micenas &c.

Otros alabarán la clara Rodas,
a Efeso y Mitilene,
los muros de Corinto de dos mares,
Tebas por Baco insigne,
Delfos famosa por el rubio Apolo,
o el Tempe de Tesalia.
Hay algunos que toman por oficio
celebrar en sus versos
la ciudad de la invicta virgen Palas
o la oliva cogida
para adornar la frente victoriosa.
Otro se hace muchos
en el honor de Juno y le celebra
la gran ciudad de Argos,
buena para criar caballos bellos,
y la rica Micinas a par dellos.

En las nueve ciudades que puse en mi canción, apunté todas las más conocidas grandezas en que esta mexicana se señala. Delfos es el monte Parnaso célebre por el templo y oráculo de Apolo Pithio que en ella estaba, como lo dice Estrabón, lib{ro} 1, y Justino, lib{ro} 44[114] añade que era fortísima por naturaleza, en que no poco se parece a la que voy celebrando, fundada toda sobre dos lagunas y en disposición que rompiendo cuatro calzadas que tiene a las cuatro partes del mundo no la conquistara toda su fuerza junta. Fue Delfos un museo y academia de Apolo, donde tenía el más famoso oráculo de sus adivinanzas y la conversación ordinaria con las Musas. Y en esta ciudad, en correspondencia de esto por particular influencia y benignidad de cielo tiene los mejores espíritus y más floridos ingenios que produce y cría el suelo. Y porque Delfos nos ha ocasionado a esta materia y el estar fundada en el Parnaso a tratar de la facultad poética, que es como una influencia y particular constelación de esta ciudad, según la generalidad con que en su noble juventud felicísimamente se ejercita, dejando ahora para otra ocasión el tratar menudamente sus partes, preceptos y reglas, que pide más desocupación y estudio. Porque se conozca el ordinario ejercicio que en ella hay de esta curiosidad y letras pondré aquí como de paso tres cartas que siendo colegial de uno de sus colegios me premiaron todas en primer lugar en tres justas literarias que hubo durante el tiempo de mis estudios. Y aunque para Vmd., que fue testigo, y de los más aprobados de aquel tiempo, sea superfluo renovar estas memorias, no lo será quizá a los que llegaren a verlas de nuevo. Quiero contar una grandeza digna de ser admirada, que ha habido justa literaria en esta ciudad donde han entrado trescientos aventureros, todos en la facultad poética ingenios delicadísimos y que pudieran competir con los más floridos del mundo. La primera de mis composiciones se premió en la fiesta del Corpus Christi en presencia de siete obispos que a la sazón celebraban Concilio Provincial en esta famosa ciudad en compañía

---

[114] Van Horne corrige los números de ambos libros: «IX (no I)» y «XXIV (no XLIV)» (58, nn. 113 y 114, respectivamente).

del Ilustrísimo don Pedro Moya de Contreras, Arzobispo de ella. Pidiose una carta en que Christo consolase al alma en la ausencia que hacía del mundo, de esta manera:

Regalada esposa mía,
de todas mis glorias parte,
el que de ti no se parte
partiendo hoy salud te envía.

No te espantes si el temor
crece de tu amor la llama,
que el temor en pecho que ama
de espuelas sirve al amor.

Y si es la pena en que estás
por no gozarme en presencia,
en quien ama no hay ausencia
ni la pudo haber jamás.

Buen testigo es mi afición
con que poderlo probar,
pues cuanto aparta el lugar
tanto junta el corazón.

Y si el mío queda en ti
y yo tu corazón soy,
mal podré ir sin ti do voy
o tú quedarte sin mí.

Do yo fuere habrás tú de ir,
yo quedar do tú quisieres
si el milagro no sintieres,
amor te lo dé a sentir.

Si dijeres descontenta
viendo tu gloria turbarse
que quien puede no ausentarse
poco ama si se ausenta.

También te dirá la llama
   que ese punto te ha enseñado
   que el amante está obligado
   mirar el bien de quien ama.

Y así deja de penar,
   que este partir no es partir,
   pues eso que me hace ir
   me hace también quedar.

Y si al fin ves que me parto,
   no me parto por partirme.
   Por llevarte quiero irme,
   por dejarte no me aparto.

Sólo un blanco velo fue
   quien se puso entre los dos,
   y descubrirte han tu Dios
   dos antojos de la fe.

Que en premio de tus suspiros
   y descuento del dolor
   te dejo ese blanco amor
   donde asestases sus tiros.

Y a los dos nos enlazó
   tan diestramente en sus redes
   que para que tú no quedes
   conviene que vaya yo.

Si el tiempo ahora te niega
   tu gloria, ten confianza,
   que el premio de la esperanza
   en medio el descuido llega.

Aquí ceso y no en amarte,
   con tus cadenas ligado,
   tuyo en todo lo criado
   y de amor en cualquier parte.

> *Destos reinos de victoria*
> *do hay siempre seguridad,*
> *día de mi eternidad*
> *y víspera de tu gloria.*

No ha faltado gusto a quien pareciesen demasiadas estas curiosidades y no dignas de hombre de letras y de la profesión mía, pero a esto responderé en otra ocasión con más cuidado. Y ahora, para el demasiado que en esto han mostrado algunos, digo, que cuando tuviera en otras letras más graves toda la suficiencia que ellos de sí mismos presumen y yo sé que a mí me falta, no se menoscabará por haber echado al mundo estas flores y principios, que como lo fueron de mi vida se están frescos en la memoria. Y si Vmd. la tiene todavía de aquel siglo de oro, se acordará que la segunda composición fue en el día de la Asunción de Nuestra Señora, explicando en otras ocho redondillas la letra del Salm{o} 136 que empieza *Super flumina Babylonis, &c.,* en una famosa fiesta que se hizo al Ilustrísimo Marqués de Villamanrique, Virrey de esta nueva España. La carta es ésta:

> *Dulce Virgen, gloria mía*
> *donde la de Dios se sella,*
> *salud el que está sin ella*
> *por tenella te la envía.*
> *Tal quedé, Virgen, sin ti,*
> *que en esta muerte en que vivo*
> *solo me quedó de vivo*
> *el dolor que vive en mí.*

> *De mi gloria desterrado,*
> *en estos desiertos fríos,*
> *sobre dos profundos ríos*
> *de lágrimas anegado.*
> *Donde en memoria olvidada*
> *de la muerte que me viste*
> *queda mi zampoña triste*
> *de un seco sauce colgada.*

Que en mal de ausencia tan larga
no es razón que nadie pida
dulces canciones de vida
a quien todo es muerte amarga.
Mas por su mayor victoria
me manda, Virgen, amor
en medio de mi dolor
cantar cantares de gloria.

Y es el son que en mí resuena
un continuo suspirar,
ved cómo podrá cantar
un cautivo en tierra ajena.
No hay para qué se declare
la muerte que en mí quedó,
mas de mí me olvide yo,
MARÍA, si te olvidare.

Si todo mi conversar
de ti, Señora, no fuere
la lengua por do saliere
se me pegue al paladar
Y si con un sello eterno
no sellare en mi memoria
aquella vista de gloria,
y no salga deste infierno.

Pues Virgen, gloria y solaz
de todo el cielo y la tierra,
no te olvides de mi guerra
en el día de tu paz.
Que sabe que es el intento
desta ciega confusión
destruir mi corazón
hasta el postrer fundamento.

Pero, bienaventurada
tu vista cuando volviere
y su nueva luz le diere
muerte con su misma espada.

Y bendita tu belleza
si en su mayor perdición
con su misma confusión
quebrantare su cabeza.

No puedo decirte más,
que el dolor así lo quiere,
mas lo que aquí no escribiere
en mi alma lo leerás.
Fecha entre la más crecida
ansia del deseo de verte
destos reinos de la muerte
a la reina de la vida.

La tercera carta fue algunos años después, escrita a la majestad del rey Filipo II[115], que está en el cielo, en agradecimiento de haber enviado a esta ciudad por su Virrey al Ilustrísimo don Luis de Velasco, tan deseado de ella y que con tanta prudencia y gloria suya la gobernó. La carta dice así:

Al gran Filipo Segundo,
Monarca y Señor del suelo,
vida sin medida el cielo
para gloria y paz del mundo.
La universal alegría
que en nuestras regiones vive
es, Señor, quien ésta escribe
y quien con ella os la envía.

Y es un solo rayo en suma
de su luz preciosa y alma,
porque gustos tan del alma
son grandes para la pluma.

---

[115] Felipe II de España, nació en 1527 y murió en 1598; reinó desde 1556 hasta su muerte.

Esto los lleva desnudos
    de artificios delicados,
    que contentos extremados
    de ordinario nacen mudos.

Si tan forzosa ocasión
    nos hace caer en mengua
    porque nos turban la lengua
    las fiestas del corazón,
amor las haga cumplidas,
    que mercedes tan colmadas
    más son para bien gozadas
    que no para agradecidas.

El príncipe sin segundo
    que por vos gobierna ya,
    éste os sirva, pues podrá,
    cuanto os debe el Nuevo Mundo.
Que le dio tal peso Dios
    que, a no tenerlo en vos puesto,
    pudiera encargar el resto
    a quien esto encargáis vos.

Y así no es muy grande exceso
    que en tan segura columna
    asentase la fortuna
    del Nuevo Mundo el gran peso,
que si, para bien del suelo,
    vos le escogisteis por tal,
    en esta carga mortal
    será otro Atlante del cielo.

Fiar tan grande contento
    de sola la lengua muda
    es poner en riesgo y duda
    los gustos del sentimiento.
Deos el cielo el bien que encierra,
    quien lo rige su favor,
    que para tan gran valor
    es chico vaso la tierra.

Y sin que acabe su vuelo
    de engrandecer vuestro nombre,
    dondequiera que se nombre
    se humille a su voz el suelo.
Desta famosa laguna
    de ventura no pequeña
    hoy día de la reseña
    de las vueltas de fortuna.

Premiáronme también en esta justa, en primer lugar, la exposición de una impresa de tres diademas y siete letras sobre ellas que decían Alegría. Y la explicación fue ésta.

Cuando el cielo repartió
    el mundo en varias regiones
    para dividir sus dones
    a cada cual señaló
    sus propias constelaciones.
Allí siembra un belicoso
    furor al pecho brioso,
    acullá influye sosiego,
    y aquí, con un blando fuego,
    consume y quita el reposo.

Entre claros arreboles,
    cuando esto trazaba el cielo,
    con un venturoso vuelo
    tres diademas o tres soles
    mostraron su luz al suelo.
Siete letras las ceñían
    que todas juntas decían
    ALEGRÍA, y ella y ellas
    como otras tantas estrellas
    sobre México influían.

Dejose luego entender
    que era el celestial intento
    que fuese en aqueste asiento
    la tierra donde el placer
    tuviese propio aposento.

Y aunque el tiempo le ofrecía
mil bienes, no los sentía
porque el corazón le daba
que su cielo le guardaba
diademas, alegría.

Vinieron a gobernar
aquesta tierra excelente
siete príncipes de Oriente
sin que pudiesen llegar
al que gobierna al presente
y aunque a todos ofrecía
los placeres que podía
del cielo no se borraba
la señal que le anunciaba
diademas, ALEGRÍA.

Hasta que en dichoso punto
con el tiempo deseado
del cielo profetizado
su bien y contento junto
en vos le vino abreviado.
Cumpliose la profecía
sin desear ver otro día
porque teniéndoos a vos
no querrá pedir a Dios
diademas, ALEGRÍA.

Esta digresión, aunque parece algo fuera del intento, todavía no es tan del todo ociosa que no sirva de apuntar el ordinario ejercicio de la juventud mexicana en todas letras y facultades, y cómo en la poesía puede muy bien competir con Delfos, museo y sagrario de Apolo.

Del nombre de Tebas hubo muchas ciudades, una en Egipto, edificada según Herodoto por el rey Brusides de 140 estadios en circuito, de cien puertas y otros grandes y soberbios edificios, todos puestos y pendientes en el aire por mayor majestad, como que fuesen dos ciudades, una debajo de tierra y otra encima con las viviendas dobladas, y de tanta poblazón que sin echarse de ver sacaban sus reyes poderosos ejércitos de ella, como lo dice Plinio, lib{ro} 36, ca{pítulo} 14. Y aunque por su grandeza y sitio y estar toda ella como colgada en el aire la pudiera comparar a nuestro México, no lo hice, ni en mi canción se entiende la egipciana, como tampoco en la epigrama de Horacio y así, en el epílogo de la canción 9. Por deshacer esta ambigüedad la señalé con el atributo de Aonia, una cierta región de Beocia donde está la greciana Tebas, edificio y fundación de Cadmo y unos pocos compañeros suyos, y después ampliada y fortalecida por el músico Anfión[116], quien a fuerza de la suavidad de su arpa la ennobleció de muros y edificios, que aunque Varrón, {en el} lib{ro} 3, de Re Rust{ustica}, dice que la fundó el rey Ogiges[117], lo más recibido es esto, en que quedó hecho un retrato a esta gran ciudad de México, fundada como de nuevo por el valeroso Hernando Cortés y unos pocos compañeros suyos que, arrojados de la furia del mar, no en busca de la perdida Europa, sino de la fama suya, aportaron a ella. Y habiendo muerto la serpiente de la idolatría de aquellos mismos dientes que le quitaron, esto es, de sus ritos y fuerzas bárbaras, renacieron hombres nuevos en la fuente del bautismo, con que quedó mejorada en todo, creciendo después sus edificios y calles tan por orden y compás, que más parecen puestas por concierto y armonía de música que a plomo y machinas de arquitectos[118].

Corinto es ciudad de Acaya en el Peloponeso que hoy llamamos la Morea, puesta en medio del istmo, un estrecho de tierra de cinco mil pasos entre el mar Jonio y el Egeo, por cuya causa Horacio y Ovidio la llamaron de dos mares:

---

[116] *Anfión,* «Hijo de Júpiter y Antíope [...] Fue tan gran músico que dicen haber recibido de Mercurio la vigüela que llaman *testudo,* vulgo laúd, y con este instrumento haber traído las piedras tras sí, con las cuales fabricó los muros de Tebas...» (Covarrubias).

[117] *Ogiges,* hijo de Poseidón, fundador de Tebas y primer rey de Ática y Beocia. De aquí que los beocios consideraban que su rey era el responsable de la creación de la humanidad.

[118] Este discurso refuerza lo expuesto en la Introducción a la presente edición: que Balbuena defiende y aplaude el blanqueamiento, la cristianización y europeización de México.

Adriacumque patens late, bimaresque Corinthum.
De Adria se ve el golfo ancho y patente,
y Corinto en dos mares excelente.

Tuvo dos famosos puertos, uno en el mar Jonio llamado Lequeo y otro en el Egeo llamado Esqueno, que la enriquecieron tanto que quiso competir con Roma. Fue insigne en vasos de metal, y preferidos los que en ella se labraban a los muy curiosos de plata, y algunos tenidos en más estimación que el oro. Yo la nombré aquí por la semejanza que México le tiene en sus dos famosos puertos, uno en el mar del Norte, por donde le vienen las grandezas y regalos de Europa, y otro en el del Sur, con que goza de la gran China, el Pirú y fertilidades del Oriente. Y aunque con las contrataciones de esta ciudad, provechos y navegaciones de sus mares las de Corinto sean muy pequeñas y enanas, todavía son las que mayor rastro dejaron de sí en la antigüedad. Y así por esto como porque Estrabón, {en el} lib{ro} 8, dice que fue amplísima de grandes tesoros, de ciudadanos nobilísimos y de mucha policía y traza en su gobierno, fue digna de este lugar y la nuestra de ser comparada y preferida en todo lo demás a ella.

Tempe[119] es un cierto valle de Tesalia entre el monte Ossa y el Olimpo, de seis millas en largo y cinco en ancho. Según Lactancio[120], tomó el nombre de su temperamento, que es fresquísimo y de un agradable verano. Por medio de él corre el río Peneo cargado de arboledas y verduras exhalando suavísimos olores. Ovidio le pinta de esta suerte, {en} Metam{orfosis} I:

---

[119] *Tempe*, «cualquier lugar ameno lleno de aguas, arboledas, flores y frescura», como expresa el mismo Balbuena más adelante. Hasta aquí lo ha mencionado alrededor de cinco veces y volverá a repetirlo, sobre todo en el Capítulo VI («Primavera inmortal y sus indicios»), siempre para compararlo con México.

[120] Lucio Cecilio (o Celio) Firmiano Lactancio (Norte de África, *ca.* 245-*ca.* 325), escritor dedicado a la Iglesia, se le llegó a considerar como «el Cicerón cristiano».

Est nemus Æmoniæ prærupta quod undique claudit
Sylva vocant Tempe per quæ Pæneus ab imo
effusus Pindo spumosis volvitur undis
deiectuque gravi tenues agitantia fumos
nubila conducit, summisque aspergine Sylvis
influit, & sonitu plusquam vicina fatigat.

Hay en Emonia un bosque que una selva
altísima le ciñe en gran rodeo
llamado Tempe, por do el río Peneo
del Pindo derivado se revuelva,
hace de un salto que la espuma vuelva
su cristal en aljófar al deseo,
y entre el ruido y nieblas goce el río
florestas salpicadas de rocío.

Hay otro valle de este mismo nombre y calidades en Beocia en los collados del monte Teumesio, donde Hércules, siendo niño, mató el león cuyo pellejo aún le sirve todavía de adorno. Hay otro en Sicilia en las riberas del río Elorio, de que dice Vir{gilio}, En{eida} 3:

Præpingue solum stagnantis Elori.
El fértil suelo del vadoso Elorio.

Y finalmente, cualquier lugar ameno lleno de aguas, arboledas, flores y frescura se llama Tempe. Y así dijo el mismo poeta, {en} Geórg{icas} 2:

Speluncæ, vivique lacus ac frigida Tempe.
Las cuevas, lagos vivos y frío Tempe.

Haciéndole nombre común, pero si de alguna región y frescura ha de ser particular y propio es de México, donde en ningún tiempo del año desaparece el Abril con sus flores y guirnaldas de primavera, ni el regalado temple del verano se vio jamás ofendido del rigor y aspereza del invierno. Antes, en una misma igualdad de tiempo, parece que corren aquí con maravillosa concordancia y suavidad todos los cuatro del año.

Efeso es ciudad de Jonia, provincia de Asia vecina a Jerusalén, edificio antiguo de las Amazonas según Justino, {en el} lib{ro} 2, famosa por el celebrado templo de Diana que, como dice Plinio, lib{ro} 36, c{apítulo} 14, toda la potencia de Asia junta en espacio de 220 años le fabricó sobre una laguna cegada a mano con carbón y lana, por hacerlo eterno y seguro de terremotos. Tuvo 127 columnas, hechas cada una a expensas y costa de un gran rey. Pero también esta obra en que los hombres quisieron hacer ídolo eterno de su nombre, se la ha tragado y desvanecido el tiempo, cuya es la jurisdicción universal de todas las obras humanas, sin que torres, alcázares, columnas, pirámides, obeliscos ni mausoleos se le defiendan. Demás de que a toda esta grandeza, a esta obra tan maravillosa, reseña del poder humano y a donde parece que hizo punto y raya el atrevimiento suyo, del polvo de la tierra se le levantó un émulo[121], tan humilde y bajo, tan sin nombre y fuerzas para alcanzarlo que, no hallando otro camino por donde dejarle de sí en el mundo sino a costa y riesgo de toda esta grandeza de Asia, le puso fuego una noche, la misma en que nació Alejandro, quemando en ella el trabajo de doscientos años. Quien quisiere más grandezas de este templo vea a Estéfano, Herodoto y Plinio. Yo le traje aquí en correspondencia a los famosos templos de esta ciudad, insignes y llenos de belleza, y principalmente el que para iglesia catedral se va labrando, una de las famosas fábricas del mundo, fundado también sobre laguna, y estacados los cimientos con carbón. Si en el edificio de aquél la potencia de Asia gastó doscientos y veinte años, en éste la de las Indias, que no es nada inferior, gastará poco menos, según la grandeza de sus principios.

Atenas fue celebradísima ciudad de Acaya, origen y fuente de toda la sabiduría griega, como lo dice Cicerón, {en} Pro L. Flaco[122]. *Adsunt Athenienses unde humanitas doctrina, religio,

---

[121] *émulo,* sentimiento negativo, «contrario, el envidioso en un mismo arte y ejercicio, que procura siempre aventajarse...» (Covarrubias).

[122] «Pro L. Flacco M. Tulli Ciceronis Oratio», discurso de Cicerón a favor de Lucio Valerio Flaco, a quien Publio Lelio había acusado de actos ofensivos y opresivos en la provincia de Asia (The Society for Ancient Lan-

fruges, iura, leges, ortæ, atque in omnes terras distributæ putantur.* Presentes están los atenienses, fuente que se cree ser de la humana sabiduría, doctrina, religión, utilidades, derechos y leyes que goza el mundo y se han sembrado y repartido por él. Pues con cuánta propiedad estas mismas se pueden atribuir a México. Si lo dicho en su abono no basta, hágalo de nuevo su insigne universidad, llena de borlas y letras gravísimas. Y si Cicerón, {en el} I De Orat{ore} dice de Atenas, *In quibus summa dicendi vis & inventa est, & perfecta,* que después de haber sido inventora de las ciencias, fue principio y fin de la elocuencia y fuerza del decir, el ordinario lenguaje de esta ciudad es el más cortesano y puro, el más casto y medido que usa y tiene la nación española, haciendo sus ingenios, así en esto como en lo demás, conocida ventaja a los más famosos del mundo.

Menfis es la que hoy llamamos Gran Cairo en Egipto, famosa por las pirámides, soberbios y bárbaros sepulcros de sus reyes. Fueron los egipcios notablemente dados a su religión supersticiosa, y así ellos solos tenían más dioses que medio mundo. Adoraban la calentura, las serpientes, los animales, los árboles, los huertos y sus legumbres, que tan dichosos eran que tenían cosechas de dioses como de otras hortalizas. Algunos dicen que fue la causa de tanta superstición la jornada que su rey hizo en seguimiento del pueblo de Dios, que como se anegase con él la flor de Egipto, los que por algún impedimento se quedaron reservados de la guerra, aquel mismo achaque que les libró de la muerte tomaron de allí adelante por el Dios conservador de su vida, haciéndole altares y sacrificios, uno a la terciana[123], otro a la vejez, otro al arado, otro al huerto y a lo que en él plantaba al tiempo que se libró del riesgo. Esto fue en todo Egipto y en Menfis, que era la corte del reino, estaban los santuarios y adoratorios, que por ser tantos y tan indignos de respeto y veneración humana, cuanto más divina, la llamaron bárbara, como burlándose de ella. Tibulo, lib{ro} I, Eleg{ía} 7:

---

[123] *terciana*, fiebre, «la calentura que corresponde a tercero día» (Covarrubias).

Te canit, atque suum proles miratur Osirin
barbara Menphitem plangere docta bovem.

A ti te canto, oh Nilo, y de su Osiris
se admira el pueblo bárbaro indiscreto,
sabio sólo en llorar el buey de Menfis.

Compárela a México en la religión, no supersticiosa, sino verdadera y católica; en la gran suma de iglesias, monasterios, capillas, ermitas, hospitales, religiones, oratorios y santuarios llenos de indulgencias, jubileos y estaciones, de un número increíble y casi infinito.

De Jonia las columnas y pilares.

Columnas y edificios jónicos son, según Vitrubio, del segundo género, siendo el primero el dórico, invención de Doro, hijo de Elena, que en aquel modo de fábrica labró en Acaya un suntuoso templo a Febo. Y después Jonio, capitán valeroso, en otro edificio semejante añadió a los capiteles de las columnas cierta vuelta enroscada imitada de los cabellos de las vírgenes, y éstas son las que llamamos columnas jónicas. Yo las puse aquí en figura sinécdoque por los edificios y casas, que son las mexicanas en general de las más famosas del mundo.

Rodas es isla del mar Carpacio, la tercera en grandeza después de Lesbos y Chipre. Estrabón I, 14[124], dice que se llamó Ofiusa por sus muchas serpientes, y heredó el nombre que tiene de la principal ciudad suya, o según Diodoro, lib{ro} 6, de una ninfa grande afición de Apolo. Fue otro tiempo de famosos puertos, grandes edificios y abundancia de riquezas y gentes, muy temidas en la mar y dichosas en la navegación. Píndaro dijo haber llovido oro en ella por su gran fertilidad y riqueza. Tuvo un coloso de grandeza tan admirable que le contó el mundo por una de sus maravillas. Era cierta estatua de metal de setenta codos, labrada en grande proporción por

---

[124] Van Horne anota «XIV, 7» (71, n. 135).

Caretes, discípulo de Lisipo. Hiciéronla para ídolo y simulacro del Sol que, según Solino, ningún día hay tan nublado que en Rodas no resplandezcan con gran claridad sus rayos. Por eso la llamó Horacio clara. Y yo alabé sus celajes haciendo la comparación con los de México, donde, aunque no se verifica esta serenidad, es grande la templanza y benignidad de su cielo. Plinio, tratando de Acaya, dice que entre el río Inaco y el Erasino está fundada Argos, insigne ciudad del Peloponeso, diferenciada de otras que hay de su nombre con el de Hipio cierta dehesa suya, acomodada a criar caballos, por cuya razón la llamó Homero *Equoruan alumnus,* esto es, potrero de caballos, porque se hacían en ella los mejores de Grecia. Y aunque por haber sido ciudad seca y sin agua, que casi toda ella venía de un pozo, no se puede comparar a México, donde tanta sobra, por la excelencia de caballos merece este lugar, y México el primero en lo que hoy se conoce de más y mejores en presencia, brío, gala y hechuras.

> *Que yo con la Grandeza Mexicana*
> *coronaré tus sienes*
> *de heroicos bienes y de gloria ufana.*

Porque a la inmortalidad del nombre y grandeza de la fama ninguna otra que sea humana le llega. Como lo dijo el Sabio y Ovidio en la última Eleg{ía} de Tristibus:

> *Non ego divitias dando tibi plura dedisem*
> *divitis ad manes nil feret umbra suos.*
> *Perpetui fructum donavi nominis dique,*
> *quod dare nil potui munere maius habes.*

> *No te pudiera dar más ricos dones*
> *Por bien que te colmase de riquezas*
> *que en la ley hallarás de estos borrones.*
> *No pasan de la muerte las proezas*
> *del oro yo te doy un nombre eterno*
> *que es el colmo mayor de las grandezas.*

> *Pues te dio por su amparo y su consuelo, &c.*

Esta canción y la siguiente ponen a la letra las partes de un buen Prelado según la doctrina de S{an} Pablo a sus dos discípulos, {en Ad} Titum I, y I Timot{eo} 3. *Oportet Episcopum &c.* Y porque tratar en particular de lo mucho que allí el Apóstol pide y yo puse en mis canciones fuera dilatar demasiado este discurso, para los que no tan fácilmente las pueden ver y admirar en un retrato juntas, resplandecientes y vivas y cuales hoy esta dichosa ciudad las goza en su nuevo Prelado, trabajaré de apuntarlos todos en las más breves palabras que pudiere.

Amenazando Dios a su pueblo por el profeta Isaías 47, y tratando de quitarle a él y a sus príncipes la mayoría y primado del mundo, donde nuestro texto dice, *Nequaquam vocaberis ultra domina regnorum.* Los 70[125] trasladan *Nequaquam vocaberis ultra fortitudo regni,* de adonde se colige que los Príncipes y Prelados son la fortaleza, alcázar, muro, puerto y amparo de la república.

Tenía el rey de Siria cercada a Dotain con su ejército, los pájaros parecía{n} no poderse ir por el aire, y todo a fin de haber a las manos un hombre que estaba dentro, abre un pajecillo la ventana cuando el cielo las del día, pasmose en ver tanto soldado, tanto escuadrón y bandera. Las vislumbres de los yelmos, las centellas de las armas, el tremolar de los penachos, el ruido de las cajas, relinchos de caballos y altivo son de trompetas y clarines, que allí parecía haber nacido de la oscuridad de la noche. Muertos somos, profeta santo, [comenzó a decir el paje a Eliseo] que era la presa que el rey buscaba con todo aquel ruido y aparato de guerra. Mas el

---

[125] Aquí Balbuena señala la discrepancia en la traducción de la *Biblia Hebrea* (Torá o Antiguo Testamento) a la *Biblia griega de los LXX* (conocida también bajo los nombres de *Septuaginta, Alejandrina* y *Canon Griego*). Este ejemplo le sirve para adelantar su argumento político como afirmación del Patronato Real; es decir, la indiscutible unión entre la Iglesia (representada por el Prelado) y la Corona (la realeza, el príncipe). Covarrubias dedica la siguiente entrada a los «Setenta intérpretes»: «Tolomeo Filadelfo envió a Jerusalén, al Pontífice Eleazaro, sus embajadores con grandes dones, pidiéndole le enviasen hombres sabios que supiesen la lengua hebrea y griega igualmente; el cual con acuerdo de los principales de aquella república, escogió setenta y dos varones ancianos con la ley...».

profeta, pidiendo a Dios para su paje ojos con que viese la contra defensa herida, dice el tex{to} sag{rado} 4 Reg{es} 6. *Aperuit Dominus oculos pueri, vt videt, & ecce mons plenus equorum, & curruum igneorum, in circuitu Elisei.* Abrió el Señor los ojos al paje y vio en contramuro y defensa del profeta y los que con él estaban montes de caballos y carros de fuego. Que Dios no sabe dar poco a los suyos ni ellos son al mundo de menos provecho que esto, todo con su presencia lo defienden, todo lo amparan, conservan y mantienen en justicia y paz, y así, de los bienes temporales es éste el mayor que Dios da a su pueblo, un buen Príncipe, un buen Prelado, una cabeza de seso que le gobierne.

Viniendo la reina Saba mil leguas tras la fama de Salomón, llegó a su corte, y de allí, con la experiencia al concierto de su reino, de su casa y familia, quedó atajada y vencida de su mismo pensamiento. Y consideradas las grandes partes de un Rey tan sabio, la utilidad y provecho del pueblo en su sabiduría y prudencia, dijo con la mucha suya, {en} 2 {de} Paralip{ómenon} 9[126]. *Quia diligit Deus Israel, & vult servare eum in aeternum, ideo posuit te super eum regem ut lacias iudicia atque iustitiam.* Porque ama Dios a Israel y le quiere guardar eterno y permanente, por eso le dio rey que administrase verdad y justicia. Gran pronóstico de la felicidad de un reino, de una república, de una ciudad, darle Dios buen Rey, buen Príncipe, buen Prelado.

Del tiempo que duró la capitanía de Josué dice la Escri{tura de} Josué, 24, que todos sus días sirvió Israel a Dios. *Servivit Israel Domino cunctis diebus Josue.* Mirad lo que hace un buen capitán, pero no es maravilla que como va delante síguenle los demás. Al compás que Moisés alzaba o bajaba las

---

[126] *Paralipómenon,* «vale tanto como *liber deledictorum,* que en la Sagrada Escritura tiene su lugar en la Biblia, y contiene algunas cosas historiales, que parece haberse quedado o no haberse declarado tan bien en los cuatro libros de los Reyes» (Covarrubias). Proviene de un solo libro de la *Biblia Hebrea (Dibhere Hayyamim,* los actos diarios o anales) que se dividió en dos cuando fue traducida y se convirtió en la *Biblia de los LXX* o *Septuaginta,* de donde pasaron a la *Latina* y luego a la *Vulgata.* Se trata de Crónicas que cuentan la historia sagrada desde Adán hasta el cautiverio (parafraseado de la *Enciclopedia Católica).*

manos crecían o menguaban las bienandanzas y victorias de su pueblo, que parece que Dios de intento ha fiado y puesto en las del Prelado cuanto él ha de dar por las suyas. Y así es bien que no sean manos arrojadas y pródigas, sino medidas a grandes tientos de prudencia y consideración, que eso es ser sabio despensero dar *In tempore tritici mensuram*[127]. Dar el trigo por medida, a cada uno lo que le conviene, no quitando a unos para otros, sino gobernando a todos en igualdad. Como lo hacía aquel gran Doctor de las gentes, no pidiendo toda la perfección de un golpe, sino dando la leche de la fe a los principios, y de allí procediendo con la misma suavidad de la naturaleza, de lo menos a lo más, {en} 1 Cor{intios} 3. Como lo quiso dar a entender el mismo Apost{olorum} Actu{s} 26, cuando diciéndole el rey Agripa[128] de presto, Pablo, me quieres hacer cristiano, le respondió, *Opto apud Deum non tantum te sed etiam omnes qui audiunt hodie fieri tales qualis ego sum exceptis vinculis his.* Sabe, Rey, y sabe Dios que deseo acerca de él no sólo a ti, sino a todos los que me oyen, hacerlos hoy en su fe tales como yo soy, excepto estas cadenas y grillos. Lo cual cierto es que no lo decía él por desestima y menosprecio de sus prisiones, siendo ellas los cetros, púrpuras y tiaras que él más preciaba en el mundo y de que mayor caudal y cuenta hacía, sino porque la gloria que él hallaba en los tormentos pedía un grado de perfección más levantado que en ellos se podía hallar con tan breve disposición de tiempo. Esto es ser dechado de prudencia, sabio doctor y sabio consejero. Y por decirlo de una vez, es un asomo, un rasguño y unos lejos de nuestro S{anto} Prelado, una virtud, una santidad, un saber y una prudencia conocida y puesta en práctica por otra prudencia y saber, la mayor que supo el mundo, nuestro católi-

---

[127] Palabras del Evangelio según San Lucas, 12, 42 *(Vulgata)*: «Respondió el Señor: "Quién es, pues, el administrador fiel y prudente a quien el señor pondrá al frente de su servidumbre para darles a su tiempo su ración conveniente?"» (trad. *Biblia de Jerusalén*).

[128] *Agripa*, «ha habido muchos. Y él en sí vale tanto como el que ha nacido de pies. [...] Herodes Agripa, segundo rey de los judíos...» (Covarrubias).

co monarca Filipo II[129], que en experiencia de tan largos años y en tantos catálogos de graves sujetos, no halló otro a quien con mayor satisfacción encomendar las veras de su alma a quién, pues, se podrán fiar mejor las de los vasallos que a quien tan buena cuenta dio de la de su Rey.

> *Y el santo cielo que con nombre santo*
> *de gracias suyas y provecho nuestro*
> *nos dio tal ave en armas y defensa*[130].

Del nombre de García y de los anuncios de él en nuestro bien queda ya dicho. Y de las armas digo ahora que son insignias de nobleza, nacidas de alguna notable felicidad o hazaña, sucedieron a las imágenes y estatuas que antiguamente ilustraban las casas y familias nobles. De manera que así como ahora es oscuro y sin nobleza el linaje que no tiene armas y blasón propio, así entonces lo era la familia que carecía de imágenes y estatuas de sus mayores, por cuya causa, preciándose tanto Cicerón de haber subido a la dignidad consular por su propio valor y sin merecimientos de linaje, dijo, hablando a los romanos en la lege Agraria. *Quem ad modum cum petebam nulli me vobis autores generis mei commendarunt, sic si aliquid deliquero nullæ sunt imagines quæ me a vobis deprecentur.* Así como cuando os pedí esta dignidad no me ayudaron para alcanzarla favor ni autoridad de mis mayores, así, si en ella hiciere algo indebido, ningunas imágenes tengo que os rueguen e intercedan por mí. Y en otra parte, baldonando a Pisón le dijo.*Obrepsisti ad honores errore hominum commendatione fumosarum imaginum quarum simile nihil habes præter colorem.* Entraste como si dijera a hurtadillas a estas honras y dignidades tuyas, valido del error de los hombres que respetaron las ahumadas imágenes de tus parientes, a las cuales en sólo el color te pareces, que también como las costumbres

---

[129] Ya antes Balbuena informó que el poema que le dedicó a Felipe II ganó el primer premio en una de las «justas literarias» en las que había participado.

[130] Aquí Balbuena cita una estrofa del poema que le compuso al Arcediano para celebrar la llegada de éste a México.

debía de tener tiznado, aunque allí ahumadas quiere decir antiguas. Y así dijo Juvenal {en la} Sát{ira} 7:

> *Quis fructus generis tabula iactare capaci*
> *fumosos equitum cum dictatore magistros*
> *si coram Lepidis male vivitur.*

> *De qué fruto, qué honor, de qué consuelo*
> *es blasonar de ilustre ejecutoria*
> *de ahumados parientes y la gloria*
> *del olvidado dictador su abuelo,*
> *si en los Lépidos ojos es la vida*
> *estragada, manchada y distraída.*

De manera que ahumadas allí quiere decir antiguas, que el tiempo es un humo general que envejece y empaña todas las cosas humanas. A los que en su linaje no tenían imágenes ni rastro de antigüedad llamaban hijos de la tierra. Y así, en la Epíst{ola} 7, dijo Cicerón por ironía, *Cornelius quidem tuus familiaris summo genere natus terrae filius,* adonde el *summo genere* está en modo de escarnio y a él por humilde le llamó hijo de la tierra. Y Juvenal, viendo cuán pocos nobles se lograban, dijo en la Sátira[131] 6:

> *Prodigio par est in nobilitate senectus*
> *ande sit ut malim fraterculus ese Giganturn.*

> *Milagro es la vejez en la nobleza*
> *y así quisiera más [si es bien decillo]*
> *de los gigantes ser el hermanillo*
> *en nacimiento humilde y no en grandeza.*

Fingieron antiguamente los gigantes ser hijos de la tierra, y deseando Juvenal ser su hermanillo daba a entender que no pedía cuerpo y grandeza de gigante, sino humildad de nacimiento. Nuestra España como tierra nobilísima y que siem-

---

[131] Sin abreviar en el original.

pre ha conservado su pureza y antigüedad es innumerable la diversidad de armas, blasones y timbles[132] que tiene. Pero ésta es materia larga y así se quedará lo mucho que en ella hay que decir a los que de intento la tratan, que aun apenas en grandes libros se dan a manos. Allí verá, si la curiosidad lo pidiere, la proporción, el corte y modelo de los escudos, las calidades, diferencias y nombres de sus colores, el uso y ordenación de ellos, los metales que les son propios, la condición y ley de la pintura en que no caía color sobre color ni metal sobre metal, que el animal esté siempre mirando a la mano derecha, en toda su ferocidad, ligereza o gallardía, el león rapante, el ciervo huyendo, el águila volando y así de los demás, que esto pide mayor lugar y desocupación que la de ahora. Sólo digo que si las armas se adquieren o mudan por alguna notable felicidad y ventura, bien pudiera por la de hoy trocar México su águila en una garza hermosa, aunque en el verso que doy[133] tiene el ave dos sentidos, uno de la Garza ya explicado y el otro de la Ave María que la casa de Mendoza y nuestro Prelado, como uno de los más famosos de ella, trae por impresa en sus armas. Y a quién más bien que a la Virgen Santísima, en todo lo criado, se puede ajustar y medir el nombre de escudo, armas y defensa nuestra. Pues entre los que le da la sabiduría de Dios es uno llamarla plátano a la corriente y vera de las aguas, Ecles{iástico} 24. *Quasi platanus exaltata sum iuxta aquam, &c.* Las aguas en la Escri{tura} significan los pueblos y congregación de gentes, en este sentido le declaró el ángel a S{an} Juan uno de los

---

[132] En las príncceps y subsiguientes ediciones se lee *timble,* palabra que se repetirá y que no se halla en ningún diccionario. Podría ser ejemplo del fenómeno de conversión *r* por *l.* La confusión de la vibrante *r* por la líquida *l* es, como se sabe, una manifestación lingüística común del sur de España que llega al Nuevo Mundo con los primeros colonos. Hasta hoy se reconoce como una característica del habla del Caribe, muy particularmente de Puerto Rico. Si no Balbuena en su manuscrito, el tipógrafo podría haber hecho ese cambio al copiarlo para la imprenta. Según la diversidad mencionada por el poeta y lo que dirá más adelante, sin lugar a dudas la palabra lógica es *timbre:* el sello o membrete que se estampa en los documentos públicos de Estado o en los escudos de armas.

[133] Los editores anteriores, que ya he mencionado, escribieron *voy* en vez de *doy.*

jeroglíficos de su Apocalipsis 7[134]. *Aquæ quas vidisti ubi meretrix sedet populi sunt, & gentes, & linguæ.* Las aguas sobre que viste sentada aquella ramera son pueblos de varias gentes y lenguas. Y en la misma significación se ha de entender el lugar de Job, 20. *Gigantes gemunt sub aquis.* Los gigantes gimen debajo de las aguas. Esto es, los Príncipes y Reyes, a quien el grave peso y carga del gobierno de sus vasallos hace gemir y reventar. Y al fin ninguna cosa es más semejante a nuestra vida que las corrientes de los ríos que van a dar a la mar que es el morir[135], como galanamente lo dijo aquella discretísima mujer Theucites al rey David, 2 Re{yes} 14. *Omnes morimur, & quasi aquæ dilavimur in terram quæ non revertuntur.* Buen rey, todos nos morimos, y como aguas que corren sobre la tierra nos vamos resbalando a la muerte. De manera que las aguas son figura viva de la vida humana que tampoco, como ellas, tiene punto de sosiego. Y el plátano con sus hojas en forma y hechura de adargas, que tales son a lo menos en nuestras Indias, puede ser símbolo de la defensa y amparo, pues de cualquiera suerte lo es con su sombra, amparando en ella la frescura de las aguas, y de todas maneras la Virgen Santísima a los pecadores. Ved, pues, si nos arma bien el arnés y timble que el cielo nos ha dado.

Y una estrella por guía y por maestro, &c.

Alude a un lucero que los Mendozas suelen poner por modo de impresa sobre el timble del escudo con unas letras que dicen, BUENA GUÍA.

Y él como agradecido
de olores santos sin cesar le inciensa.

Aunque por olores se puede entender el de la buena fama y nombre en el mismo sentido que el S{anto} Job 9, hablando de la vida humana dijo,

---

[134] Sin abreviar. Van Horne corrige la fuente: «XVII (no VII)» (77, n. 159).

[135] Jorge Manrique (1440-1479) eternizó estas palabras en sus *Coplas por la muerte de su padre*: «Nuestras vidas son los ríos / que van a dar a la mar, / que es el morir».

Dies mei pertransierunt quasi naves poma portantes. Pasaron mis días como una flota cargada de manzanas. Esto es, sin dejar de sí más que el rastro del olor. Pero en ser de incienso, aroma y perfume divino dedicado a solo Dios, quise significar la continua y ordinaria oración de nuestro Prelado en asimiento de gracias a los grandes bienes recibidos, conforme a aquello del Sal{mo} 140. *Fiat oratio mea tanquam incensum in conspectu tuo.* Sea mi oración como incienso en el acatamiento tuyo. Y en el Apocalip{sis} 5 se dice de aquellos santos viejos que estaban ante el cordero, que cada uno tenía su cazoleta[136] de oro llena de perfumes y olores, que son las oraciones de los santos. *Habentes singuli phialas aureas plenas odoramentorum, quæ sunt orationes sanctorum.*

Estas apuntaciones me parece que bastan por no dilatar más el discurso y que se pueda imprimir con los otros sin crecer demasiado el volumen y costa, que es grande la que aquí se hace en esto, y sin esperanza de gozar el fruto de ella más que este estrecho y pequeño mundo de por acá, que aunque de tierra grandísima, es en gente abreviado y corto, y fuera de esta rica ciudad casi de todo punto desierto y acabado en lo que es trato de letras, gustos, regalos y curiosidades de ingenio, por haber tiranizado las granjerías y codicia del dinero los mayores pensamientos por suyos. Y así los demás trabajos míos si algún día, como estos merecieren salir a luz, será gozando de las comodidades de España, enviándolos allá o disponiéndome yo a llevarlos. Entre tanto, quiero que esta sombra y ademán de cosa vaya a descubrir tierra y ver el acogimiento que el mundo le hace. Vale.

In D{omi}no, México, 20 de octubre, 1602.

---

[136] *cazoleta*, «y cazoleja, nombres diminutivos de cazuela» (Covarrubias); cacerola.

Introducción

Ahí, en los más remotos confines de estas Indias occidentales, a la parte de su Poniente, casi en aquellos mismos linderos que siendo límite y raya al trato y comercio humano parece que la naturaleza, cansada de dilatarse en tierras tan fragosas y destempladas, no quiso hacer más mundo, sino que alzándose con aquel pedazo de suelo lo dejó ocioso y vacío de gente, dispuesto a solas las inclemencias del cielo y a la jurisdicción de unas yermas y espantosas soledades, en cuyas desiertas costas y abrasados arenales a sus solas resurta y quiebre con melancólicas intercadencias la resaca y tumbos de mar, que sin oírse otro aliento y voz humana por aquellas sordas playas y carcomidas rocas suena. O cuando mucho se ve coronar el peinado risco de un monte con la temerosa imagen y espantosa figura de algún indio salvaje, que en suelta y negra cabellera con presto arco y ligeras flechas, a quien él en velocidad excede, sale a caza de alguna fiera menos intratable y feroz que el ánimo que la sigue. Al fin en estos acabos de mundo, remates de lo descubierto y últimas extremidades de este gran cuerpo de la tierra, lo que la naturaleza no pudo, que fue hacerlos dispuestos y apetecibles al trato y comodidades de la vida humana: la hambre del oro y golosina del interés tuvo maña y presunción de hacer, plantando en aquellos baldíos y ociosos campos una famosa población de españoles, cuyas reliquias, aunque sin la florida grandeza de sus principios, duran todavía, y a pesar del tiempo conservan en su remoto sitio el nombre de la gran villa de San Miguel de Culiacán. En este pueblo, digno por sola esta ocasión de hacer su cuenta aparte con los famosos de la tierra, se crio desde sus primeros años Doña Isabel de Tobar y Guzmán, una señora de tan raras partes, singular entendimiento, grados de honestidad y aventajada hermosura, que por cualquiera de ellas puede muy bien entrar en número de las famosas mujeres del mundo y ser con justo título celebrada de los buenos ingenios de él. Fue esta noble señora hija de los famosos caballeros Don Pedro de Tobar, hijo de Don Fernando de Tobar, señor de Villamartín y tierra de la Reina, gran caballero de la orden de Santiago, guarda de la reina Doña Juana y su cazador mayor, y de Doña Francisca de Guzmán, hija de Don Gonzalo de Guzmán, gobernador de Cuba. Criose, aunque en tierra tan apartada y remota, en aquella riqueza y abundancia de regalo debida a su calidad y grandeza, hasta que disponiendo el tiempo las cosas ordenó las de su gusto de manera que le abrió puerta al que siempre había deseado, que era verse en religión, sacudida y libre de los inconvenientes y obligaciones del siglo. Desviándole el cielo con sus regalos los que le podían ser impedimento y estorbo a este gran deseo y vocación suya, llevando primero para sí a Don Luis de los Ríos Proaño, su marido, y tras él a la Santa Compañía de Jesús un hijo único y sola prenda que de él le quedaba, como que quisiese Dios por esta vía suceder en propiedad y posesión a todas las cosas de esta señora, sin dejarle en el mundo más que a él solo en quien poner los ojos y confianza, como desde luego lo hizo encaminando sus cosas a este honrado y dichoso fin, digno de la grandeza de su ánimo y gran caudal de su entendimiento dejarlo todo por el Señor y dueño de todo. Estando pues en las dichosas vísperas de tiempo tan deseado, llegose también a vueltas el de mi venida a esta ciudad, doce años después que hice de ella la segunda salida y ausencia; y conociendo en mí la gran veneración y respeto en que siempre he tenido sus cosas, por parecerme dignas deste reconocimiento y lugar entre cuantas hasta hoy mi estimación ha hallado, mandome con algún encarecimiento que en los días que le traía de ventaja a esta ciudad tomase a mi cuenta el dársela muy particular de las cosas famosas de ella, para que así más alentada se diese prisa a concluir su comenzado viaje, y llegada al fin de él no se le hiciese del todo nueva la grandeza de la tierra, ya que a la de su ánimo y condición ninguna podía venir grande. Fue para mí esta ocasión convidar a beber al que tiene mucha sed, porque desde luego me vi en posesión de dos grandes gustos míos y casi igualmente deseados y apetecidos de mí, el uno obedecer y servir en algo a quien tanto debo, y el otro hacer un amago y rasguño [supuesto que mi caudal no llega a más] de las grandezas y admirables partes de esta insigne y poderosa ciudad de México, a quien por mil nobles respetos he sido siempre aficionado y debía hacer algún servicio. Y éste finalmente [discreto lector], es el fundamento del que yo ahora en esta breve relación te hago, si mi buena intención mereciere que le cuentes y estimes por tal, porque dado caso que a este fin me movieron los que digo, habiéndolos dichosamente conseguido, y la señora para quien esto se escribió el de su vocación y viaje, tomando el hábito de monja en el insigne monasterio de San Lorenzo[137], después que por algunos días fue generalmente festejada su venida de todo lo mejor de la nobleza mexicana, el sacar ahora a pública censura los mismos atrevimientos que se pudieran quedar olvidados y desaparecidos al mundo, es ya todo poner los ojos en sólo el fin de agradar los tuyos, reduciendo a esta última pretensión todo el caudal de las primeras. Y así en ventura mía será si en el gusto tuyo estos mis borrones la tuvieren tal que acierten a dártele en algo. Lo posible he hecho en procurarlo. Haga el tiempo su oficio, que hasta aquí sólo pudo llegar la jurisdicción del mío. Algunas cosas habrán de disonar en oídos delicados, a quien si yo tuviera lugar pudiera ser que dejara, si no del todo satisfechos, a lo menos en parte desofendidos. Quizá lo haré apuntando de mi mano algo de estos mismos discursos, que aunque en su llaneza parezca sobrado este pensamiento, no lo es en el que yo tengo de explicar algunos que dejé medio anegados y muertos entre el aprieto de los consonantes. Esto será otra vez, y lo dicho ahora, claridad de esta primera introducción. Y para que también la tenga el noveno terceto que dice,

---

[137] Esta declaración, sobre el ingreso de Isabel de Tobar y Guzmán en este particular convento, sale a relucir en el Capítulo VIII, titulado «Religión y Estado».

De Tobar y Guzmán hecho un injerto
al Sandoval, que hoy sirve de columna
al gran peso del mundo y su concierto[138].

Se ha de advertir que doña Elvira de Rojas y Sandoval, hija de Diego Gómez de Sandoval, marqués de Denia, fue mujer de Don Sancho de Tobar, señor de Villamartín y tierra de la Reina, y bisabuela de esta señora, y por esta vía parienta muy conocida y cercana del gran duque de Lerma don Francisco Gómez de Sandoval, que hoy es la persona más propincua a la de nuestro glorioso y católico monarca Filipo tercero[139], y de cuya prudencia más se sirve en el gobierno de los mundos que están a su cargo, y le deje Dios gozar felicísimos años para el universal bien de su Iglesia.

CARTA DEL BACHILLER
Bernardo de Balbuena, a la Señora
Doña Isabel de Tobar y Guzmán, describiendo
la famosa ciudad de México
y sus grandezas

*

ARGUMENTO

De la famosa México el asiento.
Origen y grandeza de edificios.
Caballos, calles, trato, cumplimiento.
Letras, virtudes, variedad de oficios,
regalos, ocasiones de contento,
primavera inmortal y sus indicios.
Gobierno ilustre, religión y Estado.
Todo en este discurso está cifrado.

---

[138] Noveno terceto del Capítulo I, «De la famosa México el asiento».
[139] Felipe III (1578-1621), conocido como «el Piadoso», rey de España y Portugal desde 1598 hasta su muerte; también fue Duque de Borgoña.

Capítulo I
***
*

Argumento
***
*

De la famosa México el asiento

*

Oh, tú, heroica beldad, saber profundo,
   que por milagro puesta a los mortales
   en todo fuiste la última del mundo,

criada en los desiertos arenales
   sobre que el mar del Sur resaca y quiebra
   nácar lustroso y perlas orientales,

do haciendo a tu valor notoria quiebra,
   el tiempo fue tragando con su llama
   tu rico estambre[140] y su preciosa hebra,

de un tronco ilustre generosa rama,
   sujeto digno de que el mundo sea
   columna eterna a tu renombre y fama.

---

[140] *estambre*, «la hebra de lana torcida al uso» (Covarrubias).

Oye un rato, señora, a quien desea
   aficionarte a la ciudad más rica,
   que el mundo goza en cuanto el sol rodea.

Y si mi pluma a este furor se aplica
   y deja tu alabanza es que se siente
   corta a tal vuelo, a tal grandeza chica.

{¿}[141]Qué Atlante[142] habrá, qué Alcides[143] que sustente
   peso de cielo, y baste a tan gran carga,
   si tú no das la fuerza suficiente?

Dejo tu gran nobleza, que se alarga
   a nacer de principio tan incierto,
   que no es la oscura antigüedad más larga.

De Tobar y Guzmán hecho un injerto
   al Sandoval, que hoy sirve de columna
   al gran peso del mundo y su concierto[144].

Dejo tu discreción, con quien ninguna
   corrió parejas en el siglo nuestro,
   siendo en grandezas mil y en saber una,

que aunque en otros sujetos lo que muestro
   aquí por sombras fueran resplandores
   de un nombre ilustre en el pincel más diestro,

---

[141] Remito nuevamente a los lectores a la explicación que doy sobre los signos iniciales de interrogación.

[142] *Atlante* [Atlas], titán o dios castigado con el trabajo de aguantar sobre sus hombros, mediante fuertes pilares, el peso del mundo para mantenerlo separado del cielo.

[143] *Alcides*, «nombre de Hércules [...] y lo más cierto es ser nombre de su agüelo, padre de su padre Anfitrión» (Covarrubias).

[144] Balbuena ya se ha referido al linaje de Isabel de Tobar y Guzmán y de los Sandoval hacia el final de su «Carta al Arcediano» al igual que en los versos dedicados al Conde de Lemos.

en ti es lo menos que hay y los menores
   rayos de claridad con que hermoseas
   la tierra, tu altivez y sus primores.

Y así se queden para sólo ideas,
   no imitables de nadie, a ti ajustadas,
   sólo a ti, porque sola en todo seas.

Ahora en las regiones estrelladas
   las alas de tu altivo pensamiento
   anden cual siempre suelen remontadas,

o en más humilde y blando sentimiento
   de la fortuna culpen el agravio
   de no ajustarse a tu merecimiento,

o del mordaz el venenoso labio
   que a nadie perdonó también se atreva
   a mostrar en tu envidia su resabio.

Doquiera que te hallare esta voz nueva,
   en cielo, en tierra, en gusto o en disgusto,
   a oírla un rato tu valor te mueva.

Que si es en todo obedecerte justo,
   esto es hacer con propiedad mi oficio
   y conformar el mío con tu gusto.

Mándasme que te escriba algún indicio
   de que he llegado a esta ciudad famosa,
   centro de perfección, del mundo el quicio,

su asiento, su grandeza populosa,
   sus cosas raras, su riqueza y trato,
   su gente ilustre, su labor pomposa.

Al fin, un perfectísimo retrato
   pides de la grandeza mexicana,
   ahora cueste caro, ahora barato.

Cuidado es grave y carga no liviana
    la que impones a fuerzas tan pequeñas,
    mas no al deseo de servirte y gana.

Y así, en virtud del gusto con que enseñas
    el mío a hacer su ley de tu contento,
    aquestas son de México las señas.

Bañada de un templado y fresco viento,
    donde nadie creyó que hubiese mundo
    goza florido y regalado asiento.

Casi debajo el trópico fecundo,
    que reparte las flores de Amaltea[145]
    y de perlas empreña el mar profundo,

dentro en la zona por do el sol pasea,
    y el tierno abril envuelto en rosas anda,
    sembrando olores hechos de librea

sobre una delicada costra blanda
    que en dos claras lagunas se sustenta,
    cercada de olas por cualquiera banda,

labrada en grande proporción y cuenta
    de torres, chapiteles, ventanajes,
    su máquina soberbia se presenta,

con bellísimos lejos y paisajes,
    salidas, recreaciones y holguras,
    huertas, granjas, molinos y boscajes,

alamedas, jardines, espesuras
    de varias plantas y de frutas bellas
    en flor, en cierne, en leche, ya maduras.

---

[145] *Amaltea*, «[...] la que le dio leche a Júpiter, junto con Melisa, su hermana, las cuales fueron hijas de Meliso, rey de Creta, que con la leche de una
cabra y con miel le sustentaron...» (Covarrubias).

No tiene tanto número de estrellas
   el cielo, como flores su guirnalda,
   ni más virtudes hay en él que en ellas.

De sus altos vestidos de esmeralda,
   que en rico agosto y abundantes mieses[146]
   el bien y el mal reparten de su falda,

nacen llanos de iguales intereses,
   cuya labor y fértiles cosechas
   en uno rinden para muchos meses.

Tiene esta gran ciudad sobre agua hechas
   firmes calzadas, que a su mucha gente
   por capaces que son vienen estrechas,

que ni el caballo griego hizo puente
   tan llena de armas al troyano muro,
   ni a tantos guio Ulises el prudente,

ni cuando con su cierzo el frío Arturo[147]
   los árboles desnuda, de agostadas
   hojas así se cubre el suelo duro,

como en estos caminos y calzadas,
   en todo tiempo y todas ocasiones,
   se ven gentes cruzar amontonadas.

Recuas[148], carros, carretas, carretones,
   de plata, oro, riquezas, bastimentos
   cargados salen, y entran a montones.

---

[146] *mies,* «propiamente la sazón de segar los panes y la mesma siega» (Covarrubias); por extensión, cereal o grano; en general, la cosecha.

[147] *Arturo,* «una estrella en la imagen de Bootes [nombre de otra estrella], en la cola de la Osa Mayor, cuyo *ortu* y ocaso significa cercanas tempestades» (Covarrubias).

[148] *Recua,* «los mulos del trajinero o harriero, que llaman recuero [...] Cierto número de bestias de carga que traen y llevan abastimentos» (Covarrubias).

De varia traza y varios movimientos
   varias figuras, rostros y semblantes,
   de hombres varios, de varios pensamientos,

arrieros, oficiales, contratantes,
   cachopines, soldados, mercaderes,
   galanes, caballeros, pleiteantes;

clérigos, frailes, hombres y mujeres,
   de diversa color y profesiones,
   de vario estado y varios pareceres,

diferentes en lenguas y naciones,
   en propósitos, fines y deseos,
   y aun a veces en leyes y opiniones.

Y todos por atajos y rodeos
   en esta gran ciudad desaparecen
   de gigantes volviéndose pigmeos.

{i}Oh inmenso mar, donde por más que crecen
   las olas y avenidas de las cosas
   si[149] las echan de ver ni se parecen!

Cruzan sus anchas calles mil hermosas
   acequias[150] que cual sierpes cristalinas
   dan vueltas y revueltas deleitosas,

---

[149] *si* en las prínceps, pero Van Horne, Monterde, González Boixo y Domínguez cambiaron a la partícula negativa *ni,* convirtiendo la frase en doble
negación: *ni* una cosa *ni* otra. En la presente edición dejé el *si* original, entendiendo que sirve para expresar una condición contraria a los hechos: «*si* las
echan de ver», o sea, en caso de que se les dé una mirada, no [*ni* siquiera] se
parecen a lo que verdaderamente son.

[150] *acequias,* los canales que bordeaban la antigua ciudad de Tenochtitlán,
tan bien asentada sobre un gran lago, vista que deslumbró a Cortés. Por desgracia, a raíz de tan rápido desarrollo toda aquella agua empezó a contami-
narse hasta que finalmente se secó, lo cual dio lugar a que se siguiera construyendo sobre aquel acuoso terreno. «Es nombre arábigo, y vale regadera,
conducto de agua descubierto [...], abrevadero o zanja por donde pasa el agua
para regar o moler» (Covarrubias).

llenas de estrechos barcos, ricas minas
de provisión, sustento y materiales
a sus fábricas y obras peregrinas.

Anchos caminos, puertos principales
por tierra y agua a cuanto el gusto pide
y pueden alcanzar deseos mortales.

Entra una flota y otra se despide,
de regalos cargada la que viene,
la que se va del precio que los mide,

su sordo ruido y tráfago[151] entretiene
el contratar y aquel bullirse todo
que nadie un punto de sosiego tiene.

Por todas partes la codicia a rodo[152]
que ya cuanto se trata y se practica
es interés de un modo o de otro modo.

Éste es el Sol que al mundo vivifica,
quien lo conserva, rige y acrecienta,
lo ampara, lo defiende y fortifica.

Por éste el duro labrador sustenta
el áspero rigor del tiempo helado,
y en sus trabajos y sudor se alienta.

Y el fiero imitador de Marte airado
al ronco son del atambor[153] se mueve
y en limpio acero resplandece armado.

---

[151] *tráfago*, «ruido que se hace mudando algunas cosas [...]; vocablo mercantesco [...]; término de mercaderes, y vale tanto como trato, comercio» (Covarrubias).

[152] *a rodo*, por todas partes, en abundancia.

[153] *atambor*, «De guerra o caja», de ahí que *en limpio acero resplandece armado* es metáfora del soldado o guerrero a quien el sonido del atambor «le enciende el corazón para pelear» (Covarrubias).

Si el industrioso mercader se atreve
  al inconstante mar y así remedia
  de grandes sumas la menor que debe,

si el farsante recita su comedia
  y de discreto y sabio se hace bobo,
  para de una hora hacer reír la media,

si el pastor soñoliento al fiero lobo
  sigue y persigue y pasa un año entero
  en vela al pie de un áspero algarrobo[154],

si el humilde oficial sufre el severo
  rostro del torpe que a mandarle llega
  y el suyo al gusto ajeno hace pechero,

si uno teje, otro cose, otro navega,
  otro descubre el mundo, otro conquista,
  otro pone demanda, otro la niega,

si el sutil escribano papelista
  la airosa pluma con sabor voltea,
  costoso y desgraciado coronista,

si el jurista fantástico pleitea,
  si el arrogante médico os aplica
  la mano al pulso y a Galeno hojea,

si reza el ciego, si el prior predica,
  si el canónigo grave sigue el coro,
  y el sacristán de liberal se pica,

si en corvas cimbrias[155] artesones[156] de oro
  por las soberbias arquitrabes vuelan
  con ricos lazos de inmortal tesoro,

---

[154] *algarrobo*, árbol, cuya fruta, la algarroba, es «una vaina en que está la carne della y las pepitas...» (Covarrubias).

[155] *corvas cimbrias*, redundancia. La cimbria es una vara que de por sí es curva o torcida.

[156] *artesones*, techos; «cierto modo de techumbres labradas con unos fondos a modo de artesas [tronco de madero cavado] que se usan en los grandes palacios» (Covarrubias).

172

si la escultura y el pincel consuelan
      con sus primores los curiosos ojos,
      y en contrahacer el mundo se desvelan

y al fin, si por industria o por antojos
      de la vida mortal, las ramas crecen
      de espinas secas y ásperos abrojos,

si unos a otros se ayudan y obedecen,
      y en esta trabazón y engace[157] humano
      los hombres con su mundo permanecen,

el goloso interés les da la mano,
      refuerza el gusto y acrecienta el brío,
      y con el suyo lo hace todo llano.

Quitad a este gigante el señorío
      y las leyes que ha impuesto a los mortales,
      volveréis su concierto en desvarío.

Caerse han las columnas principales
      sobre que el mundo y su grandeza estriba,
      y en confusión serán todos iguales.

Pues esta oculta fuerza, fuente viva
      de la vida política, y aliento
      que al más tibio y helado pecho aviva,

entre otros bienes suyos dio el asiento
      a esta insigne ciudad en sierras de agua,
      y en su edificio abrió el primer cimiento.

Y así cuanto el ingenio humano fragua,
      alcanza el arte y el deseo platica
      en ella y su laguna se desagua
      y la vuelve agradable, ilustre y rica.

---

[157] *engace,* de *engazar,* hoy engarzar, «encadenar una cuenta con otra [...];
asir y juntar» (Covarrubias).

CAPÍTULO II

ARGUMENTO
***
*

Origen y grandeza de edificios

*

Pudiera aquí con levantado estilo
   siguiendo el aire a mi veloz deseo
   a este cuento anudar[158] un largo hilo,

un espantoso alarde, un rico empleo
   de heroicos hechos, con que el tiempo añide[159]
   vida a la fama, al interés trofeo.

El bravo brío español que rompe y mide,
   a pesar de Neptuno y sus espantos,
   los golfos en que un mundo en dos divide,

y aquellos nobles estandartes santos,
   que con su sombra dieron luz divina
   a las tinieblas en que estaban tantos

---

[158] *añudar* en el original.
[159] *añide*, arcaico, hoy *añadir*, que es acrecentar, agregar, aumentar; no se moderniza *(añade)* para no romper la rima con los verbos *mide* y *divide* del próximo terceto.

y al mismo curso por do el sol camina,
 surcando el mar y escudriñando[160] el cielo,
 del interés la dulce golosina

los trajo en hombros de cristal y hielo
 a ver nuevas estrellas y regiones
 a estotro rostro y paredón del suelo,

desde donde asombraron las naciones
 con increíbles proezas y hazañas
 de sus nunca vencidos escuadrones,

dando a su imperio y ley gentes extrañas
 que le obedezcan, y añadiendo al mundo
 una española isla[161] y dos Españas[162],

de cuyo noble parto sin segundo
 nació esta gran ciudad como de nuevo
 en ascendiente próspero y fecundo

y otras grandezas mil en que yo llevo
 puesta la mira en una heroica historia
 donde pienso pagar cuanto le debo.

Allí conserve el tiempo mi memoria,
 y a mí me deje, a vueltas de la suya,
 gozar en verlo una envidiada gloria,

que sin que otra ocasión la diminuya.
 Espero que mi musa en son más grave
 lo que le usurpa aquí le restituya

---

[160] *escudriñar,* «buscar alguna cosa con demasiada diligencia, cuidado y curiosidad» (Covarrubias). A menos que se trate de un error de imprenta, González Boixo y Domínguez cambiaron el original *escudriñando* por *escrudiñando.*

[161] Posiblemente sea Hispaniola (La Española, hoy República Dominicana y Haití), aunque también pudiera tratarse de Cuba por ser la más grande de las Indias Occidentales.

[162] Seguramente se refiere a México y Perú.

y en pompa sonorosa y en voz suave
   lo diga todo y los milagros cuente
   a que la brevedad echó hoy la llave,

pues ya en las selvas de mi clara fuente
   en humildes llanezas pastoriles
   ocupan el lugar más eminente,

y entre las armas de aquel nuevo Aquiles,
   el gran Bernardo[163], honor, gloria y modelo
   de obras gallardas y ánimos gentiles,

tienen su rico engaste pelo a pelo
   con las demás grandezas españolas
   que ponen lustre al mundo, envidia al suelo.

Para allí dejo estas crecientes olas
   que aquí me impiden el sabroso curso
   con que navego a sus bellezas solas.

Dejo también el áspero concurso,
   y oscuro origen de naciones fieras
   que la hallaron con bárbaro discurso,

el prolijo viaje, las quimeras
   del principio del águila y la tuna[164]
   que trae por armas hoy en sus banderas,

los varios altibajos de fortuna,
   por donde su potencia creció tanto
   que pudo hacer de mil coronas una.

---

[163] A Balbuena le encanta jugar con su nombre, disfrazándolo con el del héroe español Bernardo del Capio, en honor a quien compuso el poema épico *El Bernardo o Vitoria de Roncesvalles* (1624).

[164] *águila* y *tuna*, símbolos de la fundación de Tenochtitlán que, junto con la serpiente, la cual Balbuena nunca menciona, conforman la bandera de México.

Esto es muy lejos, yo no basto a tanto.
   Sólo diré de lo que soy testigo,
   digno de Homero y de la fama espanto.

Y así vuelvo a decir y otra vez digo
   que el interés, señor de las naciones,
   del trato humano el principal postigo,

como a la antigüedad dio por sus dones
   pirámides, columnas, termas, baños,
   teatros, obeliscos, panteones,

una Troya parienta de los años,
   una Roma también parienta suya,
   y una Venecia libre, y no de engaños,

porque el tiempo su honor le restituya,
   si piensa que hoy es menos poderoso,
   a México le dio que le concluya.

En otro crecimiento populoso
   y otros ocultos partos de ciudades
   podrá ser algo desto sospechoso.

Y Tebas, con su música y deidades,
   levantar muros y edificios rudos,
   que más que eso acreditan las edades,

el sabio Cadmo[165] hacer surcos desnudos,
   y allí cosecha de aceradas gentes,
   sembrando dientes y cogiendo escudos,

---

[165] *Cadmo*, «rey de los fenices, hijo de Agenor, que imperó en Tiro y en Sidón. [...] Buscando sus compañeros agua llegaron a una fuente dicha Dirce do estaba un dragón que [...] los despedazó a todos. Llegó despúes Cadmo y dando muerte al dragón, por consejo de Minerva le sacó los dientes y los sembró, de los cuales nacieron hombres armados que pelearon entre sí [...] dicen que fue el primero que halló el oro y el modo de labrarle...» (Covarrubias).

que México por pasos diferentes
   está en la mayor cumbre de grandeza
   que vieron los pasados y presentes.

De sus soberbias calles la realeza,
   a las del ajedrez bien comparadas,
   cuadra a cuadra, y aun cuadra pieza a pieza[166],

porque si al juego fuesen entabladas,
   tantos negros habría como blancos,
   sin las otras colores deslavadas.

{¿}Quién, puesta ya la mira en tantos blancos
   y los débiles pies en esta altura,
   irá sin dar descompasados trancos?

La antigua Grecia llena de esculturas
   celebre sus soberbios edificios,
   y de los tirios muros la hermosura,

y a la bárbara Menfis sus egipcios
   ennoblezcan de blanco mármol pario[167],
   precioso en pasta y rico en artificios

y los incultos partos[168] con voltario
   arco defiendan los que en sus regiones
   Semíramis[169] labró de jaspe vario

---

[166] Con estos versos, Balbuena lleva a cabo un trazado poético que ilustra el diseño de las calles que durante el virreinato de Mendoza formaban un «gran cuadro» (véase nuestra Introducción, págs. 54-55). Sin lugar a dudas, México, por estas razones, era digna de todos los elogios.

[167] *pario,* tipo de mármol proveniente de la isla de Paros que se destaca por su extremada blancura.

[168] *partos,* la gente de Partia, región ubicada en Asia.

[169] *Semíramis,* «mujer del rey de Asiria, Nino. Después de la muerte de su marido, que dejó por sucesor del reino a su hijo Nino, segundo deste nombre, no usando coronarle y entregarle el gobierno porque era muy mozo, acordó ella de tomar sobre sí aquel cuidado; mas como fuese imposible ser

178

las almenas y altivos iliones[170]
    que fabricó la industria de Neptuno,
    hagan de Frigia ricos los terrones

y al fin refiera el mundo de uno en uno
    sus bellos edificios, mausoleos
    de mayor fama que estos, si hay alguno,

que con los desta gran laguna solos
    hará otro más vistoso y rico alarde,
    desde la ardiente zona a los dos polos.

Toda ella en llamas de belleza se arde,
    y se va como fénix renovando:
    crezcas al cielo, en siglos mil te guarde.

{¿}Qué es ver sobre las nubes ir volando
    con bellos lazos las techumbres de oro
    de ricos templos que se van labrando?[171].

Donde si el mundo en su mortal tesoro
    puede contrahacer sombras de cielo,
    al vivo vive allí el celestial coro.

Bien que a sus cimbrias el delgado suelo
    humilla poco a poco, que en el mundo
    no hay más firmeza ni menor recelo.

---

regido de una mujer, trató de vestirse como hombre y fingir que era su hijo
[...] y a su hijo vestido como mujer [...] No solamente defendió y conservó el
imperio que su marido había conquistado, sino que también redujo a su
obediencia toda la Etiopia y edificó la gran ciudad de Babilonia» (Covarru-
bias-Noydens).

[170] *iliones*, naturales de Ilión, nombre que su fundador, Ilo, le dio a la que
fuera ciudad de Frigia, en Asia Menor. Más tarde fue llamada Troya, nombre
por el que hoy es conocida; tenía imponentes murallas y torreones.

[171] Signo de interrogación en la prínceps; Monterde, González Boixo y
Domínguez lo cambiaron por el de exclamación.

Cuelga el primer cimiento hasta el segundo,
    que de columnas de cristal fabrican
    las tiernas ninfas en su mar profundo

y no por eso su altivez achican,
    que cuanto más la tierra se los traga
    más arcos y cimborrios[172] multiplican.

Suben las torres, cuya cumbre amaga
    a vencer de las nubes el altura
    y que la vista en ellas se deshaga.

Las portadas cubiertas de escultura,
    obra sutil, riquísimo tesoro
    del corintio primor y su ternura,

los anchos frisos de relieves de oro
    istriados[173], triglifos y metopas[174]
    que en orden suben la obra y dan decoro,

y las columnas pérsicas, con ropas
    barbáricas cargadas de festones,
    y de acroterias pulvinadas[175] copas.

Al fin cuanto en esta arte hay de invenciones,
    primores, sutilezas, artificios,
    grandezas, altiveces, presunciones,

---

[172] *cimborrio*, cúpula, domo, bóveda; «el hueco del chapitel, sobre el altar mayor de la iglesia» (Covarrubias).

[173] *istriados* [estriados], surcados, hendidos.

[174] *triglifos*, «término usado entre arquitectos»; *metopas*, «término de arquitectos, vale el espacio de un triglife a otro en el arquitrabe [...] Llaman metopas en el género dórico aquellas frentes o cabezas de bueyes o venados que ponene por ornato en el arquitrabe, entre los triglifos» (Covarrubias).

[175] *acroteria* [acrotera], «remate colocado sobre cada ángulo del frontón en los edificios clásicos» (María Moliner); *pulvinadas*, posiblemente se refiera a que los frontones o fachadas de los edificios tenían mucho polvo.

sin levantar las cosas de sus quicios
    lo tienen todo en proporción dispuesto
    los bellos mexicanos edificios.

Jonio, corintio, dórico compuesto,
    mosaico antiguo, áspero toscano
    y lo que falta aquí si más hay que esto.

Oh ciudad bella, pueblo cortesano,
    primor del mundo, traza peregrina,
    grandeza ilustre, lustre soberano,

fénix de galas, de riquezas mina,
    museo de ciencias y de ingenios fuente,
    jardín de Venus, dulce golosina,

del placer madre, piélago de gente,
    de joyas cofre, erario de tesoro,
    flor de ciudades, gloria del Poniente,

de amor el centro, de las musas coro,
    de honor el reino, de virtud la esfera,
    de honrados patria, de avarientos oro,

cielo de ricos, rica primavera,
    pueblo de nobles, consistorio[176] justo,
    grave senado, discreción entera,

templo de la beldad, alma del gusto,
    Indias del mundo, cielo de la tierra,
    todo esto es sombra tuya, oh pueblo augusto,
    y si hay más que esto, aun más en ti se encierra.

---

[176] *consistorio,* asamblea, tribunal, junta, etc.

Capítulo III

***
*

Argumento

***
*

Caballos, calles, trato, cumplimiento

*

Del monte Osa los centauros fieros[177],
   que en confuso escuadrón rompen sus llanos,
   de carrera veloz y pies ligeros,

ni de la alta Acarnania los livianos
   mancebos, que primeros en el mundo
   al freno dieron industriosas manos,

ni Mesapo[178] en la brida mar profundo,
   ni Cástor[179], medio dios, que en ser jinete
   fue ya el primero sin temer segundo,

---

[177] «Una de las luchas de los centauros fue contra los lapitas, pueblo de Tesalia, lugar donde se sitúa el monte Osa» (González Boixo, 55, n. 20).

[178] *Mesapo*, «hijo de Neptuno, que vino por mar a Italia y esto dio ocasión a que le tuvieran por tal [...] Era invulnerable, que el hierro ni el fuego no le podía empecer» (Covarrubias).

[179] Cástor, hermano de Pólux, ambos «hijos de Júpiter y de Leda [...] Éstos, siendo ya mancebos, limpiaron el mar de cosarios, por lo cual fueron tenidos por dioses marítimos y en las tempestades invocados de los navegantes. Final-

ni los ligeros potros de Gaete,
   que al viento y a los años desafían,
   entrando en cinco y no llegando a siete,

ni los que de los aires concebían
   las lusitanas yeguas, y en su playa
   sobre las ondas de la mar corrían,

ni otro ninguno, si es posible le haya
   de mayor nombre, aunque entren a porfía
   los que el gran Betis[180] en su arena ensaya,

podrán contrahacer la gallardía,
   brío, ferocidad, coraje y gala
   de México y su gran caballería.

Que así en estas grandezas se señala,
   casas, calles, caballos, caballeros,
   que el mundo junto en ellas no le iguala.

Los caballos lozanos, bravos, fieros,
   soberbias casas, calles suntuosas,
   jinetes mil en mano y pies ligeros,

Ricos jaeces de libreas costosas
   de aljófar, perlas, oro y pedrería,
   son en sus plazas ordinarias cosas.

Pues la destreza, gala y bizarría,
   del medido jinete y su acicate,
   en seda envuelto y varia plumería,

---

mente, habiendo muerto Cástor, su hermano Pólux, que nació inmortal, pidió a Júpiter que pudiese comunicar la inmortalidad con su hermano, partiéndola entre dos. Y, habiéndoselo concedido, vivía el uno una temporada y el otro otra» (Covarrubias).

[180] *Betis*, «nombre antiguo del río dicho hoy Guadalquivir, nombre que en árabe significa «agua grande» por tener tanta y ser tan profundo» (Covarrubias).

{¿}qué lengua habrá o pincel que le retrate
en aquel aire y gallardía ligera,
que a Marte imita en un feroz combate?

Si el gran Faetón estos caballos viera
nunca los de su padre codiciara,
que por menos gallardos los tuviera.

Ni el bárbaro Gradasso aventurara
por Bayarte persona, reino y vida,
que aquí muchos mejores que él hallara,

ni Fromino y su rienda corregida,
ni el feroz Brilladoro y Rabicano
del duque Astolfo, fénix de la brida,

ni al que labró Alejandro de su mano
sepulcro insigne, ni del gran Babieca
el invencible brío castellano,

ni el diverso Hipogrifo, que en la seca
región del aire el caracol hacía,
en ala y pluma azul pomposa y hueca,

ni los que a Eneas le dio su suegro un día
nietos de los del sol, ni el que el Liceo
monstruo venció, que en fuego y humo ardía,

ni otro de mayor nombre o más arreo,
si le tiene la fama, o le tuviera,
y el pincel le pintara del deseo,

en México al primer lugar subiera,
aunque para alcanzarlo le ayudaran
las espuelas del tiempo y su carrera,

que los que dellos más gallardearan,
al huello[181] de su plaza en brío y arte
el cuello altivo y la cerviz bajaran.

---

[181] *huello*, piso; del verbo *hollar*, «vale pisar, apretando debajo alguna cosa»
(Covarrubias).

Es su grandeza al fin en esta parte
    tal, que podemos bien decir que sea
    la gran caballeriza del dios Marte[182],

donde en rico jaez de oro campea
    el castaño colérico, que al aire
    vence si el acicate le espolea[183]

y el tostado alazán, que sin desgaire
    hecho de fuego en la color y el brío
    el freno le compasa y da donaire,

el remendado overo, húmedo y frío,
    el valiente y galán rucio rodado,
    el rosillo cubierto de rocío,

el blanco en negras moscas salpicado,
    el zaino ferocísimo y adusto,
    el galán ceniciento gateado,

el negro endrino, de ánimo robusto,
    el cebruno fantástico, el picazo
    engañoso y el bayo al freno justo,

y otros innumerables que al regazo
    de sus cristales y a su juncia[184] verde
    esquilman y carcomen gran pedazo.

---

[182] *la gran caballeriza del dios Marte,* si antes el poeta mencionó algunos caballos famosos y sus dueños, a continuación nos da un listado de los diferentes tipos de caballos que llenaban las calles de México. Cada caballo recibía nombre según su color: tostado alazán, rucio dorado, etc.

[183] *si el acicate le espolea,* redundante; *acicate* es espuela; *espolear* implica usar la espuela, o sea, el acicate. Los lectores ya deben haber podido corroborar el gusto de Balbuena por la redundancia.

[184] *juncia,* hierba.

{¡}Oh pueblo ilustre y rico en quien se pierde
    el deseo de más mundo, que es muy justo
    que el que éste goza de otro no se acuerde{!}[185].

Tu noble juventud de honrado gusto,
    Parnaso de las musas y de Apolo,
    rico sagrario y museo augusto,

del Indo al Mauro[186], y de polo a polo,
    en concertar el brío de un caballo
    tiene el primer lugar y el primor solo.

Callo su altiva gallardía y callo
    la generosidad, suerte y grandeza
    de corazón que en sus costumbres hallo,

su cortés compostura, su nobleza,
    su trato hidalgo, su apacible modo,
    sin cortedad ni sombra de escaseza[187],

aquel pródigamente darlo todo,
    sin reparar en gastos excesivos,
    las perlas, oro, plata y seda a rodo,

si aqueste estilo aún vive entre los vivos,
    este delgado suelo le sustenta
    y le cría en sus ánimos altivos.

Es la ciudad más rica y opulenta,
    de más contratación y más tesoro
    que el norte enfría, ni que el sol calienta.

---

[185] Excepto Van Horne, los demás editores (Monterde, González Boixo y Domínguez) abren y cierran este terceto con signos de exclamación, a pesar de que la prínceps no los lleva.

[186] *del Indo al Mauro*, el poeta se vale de estos ríos para expresar distancia. *Indo*, «río del oriente de quien aquella región tomó el nombre de India» y el *Mauro*, en Mauritania, «región en aquella parte de África que cae al mar Gaditano» (Covarrubias).

[187] *escaseza*, «la poquedad y merced corta..., porque el escaso anda siempre cojo y corto en lo que ha de dar» (Covarrubias).

La plata del Pirú, de Chile el oro[188]
   viene a parar aquí y de Terrenate
   clavo fino y canela de Tidoro.

De Cambray telas, de Quinsay rescate,
   de Sicilia coral, de Siria nardo,
   de Arabia incienso y de Ormuz granate,

diamantes de la India y del gallardo
   Scita balajes y esmeraldas finas,
   de Goa marfil, de Siam ébano pardo,

de España lo mejor, de Filipinas
   la nata, de Macón lo más precioso,
   de ambas Javas riquezas peregrinas,

la fina loza del Sangley medroso,
   las ricas martas de los scitios Caspes,
   del Trogoldita el cínamo oloroso,

ámbar del Malabar, perlas de Idaspes,
   drogas de Egipto, de Pancaya olores,
   de Persia alfombras y de Etolia jaspes,

de la gran China sedas de colores,
   piedra bezar de los incultos Andes[189],
   de Roma estampas, de Milán primores,

cuantos relojes ha inventado Flandes,
   cuantas telas Italia, y cuantos dijes
   labra Venecia en sutilezas grandes,

---

[188] En los siguientes tercetos el poeta recurre a las listas que tanto le gustan, nombrando regiones y ciudades famosas por sus valiosos productos, demasiadas para proveer notas individuales. González Boixo detalla varias de ellas.

[189] Éste es el primer —y único— epíteto usado para describir las regiones mencionadas en esta lista, el cual no sólo es negativo, sino que el poeta lo escogió para referirse específicamente al territorio «nuevo» de los muy viejos Andes. Esto valida la posición prepotente de Balbuena ante todo lo que no provenga de Europa o, por vía de Europa, de Oriente.

cuantas quimeras, briareos, giges,
   Ambers en bronce y láminas retrata,
   de mil colores, hábitos y embijes.

Al fin, del mundo lo mejor, la nata
   de cuanto se conoce y se practica,
   aquí se bulle, vende y se barata.

Con todo él se confronta y comunica,
   y en un año le trata y corresponde,
   y lo que hay bueno en él goza y salpica.

Desde do nace el día hasta donde
   se acaba y muere, y desde la bocina
   del norte helado hasta do el sur se esconde,

el bello sol, que con su luz divina
   alumbra el mundo y en un año goza
   del cielo todo y cuanto en él camina,

ya en Aries, Tauro y Pólux se remoza[190],
   ya en Cáncer, Leo y Virgo pone casa,
   ya en Libra iguala el mundo y lo alboroza,

ya en el fiero Escorpión se encoge y tasa,
   ya el aire y viento altera en Sagitario,
   o en su septentrional esconce[191] abrasa,

ya en Capricornio húmedo y voltario
   hilea, ventisca y nieva, y pone al frío
   sitial y asiento en Piscis y en Acuario.

---

[190] En esta estrofa y las dos que le siguen, la voz poética hace un reconocimiento de los doce signos zodiacales según las estaciones del año y sus respectivos climas. Pólux, que aquí está solo, y su hermano Cástor (ambos mencionados anteriormente), equivalen al signo de Géminis.
[191] *esconce,* esquina, ángulo, rincón.

Al fin, todo el tesoro, aliento, brío,
   temple, influencia, aspectos, resplandores,
   gozos, exaltaciones, señorío,

imágenes y causas superiores,
   que el mundo son para su ser y aumento
   de la milicia celestial favores,

en círculo, rodeo y movimiento
   de un año lo pasea, escala y mide,
   alegra, goza, influye y da contento.

México al mundo por igual divide
   y como a un sol la tierra se le inclina
   y en toda ella parece que preside.

Con el Pirú, el Maluco y con la China,
   el persa de nación, el scita, el moro,
   y otra si hay más remota o más vecina,

con Francia, con Italia y su tesoro,
   con Egipto, el gran Cairo y la Suría,
   la Taprovana y Quersoneso de oro,

con España, Alemania, Berbería,
   Asia, Etiopía, África, Guinea,
   Bretaña, Grecia, Flandes y Turquía,

con todos se contrata y se cartea,
   y a sus tiendas, bodegas y almacenes
   lo mejor destos mundos acarrea.

Libre del fiero Marte y sus vaivenes,
   en vida de regalo y paz dichosa,
   hecha está un cielo de mortales bienes
   ciudad ilustre, rica y populosa.

Letras, virtudes, variedad de oficios

*

{¿}[192]Qué oficio tan sutil ha ejercitado
flamenco rubio de primores lleno
en templadas estufas retirado,

a quien los hielos del nevado Reno
en la imaginación dan con su frío
un cierto modo a obrar dispuesto y bueno,

que aquí con más templanza, aliento y brío
no tenga fragua[193], golpe, estampa, lima,
pincel, gurbia, buril[194], tienda o bohío{?}

---

[192] Excepto Van Horne, que, siguiendo el original nunca pone el signo inicial, todos los demás editores incluyen los dos signos de interrogación a pesar de que no están en la príncipe.

[193] *fragua*, «la hornaza del herrero [...], siempre ardiendo para poder domar el hierro» (Covarrubias); *golpe, estampa, lima*, forman parte del acto de derretir, moldear y limar o pulir el hierro.

[194] *buril*, instrumento puntiagudo de «hierro con que los plateros graban las piezas de plata» (Covarrubias).

190

Telares de oro, telas de obra prima,
    de varias sedas, de colores varias,
    de gran primor, gran gala y grande estima

el oro hilado, que con las voltarias
    hebras, que el aire alumbran, entretienen
    mil bellas manos y horas solitarias,

listadas tocas[195] que en el viento suelen
    volver en varios visos los cabellos
    con que a igualarse en sutileza vienen,

ardientes hornos, donde en medio dellos
    la salamandria[196], si en las llamas vive,
    se goza a vueltas de sus vidrios bellos.

De hoy más Venecia en su cristal no estribe[197],
    Pisa en su loza, Luca en sus medallas,
    que en México igualdad nada recibe.

Sólo el furioso dios de las batallas
    aquí no influye, ni la paz sabrosa
    cuelga de baluartes ni murallas.

Todos en gusto y en quietud dichosa
    siguen pasos y oficios voluntarios,
    habiendo mil para cualquiera cosa.

---

[195] *toca*, «el velo de la cabeza de la mujer [...] En algunas partes de España no traen los hombres caperuzas ni sombreros, y usan unas tocas revueltas en la cabeza...» (Covarrubias).

[196] *salamandria, salamandra* en Monterde y González Boixo; «es una especie de lagartija [...] Dicen della ser tan fría que pasando por las ascuas [fuego] las mata como si fuese puro hielo» (Covarrubias).

[197] *estribe*, del verbo *estribar:* apoyar[se]; «hacer estribo y fuerza en alguna cosa que apoya» (Covarrubias). En otras palabras, el hermoso cristal veneciano, la loza pisana y las medallas de Lucca han perdido su importante sitial —su poder, su fuerza, su estribo— ante las grandezas de México. En las ediciones de Monterde, González Boixo y Domínguez, *escribe* aparece incorrectamente.

Alquimistas sutiles, lapidarios
　　y los que el oro hurtan a la plata
　　con invenciones y artificios varios,

el pincel y escultura, que arrebata
　　el alma y pensamiento por los ojos,
　　y el viento, cielo, tierra y mar retrata,

adonde con bellísimos despojos
　　se goza del gran Concha la agudeza
　　que hace a la vista alegres trapantojos[198].

Del celebrado Franco la viveza,
　　del diestro Chaves el pincel divino,
　　de hija y madre el primor, gala y destreza,

con que en ciencia y dibujo peregrino
　　viene en la bella Marcia y el airoso
　　pincel de la gran hija de Cratino

y otras bellezas mil, que al milagroso
　　ingenio de ambas este suelo debe
　　como a su fama un inmortal coloso.

El negro azufre, que en salitre bebe
　　furor de infierno con que vuela un mundo,
　　si a su violencia resistir se atreve,

aunque invención salida del profundo,
　　aquí también se labra y se refina
　　en fortaleza y temple sin segundo,

y otra inquietud mayor do a la contina[199]
　　se forman cada día mil barajas[200]
　　en que el más cuerdo seso[201] desatina.

---

[198] *trapantojos,* por *trampantojo,* «trampa y engaño que alguno nos hace en nuestra presencia y delante de nuestros ojos» (Covarrubia).

[199] *a la contina,* continuamente.

[200] *barajas,* baraja; «en luenguaje castellano antiguo vale contienda, pendencia, confusión y mezcla, cual la hay en las pendencias y reyertas de unos contra otros» (Covarrubias).

[201] *seso,* «tómase seso por el juicio y la cordura» (Covarrubias); cerebro.

De finas telas y de urdimbres bajas,
obrajes ricos donde a toda cuenta
se labran paños y se prensan rajas[202]

de abiertos moldes una y otra imprenta,
bello artificio que el humano curso
del mundo en inmortal vida sustenta.

Pues de su plaza el tráfago y concurso,
lo que en ella se vende y se contrata,
{¿}en qué suma cabrá o en qué discurso?[203].

Los ricos vasos de bruñida plata,
vajillas de oro que el precioso cinto
del cielo en sus vislumbres se retrata,

no los vio tales Dodone y Corinto,
ni a su buril llegó el que alaba Grecia
del famoso escultor del laberinto[204]

do el arte a la materia menosprecia,
añadiendo valor fuerte y quilates
a lo que el mundo más estima y precia.

Pues {¿}quién dirá del humo los dislates,
que envueltos suben en estruendo y brasas
sobre el ligero viento y sus embates?[205].

---

[202] *se labran paños y se prensan rajas,* «raja» significa precisamente «paño prensado» (Covarrubias).

[203] A pesar de que la prínceps no tiene signos de interrogación, en la presente sigo los pasos de Van Horne, Monterde, González Boixo y Domínguez.

[204] El *famoso escultor del laberinto* fue Dédalo, «gran maestro del arte de carpintería, padre de Ícaro [...] Éste era ateniense y siendo acusado de haber muerto a Pérdix, su sobrino, por no venir a las manos de los jueces, se huyó a Creta, adonde hizo aquella famosa e intrincada fábrica del labirinto, para encerrar en ella al Minotauro» (Covarrubias).

[205] El poeta hace la pregunta, claramente señalada en el original con el correspondiente signo de interrogación al final; contrario a los demás editores, Van Horne no lo incluye.

Adonde en fragua ardiente y yunques rasas
de hierro duro y derretido bronce
doman y ablandan encendidas masas

y el Cíclope parece se desgonce[206]
al sacudir los brazos, atronando
de un Etna nuevo el cavernoso esconce.

Unos labran de limas, y forjando
lo que el buril después talla y releva
lanzan rayos de sí de cuando en cuando.

Aquél dora un brazal, éste una greba[207],
uno pavona, bruñe, otro barniza[208],
otro grava un cañón, otro le prueba.

Vuela el rumor centellas y ceniza
sobre las nubes, y en estruendo horrible
el dios del fuego la guedeja eriza,

y entre este resonante aire movible
no falta sutil lima que reduce
el duro acero a término invisible,

y en finas puntas aceradas luce
de sutiles agujas que el desnudo
aljófar hacen que por ellas cruce.

Al fin, no hay tan estrecho o tan menudo
oficio de primor y sutileza,
de fuerzas grandes o de ingenio agudo

que a esta ilustre ciudad su grandeza
no sirva de mieles, de regalo,
de adorno, utilidad, gracia o belleza.

---

[206] *desgonce,* desgonzarse, salirse de sitio, desencajarse, dislocarse.
[207] *brazal... greba,* piezas de armadura para cubrir el brazo y la pierna respectivamente.
[208] *pavonar, bruñir, barnizar,* actividades relacionadas con el hierro.

{¿}Quién jamás supo aquí de día malo,
    teniendo que[209] gastar? {¿}Quién con dineros
    halló a su gusto estorbo ni intervalo?

La pobreza doquiera es vieja en cueros[210],
    abominable, congojosa y fiera,
    de mala cara y de peores fueros,

y aunque es bueno ser rico dondequiera,
    lugares hay tan pobres y mendigos
    que en ellos serlo o no es de una manera.

Tierras cortas, enjambres de testigos,
    envidiosos, censores y jueces,
    sin poder recusar los enemigos,

del mundo horrura, de su hez las heces[211],
    que allí son algo donde está la nada,
    por ser hechura suya las más veces,

gente mendiga, triste, arrinconada,
    que como indigna de gozar el mundo
    está dél y sus bienes desterrada.

Ser primero en el campo o ser segundo,
    tener bienes sin orden de gozallos,
    misterio es celestial, alto y profundo.

---

[209] Aquí discrepamos con Monterde, Domínguez y González Boixo que
acentuaron *qué*, como si se tratara del interrogativo: «teniendo qué gastar».
Opinamos, en cambio, que debe ser la construcción *tener que + infinitivo*,
frase que implica exigencia. Es decir, que a pesar de verse obligado a gastar su
dinero, nadie «jamás supo aquí de día malo» gracias a toda la abundancia que
había en México.

[210] En la «Carta al Arcediano» Balbuena abordó y profundizó más en el
tema de la pobreza.

[211] *hez*, «De cualquier cosa llamamos hez; el deshecho tomado de las cosas
líquidas, que hacen asiento en lo bajo, las heces; la hez del pueblo, la gente
vil y ruin, sin honra y sin término» (Covarrubias).

En el campo están ricos los caballos,
    allí tienen su pasto y lozanía.
    Darles otro lugar es violentallos.

No hay jaez de tan rica pedrería,
    ni corte tan soberbia y populosa
    que no les sea sin él melancolía.

Gente hay en los cortijos generosa
    y en los montes no todas son encinas
    que aquí brota un jazmín, allí una rosa,

pero son influencias peregrinas,
    milagros y portentos de natura,
    nacer de las retamas clavellinas.

Es un acaso, un raro, una aventura,
    un monstruo, un tornasol de mil maneras
    donde la vista apenas se asegura.

Lo general es ser todo quimeras,
    al cielo gracias que me veo cercado
    de hombres y no de brutos, bestias fieras,

que es ver un noble ánimo encubado
    sin culpa entre contrarios animales,
    de uno herido, de otro mordiscado[212],

adonde el bien y el mal todos son males[213]
    que al agua de ordinario se le pega
    por do pasa, el sabor de las canales.

---

[212] Monterde, González Boixo y Domínguez convirtieron este terceto en una exclamación.

[213] Van Horne cierra este verso con un signo de interrogación, lo cual implica que para él la pregunta empezaba en el terceto anterior, el mismo que los otros editores convirtieron en exclamación. La prínceps no indica ni exclamación ni interrogación.

Pueblos chicos y cortos todo es brega[214],
   chisme, murmuración, conseja, cuento,
   mentira, envidia y lo que aquí se llega.

Allá goce su plata el avariento
   si el cielo se la dio, a poder de ayunos,
   y ponga en adorarla su contento,

ahóguese en cuidados importunos
   con que a todos a risa nos provoque
   sin fiar ni fiarse de ningunos,

guarde el dinero, mire no se apoque,
   pues con ese gravamen se le dieron,
   que aunque de hambre muera no le toque,

que aun los que de tal mal libres salieron,
   si obligados quedaron al segundo,
   que es morir en las tierras do nacieron,

navegan de desdicha un mar profundo,
   porque vivir en tierras miserables
   son galeras de Dios en este mundo.

Parézcanles sus aires saludables,
   ameno el sitio, la quietud a cuento[215],
   buena el agua, las frutas agradables,

que yo en México estoy a mi contento,
   adonde si hay salud en cuerpo y alma,
   ninguna cosa falta al pensamiento.

---

[214] *brega*, «quistión o alboroto entre gentes que se han ayuntado en plaza o en otro lugar común. [...] las quistiones y reyertas se llamaron bregas porque en los semejantes ayuntamientos todo era confusión y vocería, por no tener orden ni concierto...» (Covarrubias).

[215] *a cuento*, en abundancia, en extremo, según uno de los significados que señala Covarrubias: «Es un cuento diez veces cien mil».

Ríndase el mundo, ofrézcale la palma,
   confiese que es la flor de las ciudades,
   golfo de bienes y de males calma.

Pida el deseo, forme variedades
   de antojo al gusto, el apetito humano
   sueñe goloso y pinte novedades,

que aunque pida el invierno en el verano,
   y el verano y sus flores en invierno,
   hallará aquí quien se las dé a la mano.

Si quiere recreación, si gusto tierno
   de entendimiento, ciencia y letras graves,
   trato divino, don del cielo eterno,

si en espíritu heroico a las suaves
   musas se aplica, y con estilo agudo
   de sus tesoros les ganzúa las llaves.

Si desea vivir y no ser mudo,
   tratar con sabios que es tratar con gentes,
   fuera del campo torpe y pueblo rudo,

aquí hallará más hombres eminentes
   en toda ciencia y todas facultades
   que arenas lleva el Ganges en sus corrientes,

monstruos en perfección de habilidades,
   y en las letras humanas y divinas
   eternos rastreadores de verdades.

Préciense[216] las escuelas salmantinas,
   las de Alcalá, Lovaina y las de Atenas
   de sus letras y ciencias peregrinas,

---

[216] *Préciense,* imperativo del verbo *preciarse;* darse valor, valorarse, alabarse, hacer alarde de, etc.

préciense de tener las aulas llenas
    de más borlas, que bien será posible,
    mas no en letras mejores ni tan buenas

que cuanto llega a ser inteligible,
    cuanto un entendimiento humano encierra,
    y con su luz se puede hacer visible,

los gallardos ingenios desta tierra
    lo alcanzan, sutilizan y perciben
    en dulce paz o en amigable guerra.

Pues si aman devoción los que aquí viven,
    y en sólo granjear bienes de cielo
    estriban, como es bien que sólo estriben,

{¿}qué pueblo, qué ciudad sustenta el suelo
    tan llena de divinas ocasiones,
    trato de Dios y religioso celo?[217].

De misas, indulgencias, estaciones,
    velaciones, plegarias, romerías,
    pláticas, conferencias y sermones,

tanto convento, tantas obras pías,
    tantas iglesias, tantos confesores,
    jubileos, hermandades, cofradías,

religiosos, gravísimos doctores,
    sacerdotes honestos, ejemplares,
    monjas llenas de Dios y sus favores,

hombres raros, sujetos singulares
    en ciencia, santidad, ejemplo y vida
    a cuentos, a montones, a millares,

---

[217] En la príinceps, la pregunta se cierra aquí; sin embargo, los demás editores ponen el signo de interrogación al final del siguiente terceto, después de *sermones*. En la presente se mantuvo la versión original por parecernos lógica.

virtud profunda, santidad cumplida,
   obras heroicas, trato soberano,
   almas devotas, gente corregida,

limosnas grandes, corazón cristiano,
   caridad viva, devoción perfecta,
   celo de Dios, favores de su mano,

ejemplo de virtud, vida quieta,
   ayunos santos, ásperos rigores,
   públicos bienes, oración secreta,

conciencias limpias, pechos sin rencores,
   nobles costumbres, religiones santas
   de ciencia grave y graves profesores,

honrado estilo, generosas plantas,
   fe celestial, recogimiento honesto,
   pureza singular y, en suma, cuantas

virtudes en el mundo el cielo ha puesto,
   si con cuidado mira su librea,
   aquí las hallará quien trata desto,
   y más que esto si más y más desea.

CAPÍTULO V
***
*

ARGUMENTO
***
*

Regalos, ocasiones de contento

*

La fresca yedra que en el tronco y falda
   del olmo antiguo en mil engaces sube
   sus bellos enrejados de esmeralda

y con una agradable y fresca nube
   hace verano y sombra por su parte
   al sitio ameno donde ayer estuve.

Por más belleza que le añada el arte,
   si le faltan los varios ramos bellos
   en que se enreda, cruza y se reparte,

caerá su verde lozanía con ellos
   o será cobertor de un seco tronco
   sin fruto asida en él por los cabellos,

que mucho que hable con lenguaje ronco
   quien tantos años arrimado estuvo
   al solitario pie de un roble bronco[218]

---

[218] Monterde, González Boixo y Domínguez convirtieron esta estrofa en pregunta: «¿Qué mucho que hable...[...] un roble bronco?».

donde si un bien mil males entretuvo
    fue a costa de otras tantas sinrazones,
    que en mis azares y desgracias hubo.

Donde hay envidias, todas son pasiones,
    gracias al cielo, gracias que ya vivo
    sin asombros ni sombras de invenciones,

aquí do el mundo en maridaje altivo
    a la yedra y laurel teje y enrama
    la casta palma y el amable olivo,

y al tiempo de cruzar de rama en rama
    varios lazos de varias ocasiones,
    cada cual sigue aquella que más ama.

Si letras, santidad, si perfecciones,
    honesta vida, recogido trato,
    espíritu, abstinencia y devociones,

del cielo halla aquí un vivo retrato,
    y ocasión para ser el que desea,
    y crecer en virtudes cada rato.

Mas si a otra rama o ramo se rodea
    y desta perfección deja el camino
    por más difícil, aunque no lo sea,

si por lo humano trueca lo divino,
    y del tropel del mundo y su creciente
    a seguir el soberbio curso vino,

pida, sueñe, imagine, trace, intente,
    vea en qué rama gusta de enredarse
    que a todas partes hallará corriente.

Recreaciones de gusto en que ocuparse,
    de fiestas y regalos mil maneras
    para engañar cuidados y engañarse,

conversaciones, juegos, burlas, veras,
   convites, golosinas infinitas,
   huertas, jardines, cazas, bosques, fieras,

aparatos, grandezas exquisitas,
   juntas, saraos, conciertos agradables,
   músicas, pasatiempos y visitas,

regocijos, holguras saludables,
   carreras, rúas[219], bizarrías[220], paseos,
   amigos en el gusto y trato afables,

galas, libreas, broches, camafeos,
   jaeces[221], telas, sedas y brocados
   pinte el antojo, pidan sus deseos.

Escarches, bordaduras, antorchados[222],
   joyas, joyeros, perlas, pedrería,
   aljófar, oro, plata, recamados[223],

fiesta y comedias nuevas cada día
   de varios entremeses y primores,
   gusto, entretenimiento y alegría,

usos nuevos, antojos de señores,
   de mujeres tocados y quimeras,
   de maridos carcomas y dolores,

volantes, carzahanes, primaveras,
   y para autoridad y señorío
   coches, carrozas, sillas y literas.

---

[219] *rúa*, «calle ancha y principal en una ciudad» (Covarrubias).

[220] *bizarría*, «gallardía, lozanía...» (Covarrubias).

[221] *jaeces*, en la de Domínguez, *paeces*.

[222] *antorchados,* «cierto género de franja, que va haciendo unos torcidos» (Covarrubias); *entorchados* en las ediciones de Monterde y González Boixo.

[223] *recamados,* bordados.

Pues que diré de la hermosura y brío,
    gracia, donaire, discreción y aseo,
    altivez, compostura y atavío

de las damas deste alto coliseo,
    nata del mundo, flor de la belleza,
    cumplida perfección, fin del deseo,

su afable trato, su real grandeza,
    su grave honestidad, su compostura,
    templada con suave y gran llaneza[224].

Lo menos de su ser es la hermosura,
    pudiendo Venus mendigarla dellas
    en gracia, en talle, en rostro, en apostura.

Cuantas rosas abril, el cielo estrellas,
    Chipre azucenas, el verano flores,
    aquí se crían y gozan damas bellas.

Éstos son de sus bienes los mayores
    y ellas en discreción y cortesía
    el esmero del mundo y sus primores.

La India marfil, la Arabia olores cría,
    hierro Vizcaya, las Dalmacias oro,
    plata el Pirú, el Maluco especiería,

seda el Japón, el mar del Sur tesoro
    de ricas perlas, nácares la China,
    púrpura Tiro y dátiles el moro,

---

[224] Van Horne, Monterde, González Boixo y Domíquez ponen signos de
interrogación desde «Pues, ¿qué diré de la hermosura y brío» hasta «templada
con suave y gran llaneza?», a pesar de que el original no indica pregunta. Si
se piensa en la lista de todas las amenidades que el poeta ha mencionado en
los tercetos anteriores, se puede concluir que en vez de preguntar, la intención del poeta es informar sobre «la hermosura y brío...».

México hermosura peregrina
　y altísimos ingenios de gran vuelo
　por fuerza de astros o virtud divina.

Al fin, si es la beldad parte de cielo,
　México puede ser cielo del mundo,
　pues cría la mayor que goza el suelo.

{¡}Oh ciudad rica, pueblo sin segundo,
　más lleno de tesoros y bellezas
　que de peces y arena el mar profundo{!}[225].

{¿}Quién podrá dar guarismo a tus riquezas,
　número a tus famosos mercaderes,
　de más verdad y fe que sutilezas?

{¿}Quién de tus ricas flotas los haberes
　de que entran llenas y se van cargadas
　dirá si tú la suma dellas eres?

En ti están sus grandezas abreviadas,
　tú las basteces de oro y plata fina
　y ellas a ti de cosas más preciadas.

En ti se junta España con la China,
　Italia con Japón, y finalmente
　un mundo entero en trato y disciplina.

En ti de los tesoros del Poniente
　se goza lo mejor, en ti la nata
　de cuanto entre su luz cría el Oriente.

Aquí es lo menos que hay que ver la plata,
　siendo increíble en esto su riqueza,
　y la cosa que en ella hay más barata,

---

[225] Exclamación de los otros editores (excepto Van Horne); el original carece de signo.

que a do está la beldad y gentileza
de sus honestas y bizarras damas
y de sus ciudadanos la nobleza,

de mil colosos digna y de mil famas,
tratar de causa menos generosa
es olvidar la fruta por las ramas,

pues al que en paladar y alma golosa
del glotón Epicuro cursa y sigue
la infame secta y cátedra asquerosa,

si su estómago y vientre le persigue,
y dél hace su dios grosero y basto,
que a sacrificios sin cesar le obligue,

pida su antojo y no escatime el gasto,
que en sus hermosas y abundantes plazas
verá sainetes que ofrecerle abasto.

Mil apetitos, diferentes trazas
de aves, pescados, carnes, salsas, frutas,
linajes varios de sabrosas cazas,

la verde pera, la cermeña enjuta,
las uvas dulces de color de grana
y su licor que es néctar y cicuta,

el membrillo oloroso, la manzana
arrebolada y el durazno tierno,
la incierta nuez, la frágil avellana,

la granada, vecina del invierno,
coronada por reina del verano,
símbolo del amor y su gobierno.

Al fin, cuanto al sabor y gusto humano
abril promete y mayo fructifica,
goza en estos jardines su hortelano,

sin otra mina de conservas rica,
    almíbares, alcorzas, mazapanes,
    metal que al labio con sabor se aplica.

Cetrería[226] de neblís y gavilanes[227],
    al antojo y sabor del pensamiento,
    liebres, conejos, tórtolas, faisanes,

sin tomar puntas ni escalar el viento,
    a pie quedo se toman en su plaza,
    que es la mejor del reino del contento.

Trague el goloso, colme bien la taza,
    y el regalón con ámbar y juguetes
    la prisión llene que su cuello enlaza,

que a ninguno manjares ni sainetes
    faltarán, si los quiere, ni al olfato
    aguas de olor, pastillas y pebetes[228].

Sin otros gustos de diverso trato,
    que yo no alcanzo y sé sino de oídas,
    y así los dejo al velo del recato.

Músicas, bailes, danzas, acogidas
    de agridulce placer, tiernos disgustos,
    golosina sabrosa de las vidas,

---

[226] *Cetrería*, «el arte de curar y tratar (de criar y entrenar) los halcones, que debajo deste nombre se incluyen todas las aves de volatería, que los cazadores hacen y domestican, para cazar con ellas a vuelo [...] Díjose cetrería de cetro, que es lo mesmo que alcándara, la cual es una percha rolliza en la cual ponen al pájaro...» (Covarrubias).

[227] *neblí*, «especie de halcón de mucha estima. Algunos quieren por esto se haya dicho *quasi* nobli, por su nobleza. Otros dicen haber tomado el nombre de la villa de Niebla, adonde se hallaron los primeros pájaros desta ralea [...] Otros quieren que haya dicho *quasi* nubili, porque parece volar entre las nubes...». Por el contrario, los *gavilanes* son «ave[s] de rapiña [...] que no vuela[n] alt[o] y va[n] cosido[s] con la tierra para hacer la presa» (Covarrubias).

[228] *pebete*, «vírgula aromática conficionada de polvos odoríferos, que encendida echa de sí un humo odorífero» (Covarrubias).

fiestas, regalos, pasatiempos, gustos,
   contento, recreación, gozo, alegría,
   sosiego, paz, quietud de ánimos justos,

hermosura, altiveces, gallardía,
   nobleza, discreción, primor, aseo,
   virtud, lealtad, riquezas, hidalguía,

y cuanto la codicia y el deseo
   añadir pueden y alcanzar el arte,
   aquí se hallará, y aquí lo veo,
   y aquí como en su esfera tienen parte.

Primavera inmortal y sus indicios

*

Los claros rayos de Faetonte altivo
  sobre el oro de Colcos[229] resplandecen,
  que al mundo helado y muerto vuelven vivo.

Brota el jazmín, las plantas reverdecen,
  y con la bella flora y su guirnalda
  los montes se coronan y enriquecen.

Siembra Amaltea las rosas de su falda,
  el aire fresco amores y alegría,
  los collados jacintos y esmeralda.

Todo huele a verano, todo envía
  suave respiración y está compuesto
  del ámbar nuevo que en sus flores cría.

---

[229] *Colcos*, «región de Asia cerca del Ponto a do reinó Aeta y fue patria de Medea. [...] dicen haber navegado Jasón con sus argonautas y robado el vellocino dorado ayudándole Medea con sus encantos y hechizos» (Covarrubias).

Y aunque lo general del mundo es esto,
  en este paraíso mexicano
  su asiento y corte la frescura ha puesto.

Aquí, señora, el cielo de su mano
  parece que escogió huertos pensiles[230],
  y quiso él mismo ser el hortelano.

Todo el año es aquí mayos y abriles,
  temple agradable, frío comedido,
  cielo sereno y claro, aires sutiles.

Entre el monte Osa y un collado erguido
  del altísimo Olimpo, se dilata
  cierto valle fresquísimo y florido[231],

donde Peneo, con su hija ingrata,
  más su hermosura aumentan y enriquecen
  con hojas de laurel y ondas de plata.

Aquí las olorosas juncias crecen
  al son de blancos cisnes, que en remansos
  de frío cristal las alas humedecen.

Aquí entre yerba, flor, sombra y descansos,
  las tembladoras olas entapizan
  sombrías cuevas a los vientos mansos.

Las espumas de aljófares se erizan
  sobre los granos de oro y el arena
  en que sus olas hacen y deslizan.

_____

[230] *pensiles*, colgantes.
[231] Este «cierto valle» entre el Osa y el Olimpo es Tempe, como se corro-
brará más adelante. Al igual que México, se trata de un «lugar ameno lleno
de aguas, arboledas, flores y frescura», palabras del propio Balbuena en su
«Carta al Arcediano».

210

En blancas conchas la corriente suena,
    y allí entre el sauce, el álamo y carrizo
    de uvas verdes se engarza una melena.

Aquí retoza el gamo, allí el erizo,
    de madroños[232] y púrpura cargado
    bastante prueba de su industria hizo.

Aquí suena un faisán, allí enredado
    el ruiseñor en un copado aliso
    el aire deja en suavidad bañado.

Al fin, aqueste humano paraíso,
    tan celebrado en la elocuencia griega,
    con menos causa que primor y aviso,

es el valle de Tempe, en cuya vega
    se cree que sin morir nació el verano,
    y que otro ni le iguala ni le llega.

Bellísimo sin duda es este llano,
    y aunque lo es mucho, es cifra, es suma, es tilde
    del florido contorno mexicano.

Ya esa fama de hoy más se borre y tilde
    que, comparada a esta inmortal frescura,
    su grandeza será grandeza humilde.

Aquí entre sierpes de cristal segura
    la primavera sus tesoros goza,
    sin que el tiempo le borre la hermosura.

Entre sus faldas el placer retoza
    y en las corrientes de los hielos claros,
    que de espejos le sirven, se remoza.

---

[232] *gamo, erizo* y *madroño* son, respectivamente: ciervo muy ágil, animal cubierto de púas o espinas y árbol cuyas «hojas tienen alguna semejanza a las del laurel. Díjose madroño en castellano, *quasi* maturoño, porque su fruto tarda casi un año en madurar...» (Covarrubias).

Florece aquí el laurel, sombra y reparos[233]
    del celestial rigor, grave corona
    de doctas sienes y poetas raros,

y el presuroso almendro que pregona
    las nuevas del verano y, por traerlas,
    sus flores pone a riesgo y su persona,

el pino altivo reventando perlas
    de transparente goma y, de las parras,
    frescas uvas y el gusto de cogerlas,

al olor del jazmín ninfas bizarras,
    y a la haya y el olmo entretejida
    la amable yedra con vistosas garras,

el sangriento moral, triste acogida
    de conciertos de amor, el sauce umbroso
    y la palma oriental nunca vencida,

el funesto ciprés, adorno hermoso
    de los jardines, el derecho abeto,
    sustento contra el mar tempestuoso,

el liso boj, pesado, duro y neto,
    el taray junto al agua cristalina,
    el roble bronco, el álamo perfecto,

con yertos ramos la ñudosa encina,
    el madroño con púrpura y corales,
    el cedro alto que al cielo se avecina,

---

[233] A partir de este verso, y a través de las siguientes veinte estrofas, Balbuena lleva a los lectores a dar un paseo por jardines repletos de flores, como guiados por la misma diosa Flora. En los últimos cinco tercetos (desde «Al fin, ninfas, jardines y vergeles» hasta antes del cuarteto final), el poeta hará un resumen de todos los árboles, flores y hierbas ya mencionados, usando una sola y exacta palabra; como se podrá apreciar, la técnica de ese listado en particular crea una sensación de movimiento vertiginoso.

el nogal pardo y ásperos servales
   y el que ciñe de Alcides ambas sienes
   manchado de los humos infernales,

el azahar nevado, que en rehenes
   el verano nos da de su agriduce[234],
   tibia esperanza de dudosos bienes,

entre amapolas rojas se trasluce
   como granos de aljófar en la arena,
   por el limpio cristal del agua duce,

la rosa a medio abrir de perlas llena,
   el clavel fresco en carmesí bañado,
   verde albahaca, sándalo y verbena,

el trébol amoroso y delicado,
   la clicie o girasol siempre inquieta,
   el jazmín tierno, el alhelí morado,

el lirio azul, la cárdena violeta,
   alegre toronjil, tomillo agudo,
   murta, fresco arrayán, blanca mosqueta,

romero en flor, que es la mejor que pudo
   dar el campo en sus yerbas y sus flores,
   cantuesos rojos y mastranzo rudo.

Fresca retama hortense, dando olores
   de ámbar a los jardines con las castas
   clavellinas manchadas de colores.

Verdes helechos, manzanillas bastas,
   junquillos amorosos, blando heno,
   prados floridos, olorosas pastas,

---

[234] Con el fin de mantener la rima con *trasluce* (primer verso del siguiente terceto), Balbuena altera *dulce*.

el mastuerzo mordaz de enredos lleno,
 con campanillas de oro salpicado,
 común frescura en este sitio ameno,

y la blanca azucena que olvidado
 de industria se me había entre tus sienes
 de donde toma su color prestado,

jacintos y narcisos, que en rehenes
 de tu venida a sus vergeles dieron
 como esperanzas de floridos bienes,

alegres flores, que otro tiempo fueron
 reyes del mundo, ninfas y pastores,
 y en flor quedaron porque en flor se fueron[235],

aves de hermosísimos colores,
 de vario canto y varia plumería,
 calandrias, papagayos, ruiseñores,

que en sonora y suavísima armonía,
 con el romper del agua y de los vientos,
 templan la no aprendida melodía,

y en los fríos estanques con cimientos
 de claros vidrios las nereidas[236] tejen
 bellos lazos, lascivos movimientos.

Unas en verde juncia se entretejen,
 otras por los cristales que relumbran
 vistosas vueltas tejen y destejen[237]

---

[235] El poeta alude a los mitos de Narciso, Jacinto, Atis, Dafne y las Helíades que se transformaron en flores o árboles: narciso, jacinto, pino, laurel y álamos, respectivamente.

[236] *Nereidas*, «ninfas del mar, hijas de Doris y Nereo, dios del mar, de quien tomaron el nombre» (Covarrubias); son hermosas y sensuales tejedoras.

[237] La prínceps, en efecto, no cierra con punto, sino que encabalga con el terceto que sigue. No obstante, Van Horne, Monterde, González Boixo y

las claras olas que en contorno alumbran,
    como espejos quebrados alteradas,
    con tembladores rayos nos deslumbran

y con la blanca espuma aljofaradas
    muestran por transparentes vidrieras
    las bellas ninfas de marfil labradas.

Juegan, retozan, saltan placenteras
    sobre el blando cristal que se desliza
    de mil trazas, posturas y maneras.

Una a golpes el agua crespa eriza,
    otra con sesgo aliento se resbala,
    otra cursa, otra vuelve, otra se enriza,

otra, cuya beldad nadie la iguala,
    con guirnaldas de flores y oro a vueltas
    hace corros y alardes de su gala.

Esta hermosura, estas beldades sueltas
    aquí se hallan y gozan todo el año
    sin miedos, sobresaltos ni revueltas,

en un real jardín, que sin engaño   *cyprus*
    a los de Chipre vence en hermosura
    y al mundo en temple ameno y sitio extraño,

sombrío bosque, selva de frescura,
    en quien de abril y mayo los pinceles
    con flores pintan su inmortal verdura.

Al fin, ninfas, jardines y vergeles,
    cristales, palmas, yedra, olmos, nogales,
    almendros, pinos, álamos, laureles,

Domínguez ponen punto final y empiezan de nuevo en la siguiente estrofa,
lo cual le da otro sentido.

hayas, parras, ciprés, cedros, morales,
   abeto, boj, taray, robles, encinas,
   vides, madroños, nísperos, servales,

azahar, amapolas, clavellinas,
   rosas, claveles, lirios, azucenas.
   romeros, alhelís, mosqueta, endrinas,

sándalos, trébol, toronjil, verbenas,
   jazmines, girasol, murta, retama,
   arrayán, manzanillas de oro llenas,

tomillo, heno, mastuerzo que se enrama,
   albahacas, junquillos y helechos,
   y cuantas flores más abril derrama,

aquí con mil bellezas y provechos
   las dio todas la mano soberana.
   Éste es su sitio y éstos sus barbechos[238]
   y ésta la primavera mexicana.

---

[238] *barbecho,* «tierra de labor que se ara y barbecha para la sementera del año siguiente. Barbechar, arar las hazas y quitarles la mala hierba de raíz; y porque las raíces se llaman barbas, se dijo barbechar el arrancarlas de cuajo» (Covarrubias).

Capítulo VII

***

*

Argumento

***

*

Gobierno ilustre

*

Deste bello jardín, a quien el cielo
   por mostrar sus grandezas se dispuso
   a darle sitio en lo mejor del suelo

y los ricos tesoros que en él puso,
   ésta es la flor y aunque es de maravilla
   de otras mayores le adornó y compuso,

dejo su gran lealtad, su fe sencilla,
   su imperial nombre, el ser y el haber sido
   del mundo nuevo la primera silla,

sus calles, sus caballos, su ruido,
   sus ingenios, sus damas, su belleza,
   sus letras, su virtud, su abril florido.

Primores, joyas, galas y riqueza.
   en todo es grande y aunque grande en todo
   hoy goza y tiene otra mayor grandeza.

No el ver la plata, el oro y seda a rodo,
    ni el océano inmenso que cargado
    de flotas da tributos a su modo,

ni el tener todo el orbe encadenado,
    ni las curiosidades que le envía
    el chino ardiente y el flamenco helado,

que esa grandeza aquí o allí se cría,
    mas la que hoy la gobierna es sola una,
    desde do nace a do se esconde el día[239].

Es un príncipe heroico[240], a quien fortuna,
    si usara de razón, hiciera dueño
    de cuanto abraza el cerco de la luna,

y fuera a su valor cetro pequeño,
    que a tan alto caudal el que ahí se muestra
    es mundo estrecho y majestad de sueño.

Y así hubo de quedar corta su diestra
    y él agraviado con un nuevo mundo,
    haciendo toda la ganancia nuestra.

Éste es desta ciudad el sin segundo
    bien de que goza, ésta la grandeza
    que la hará insigne y célebre en el mundo.

De España lo mejor en la nobleza,
    de Acevedo y de Zúñiga la gloria,
    de valor y virtud toda la alteza,

---

[239] Alabanza al imperio español. Carlos I de España, V de Alemania, se enorgullecía de que en España nunca se pusiera el sol gracias a todos los territorios que llegó a poseer alrededor del mundo.

[240] Se refiere a «Gaspar de Zúñiga y Acevedo, Conde de Monterrey, virrey de la Nueva España entre 1595 y 1603» (González Boixo, 92, n. 90).

del gran Mendoza de feliz memoria
    la grave majestad y ánimo altivo,
    de imperio digno y de inmortal historia,

y de los dos Velascos, muerto y vivo,
    el dulce trato, discreción y seso,
    prudencia afable, entendimiento vivo,

la amorosa llaneza de gran peso
    del primero marqués, y del segundo
    juicio agudo, memoria con exceso,

de don Martín Enríquez el profundo
    saber, del de Coruña la templanza,
    del arzobispo la igualdad del mundo.

Al fin, donde lo más precioso alcanza
    de aquestos ocho príncipes[241], cimiento
    desta gran tierra y cielos de bonanza,

majestad grave, altivo pensamiento,
    trato suave, discreción, memoria,
    saber, prudencia, seso, entendimiento,

amorosa llaneza, gusto y gloria,
    templanza, rectitud, viva agudeza,
    y lo que pide otra mayor historia,

con ventajas y excesos de fineza
    en el príncipe ilustre resplandece,
    que hoy rige esta ciudad y su nobleza.

---

[241] *aquestos ocho príncipes* son los siguientes virreyes de la Nueva España:
1) Antonio de Mendoza (1535-1550); 2) Luis de Velasco (1550-1564); 3) Luis
de Velasco, hijo (1550-1595); 4) el Marqués de Falces (1566-1567); 5) el Marqués de Villamanrique (1585-1590); 6) Martín Enríquez (1568-1581); 7) el
Conde de la Coruña (1580-1583); 8) el Arzobispo de México, Pedro de Moya
de Contreras (1583-1585). Pude corroborar estos datos con González Boixo,
quien los incluyó también en su edición (93, n. 91).

Ella le ama, le adora y obedece,
  y no es mucho, que el mundo lo hiciera,
  si le pudiera dar lo que merece.

Al fin, Señora, aquesta es la primera
  silla desta ciudad, y el principado
  con voz de rey y majestad entera,

a quien sigue un gravísimo senado,
  de autoridad, prudencia y letras lleno,
  de lo mejor del mundo acrisolado;

una Audiencia real, espuela y freno
  de la virtud y el vicio, claustro santo,
  si es santo lo que sumamente es bueno;

cuatro alcaldes de corte, horror y llanto,
  de ánimos inquietos, cuya espada
  defiende, corta, quita y pone espanto,

sin otra grande suma señalada
  de legales ministros inferiores,
  y en bondad no a la más acreditada.

Fiscales, secretarios, relatores,
  abogados, alcaldes, alguaciles,
  porteros, canciller, procuradores,

almotacenes[242], otro tiempo ediles[243],
  receptores, intérpretes, notarios
  y otros de menos cuenta y más serviles.

fuera de lengua
para obscusbir el
nuevo mundo

---

[242] *almotacén*, «fiel de las medidas y pesos [...]; en arábigo vale el adobador y moderador de los precios, en las cosas de provisión...» (Covarrubias).

[243] *edil*, «oficio honroso entre los romanos. Tenía a su cargo esta dignidad el cuidado y defensa de los templos y demás lugares sagrados y generalmente de toda la ciudad» (Covarrubias).

Dejo la infinidad de extraordinarios,
   que a éstos se llegan, y al dosel[244] supremo
   sirven y asisten en oficios varios.

Dejo el gran Consulado, cuyo extremo
   de valor, gravedad, peso y justicia,
   agraviarlo, quedando corto, temo,

donde a pesar del tiempo y su malicia
   se aclaran mil enredos, que al decoro
   del mundo inventa y teje la codicia.

Dejo la caja del real Tesoro,
   donde sus llaves guardan más riqueza
   de fe y lealtad, que no de plata y oro,

y la casa enemiga de pobreza,
   que acuña las medallas y blasones
   que el mundo adora y pone en su cabeza.

Dejo en silencio, paso entre renglones
   la suma de escribientes y escribanos
   que de su plaza ocupan los rincones,

su gran legalidad, plumas y manos
   llenas de fe, con otro gran concurso
   de honrados pretensores cortesanos.

Aquesto es largo y breve mi discurso,
   y su ilustre cabildo y regimiento
   pide un Virgilio en eminencia y curso,

---

[244] *dosel*, «La cortina con su cielo, que ponen a los reyes y despés a los titulados, y lo mesmo es en el estado eclesiástico, entre los prelados... Los modernos le llamaron dosel, porque se pone a las espaldas de la silla del señor, *quasi* dorsel, a dorso» (Covarrubias). Por extensión, se refiere al rey o al pontífice.

y no es posible en tan medido asiento
   asentar un valor tan sin medida
   menos que en estrechez y encogimiento.

Quédese a otra ocasión más extendida,
   do ya me siento celebrar sus loores
   en voz más grave y pompa más debida,

y en versos de inmortales resplandores
   las grandezas oirán, que ahora callo,
   sus insignes y graves regidores,

su gran corregidor, que comparallo
   en majestad a sus alcaldes quiero,
   por la exageración mayor que hallo.

Al fin, éste es el uno y otro fuero
   del gobierno seglar, que ser podía,
   como es de una ciudad, de un mundo entero.

Éstos son en su imperio y monarquía
   los polos, las columnas, los puntales
   de su paz, su incierto y policía,

sin otros dos supremos tribunales,
   cuya jurisdicción, siendo de cielo[245],
   pasa y excede límites mortales,

ambos de un mismo norte y paralelo,
   y que siguen por medios diferentes
   un mismo fin y un religioso celo.

---

[245] Hace referencia al Tribunal de la Santa Cruzada y al del Santo Oficio, «ambos de un mismo norte y paralelo» (siguiente terceto), bajo la potestad de la Iglesia y, por ende, «del cielo», o sea, de Dios.

arhbishop

Un arzobispo, lumbre de las gentes,
   cuyo gran nombre de esperanzas lleno
   promete al mundo siglos excelentes[246].

Danos cielo, Señor, manso y sereno,
   mar apacible, aires de bonanza,
   no usurpen nuestros males tanto bueno;

llegue a dichoso colmo esta esperanza,
   en que sola tu gloria se pretende
   y la nuestra mortal toda se alcanza;

Y este sol, cuya luz tanto se extiende,
   deje su oriente y venga a nuestro ocaso
   adonde alumbre lo que ahora enciende.

Volverá el siglo de oro al mismo paso
   de su venida, y en virtud y ciencia
   su Apolo gozará nuestro Parnaso,

que sólo le faltaba de excelencia
   una estrella a su cielo soberano,
   de favorable guía y influencia.

Mas ya está en su cenit y el pueblo ufano
   en vela de un pastor que sin exceso
   merece serlo del Sitial Romano.

El otro tribunal, que en igual peso,
   sin excepción de dignidad ni estado
   la religión cristiana tiene en peso,

es de la fe un alcázar artillado,
   terror de herejes, inviolable muro,
   de atalayas divinas rodeado,

[246] Recordemos que Balbuena dedicó la edición de Ocharte «Al Ilustrísimo y Reverendísimo Don Fr{ay} García de Mendoza y Zúñiga{,} Arzobispo de México».

una espía, a quien no hay secreto oscuro,
   que tiene ojos de Dios, y el delincuente
   aun en el ataúd no está seguro.

Oficio Santo, en todo preeminente,
   desnudo de pasión y amor humano,
   consistorio[247] de limpia y noble gente.

Y de la catedral el cortesano
   cabildo ilustre, que en virtud y ciencia
   al mundo excede y gana por la mano,

lleno de graves letras y eminencia,
   de insignes borlas, varias facultades
   de gran valor, gran peso y suficiencia.

No ha visto el tiempo en todas sus edades
   Iglesia tan servida de doctores,
   ni de mayor tesoro de verdades.

Desde el menor oficio a los mayores
   todo es sombra de borlas y de grados,
   en ciencia iguales, varias en colores.

Con un modelo de ánimos honrados,
   deán suyo, juez de la Cruzada,
   de tribunal y casos reservados.

Y aunque entra su grandeza aquí abreviada
   es éste su lugar. Y éste, señora,
   desta insigne ciudad mal dibujada,
   el gran gobierno que la rige ahora.

---

[247] *consistorio*, junta, asamblea, tribunal o cabildo, término empleado más adelante, que también significa concejo o consejo, ayuntamiento, diputación, entidad, organismo, etc.

Religión y Estado

*

Hay una duda, y no está averiguada:
  de una rosa, un clavel y una azucena,
  de olor suave y vista regalada,

{¿}cuál es la parte más preciosa y llena
  de regalo{?}, {¿}el olor o la hermosura{?},
  {¿}a cuál de los sentidos es más buena?

A la vista entretiene su pintura,
  el olor por el alma se reparte,
  éste deleita, aquélla da frescura.

Mas bien mirada es toda de tal arte,
  que no hay olor sin parte de belleza,
  ni beldad que en su olor no tenga parte.

{¿}Quién me dirá desta real grandeza
  cuál sale más, la gracia en su gobierno
  o el olor de virtud en su nobleza?

Aquél es desta flor el lustre tierno,
   que la hace más hermosa, y con divino
   olor sube su fama al cielo eterno,

y toda ella un injerto peregrino *pilgrim*
   de bienes y grandezas admirables,
   famosa cada cual por su camino;

su gran gobierno y leyes saludables,
   la virtud que resulta dél y dellas,
   en música y acentos agradables.

Del sol parecen hijas las estrellas
   y, aunque lo son en luz, hacen su adorno
   en el mundo por sí claras y bellas.

Si el día nos hurta el estrellado torno,
   por un sol que nos lleva nos envía
   mil hermosas centellas en retorno.

Así del gran concierto y policía
   desta insigne ciudad nace el tesoro
   de la heroica virtud que encierra y cría.

Las varias religiones, que al decoro
   de su flor son olores soberanos
   y pedrería a sus engastes de oro,

pobladas de gigantes más que humanos
   en letras, santidad, ejemplo, vida,
   doctrina, perfección, pechos cristianos.

De la española antorcha que encendida
   alumbra el mundo y reformó la tierra,
   también del tronco de Guzmán nacida[248],

---

[248] Las repetidas alabanzas del poeta al linaje de Doña Isabel de Tobar y Guzmán, están presentes tanto en su «Introducción» y la Dedicatoria al Conde de Lemos como a lo largo del poema, empezando en el noveno terceto del

el clarín santo, a cuyo son de guerra
tiembla el infierno, el suelo goza y mira
más luces que el octavo cielo encierra.

Su templo, casa y su riqueza admira,
y el púlpito que dio a su regla el nombre
y a soplos, letras y virtud inspira;

y a la que de humildad puso renombre
el Serafín, en quien está el retrato
del nudo celestial de Dios hecho hombre[249],

con los que de su misma regla y trato
siguen descalzos de virtud la senda[250],
y al mundo dan de pie ventero ingrato.

Del famoso agustino[251] la gran prenda,
en santidad y letras rico erario,
del libre mundo concertada rienda;

la compañía y santo relicario
del nombre de Jesús, su gran concierto
de profesos, colegio y seminario[252],

Capítulo I: «De Tobar y Guzmán hecho un injerto / al Sandoval, que hoy sirve de columna / al gran peso del mundo y su concierto».

[249] En este terceto comienza un listado de las órdenes religiosas más conocidas, cuyos frailes y sacerdotes llegaron a México con la misión de evangelizar. *Serafín*, por ejemplo, se refiere a San Francisco de Asís *(ca.* 1182-1226), por haber tenido la recurrente visión del serafín que luego le haría las heridas iguales a las del Cristo crucificado.

[250] Al igual que San Francisco, sus seguidores —de la orden de los franciscanos— iban descalzos en sus peregrinajes.

[251] Se refiere a San Agustín (354-430), uno de los Padres de la Iglesia. Entre sus obras están *La ciudad de Dios,* las *Confesiones* y *Los diálogos.* Siglos después de su muerte, en 1244, el papa Inocencio IV fundó la Orden de San Agustín.

[252] Referencia a la orden de los jesuitas, o la Compañía de Jesús, fundada en 1534 por San Ignacio de Loyola (1491-1556) con ayuda de San Francisco Javier y otros religiosos.

adonde al cielo vivo, al mundo muerto
  está el único fruto que pariste
  de tu sangre y virtud precioso injerto[253],

ángel en todo, porque en todo fuiste
  su madre, y alma y cuerpo le criaste
  con la doctrina y leche que le diste.

La estrecha regla, donde en fino engaste
  resplandece la gloria del Carmelo[254],
  sin que el brocado entre el sayal se gaste;

del pío mercenario el santo celo
  en rescatar, conforme a su instituto,
  los cuerpos y las almas para el cielo,

y del monje antiquísimo de luto
  que en el monte Casino por su mano
  rompió de Apolo el simulacro bruto,

de la fría Nursia alumno soberano,
  hasta en el nombre singular bendito[255],
  nueva grandeza el suelo mexicano.

Al fin, con varia ceremonia y rito
  de aquestos mares nace la corriente
  de los bienes que abraza su distrito,

---

[253] Dato biográfico sobre Hernando, el único hijo de Isabel de Tobar y Guzmán, quien fuera miembro de la orden jesuita. Aquí Balbuena alude a la muerte que sufrió en una batalla entre españoles e indígenas, en 1616.

[254] Relativo a «Carmen, orden de religión de gran observancia y penitencia; y hay carmelitas calzados y descalzos. Traen origen del monte Carmelo y del gran profeta Elías...» (Covarrubias).

[255] Desde «monje antiquísimo de luto» hasta aquí, se trata de San Benito, fundador de los benedictinos, nacido en «la fría Nursia» y cuya «fiesta celebra la Iglesia a los veintiuno de marzo» (Covarrubias). Balbuena juega con «el nombre singular» (Benito) y el adjetivo «bendito». La mención al monte Casino se debe a que allí construyó el monasterio que reemplazó el templo en honor a Apolo que había antes. De esta manera, Benito cristianizó aquel lugar, tal como se dedicaron a hacer los conquistadores por todos los rincones del Nuevo Mundo cada vez que se encontraban con templos indígenas.

sin otro tierno número de gente
    que de azucenas castas y jazmines
    ciñen y adornan la escondida frente,

jerarquías de humanos serafines,
    que en celestial clausura y vidas santas
    buscan a Dios con soberanos fines;

la Limpia Concepción, cuyas gargantas
    suenan a cielo, y en aqueste fueron
    de sus vergeles las primeras plantas[256];

Regina y su gran templo, en quien nacieron
    riqueza y santidad con una cara,
    y al nombre entera propiedad le dieron[257].

La gran clausura de la virgen Clara,
    que encierra una ciudad dentro en sus muros,
    y un cielo en su virtud y humildad rara[258].

Las Recogidas, que los mal seguros
    pasos del mundo vuelven y encaminan
    a Dios con limpias almas y ojos puros[259],

un colegio en que ensayan y doctrinan
    las tiernas niñas al amor del cielo,
    y a Dios desde la cuna las inclinan,

---

[256] El convento de la Concepción, conocido por el coro de monjas («cuyas gargantas / suenan a cielo») y por los jardines («vergeles») donde cultivaban todo tipo de hierbas, vegetales y flores.

[257] *Regina* (reina), otro convento afiliado al de la Concepción.

[258] Referencia a «la santa virgen Clara, natural de Asisio, en la Umbría; la primera que fundó religiosas de la orden de los menores, a la cual el papa Alejandro IIII *[sic]* colocó en el número de las santas vírgenes, el año de mil y doscientos y cincuenta y cinco, dos años después de haber pasado de esta vida a la otra»; su orden está relacionada al «seráfico padre San Francisco» (Covarrubias).

[259] *Las Recogidas,* monjas de clausura, pero a la vez insinúa que eran mujeres de la calle, de «malos pasos», que fueron rescatadas de la vida pecaminosa, o sea, recogidas.

España

y el monasterio Real que el rey del suelo,
    al que el remo le dio, labra y dedica
    en feudo y parias de su santo celo[260],

templo famoso, casa ilustre y rica,
    con los nombres divinos, que son nata
    de cuanto el cielo y tierra califica;

de la gloriosa Mónica la grata[261]
    clausura y voluntario encerramiento,
    que es el fin solo de que allí se trata;

del divino Jerónimo el asiento[262],
    sobre tu sangre ilustre asegurado,
    famoso parto de un heroico intento,

adonde al noble fin de tu cuidado,
    si el tiempo nos trajere al bien de verte,
    un dichoso remate está guardado.

Comienza pues, señora, a disponerte,
    que por aquesta puerta quiere el cielo
    que entres al premio de tu mucha suerte;

aquí te espera un religioso velo,
    a cuya sombra dormirá tu vida,
    y adorará tu nombre y fama el suelo,

---

[260] El Patronato Real tenía su propio convento o monasterio real, llamado
también Monasterio de Jesús María.

[261] *la gloriosa Mónica* es Santa Mónica (332-387), la madre de San Agustín,
responsable de la conversión de éste.

[262] En su «Introducción» el poeta ya ha mencionado a Jerónimo con los
epítetos «glorioso» y «divino»; «el asiento» se refiere al monasterio que en su
honor y bajo su nombre fundaron Diego de Guzmán (de la familia de Isabel
de Tobar y Guzmán («sobre tu sangre ilustre asegurado») e Isabel de Barrios.
González Boixo cree que esta estrofa y la siguiente contradicen lo que ya
había expuesto el poeta en cuanto al ingreso de Isabel de Tobar en el convento de San Lorenzo, y que ahora aparece como el de San Jerónimo. No hay
más que continuar leyendo para ver que en definitiva se trata del primero y
no de este último.

deste instituto y profesión de vida,
   San Lorenzo, el Real fundó la suya,
   de igual grandeza y humildad nacida,

la Encarnación su templo y casa, a cuya
   santidad corresponde su pobreza,
   sin que un extremo al otro diminuya.

De la Virgen de Sena la realeza
   a que la van sus frailes levantando,
   con la humildad midiendo su grandeza,

y las tiernas Descalzas, que pisando
   las espinas del mundo no se espinan,
   que amor en flores se las va trocando;

las que en el nombre y penitencia atinan
   a imitar del Baptista la aspereza[263],
   donde cual oro en el crisol se afinan,

y las de Santa Inés, cuya riqueza
   muestra en su fundación el valor grande
   de quien pudo salir con tal grandeza;

obra famosa, que por más que le ande
   el tiempo en torno siempre tendrá vida,
   sin que en su duración la suya mande.

Si la obra de su autor es la medida,
   ésta bien muestra ser de caballero
   en nombre[264], en pecho, en sangre, esclarecida.

Este pues es, señora, el verdadero
   tesoro, que entre redes y canceles
   de tierra, en ésta hace un cielo entero.

---

[263] Se trata del penitente San Juan Bautista y el convento que lleva su nombre, San Juan de la Penitencia.

[264] *de caballero en nombre,* es una alusión al nombre propio de Diego Caballero.

De aquestos amenísimos vergeles,
    llenos de rosas, alhelís, jacintos,
    jazmines, azucenas y claveles,

de soberano olor humos distintos
    llenan el cielo, y en su suelo hacen
    mil bellos celestiales laberintos.

De aquí las perfecciones suyas nacen,
    aquesta es su riqueza, éstas las flores
    que en ella un paraíso contrahacen.

Dejo otros oratorios inferiores
    de ermitas, estaciones, romerías,
    santuarios de divinos resplandores,

colegios, hospitales, cofradías,
    que no caben en número ni cuenta,
    ni yo la podría dar en muchos días.

Sus fundaciones, dotación y renta,
    {¿}de qué guarismo compondrá la suma
    por más letras y ceros que consienta{?}

{¿}Y de qué cisne la delgada pluma
    el valor contará de sus patrones,
    indigno de que el tiempo le consuma?

Sus ánimos, grandezas y blasones,
    que piden por padrón un mundo entero,
    {¿}cómo se estrecharán en tres renglones?

Hazañas dignas del caudal de Homero
    en el mío mal pueden ajustarse,
    sin mucho agravio de su noble fuero;

y así es forzoso que haya de quedarse
    en amago y rasguño el mismo hecho,
    que pide bronce eterno en que tallarse,

hasta que otro caudal, no tan estrecho,
   trocando en libertad este recato,
   deje cuanto yo agravio, satisfecho.

Pues la gran devoción, el aparato
   de una Semana Santa, {¿}quién podría
   darlo pintado en natural retrato?

En todo es grande México, y sería
   o envidia o ignorancia defraudalle
   la majestad con que se aumenta y cría.

Pero en esta excelencia el mundo calle,
   que en ceremonias deste tiempo santo
   nueva Roma parece en trato y talle.

Indulgencias tantas, en su tanto,
   limosnas, estaciones, obras pías,
   al mundo dichas, causarán espanto;

procesiones de varias cofradías,
   adonde he yo contado en sola una
   más pasos que en un año entero días.

{¡}Oh gloria del teatro de fortuna,
   en quien se representa un mar de bienes,
   en medio del cristal de una laguna{!}

Al fin, si a tus intentos no detienes
   la libre rienda, y con fingido paso
   el suyo a tu venida le entretienes,

en esta gran ciudad, luz del ocaso,
   verás, señora, cuanto aquí te digo
   y lo más que sobró a tan chico vaso.

Llena de flores de un verano amigo
   te desea dar en sus grandezas parte,
   y siendo en ellas tú parte y testigo,
   nada le faltará si no es gozarte.

Todo en este discurso está cifrado[265]

*

De cosas grandes los retratos bellos,
si se ha de ver la proporción y el aire
de su famoso original en ellos,

---

[265] ¿Qué es lo que en realidad está cifrado o escondido? ¿A quién o quiénes se le esconde qué? ¿La verdad? ¿Cuál? Son muchas las posibles preguntas y respuestas, y todas dependen de los ojos que lean esta obra —o cualquier otra, de hecho— en su totalidad. Precisamente el lenguaje altamente erudito, preciosista y oscuro del poeta se presta a un sinfín de interpretaciones, entre las cuales predominan las aseveraciones de quienes lo consideran ejemplo vívido del manierismo o de las primicias del Barroco americano. Sea Balbuena precursor o representante ya establecido de una u otra vertiente, lo cierto es que su obra esconde, o al menos obvia, la brutal realidad de su presente y los ochenta y pico de años precedentes (recordemos la idea de la elipsis tan bien traída por Daniel Torres, y que discuto en mi Introducción). Por esto, les sugiero a quienes lean *Grandeza mexicana,* que no sólo indaguen ese estilo cifrado, bien sea manierista o bien barroco, sino que además lo comparen con el de escritores de cualquier época, comprobando, así, que tanto Balbuena como otros antes y después de él, incluso hasta nuestros días, hicieron, han hecho, hacen y seguirán haciendo lo mismo, parafreando a Torres: elidir, omitir, suprimir y hasta eliminar lo «verdadero» que pueda haber en algo. También podría referirse a la otra acepción del término: abreviar, compendiar, resumir, como hará el poeta en los tercetos restantes.

234

y en breve espacio con igual donaire
   pintar un Ixión[266] y un Ticio fiero,
  éste hiriendo la tierra, el otro el aire,

ora escorzando láminas de acero
   el precioso buril suba el relieve,
   o el pincel haga su artificio entero.

De cualquier modo el que a encerrar se atreve
   en un pequeño cuadro grandes lejos,
   y un gran coloso en un zafiro breve,

sin los pinceles, gurbias y aparejos
   de Apeles[267] y Calícrates[268], que hacían
   casi invisibles músculos y artejos[269],

y las líneas por medio dividían
   y en cuerpo a las hormigas cercenaban
   lo que de perfección les añadían,

si con tales cinceles no se graban,
   o con destreza igual no se colora,
   será milagro hallar la que buscaban.

{¿}Quién me hiciera un Mirmícides[270], señora,
   que a sombra de una mosca y de sus alas
   entalló un carro, que aún se mueve ahora?

---

[266] *Ixión*, «hijo de Plegias o, según otros, de Leonteo. Mató a traición a su suegro Deyoneo o Eyoneo, por lo cual anduvo vagando agitado de las Furias» (Covarrubias).

[267] *Apeles*, véase n. 19 en «Al lector».

[268] *Calícrates*, «escultor que labraba en marfil cosas tan menudas que apenas se podían distinguir sus partes» (Covarrubias).

[269] *artejo*, «miembro pequeño [...] El ñudo o juntura de los dedos» (Covarrubias).

[270] Hace referencia al mito de «una doncella de la región Ática dicha Mírmice muy querida de Minerva por su castidad y solercia [...] Pero aconteció que habiendo la diosa hecho un arado en competencia y odio de la diosa Ceres, le publicó y comunicó a todos por lo cual airada la convirtió en hormiga, y

Porque excediendo en su dibujo a Palas,
desta última grandeza de la tierra
cifrar pudiera la riqueza y galas.

Pero si es todo un mundo lo que encierra,
y yo no sé hacer mundos abreviados
como el que está del Cáucaso en la sierra,

{¿}quién alborota en mí nuevos cuidados
para cifrar lo que cifré primero,
pues todo es cifra y versos limitados?

Mas porque el gusto suele ser ligero,
y en cuentos largos la atención se estraga,
y aun cansa si es prolijo un lisonjero;

porque el serlo yo en esto no me haga
daño en el nombre, y a este gran sujeto
en mi opinión la suya le deshaga,

quiero, sin artificios de respeto,
desnudo de afición, traer a suma
lo que sin ella ya salió imperfecto;

porque nadie engañándose presuma
que si en el cuadro hay algo de excelente
son gallardías y altivez de pluma[271].

---

habiendo multiplicado en gran manera [...], aquella multitud de hormigas se convirtió en hombres [...] Strabón [...] dice que por ser los de aquella tierra cudiciosos en la labranza del campo y la andaban siempre arando y cavando a modo de hormigas tomaron los poetas ocasión de forjar esta mentira» (Covarrubias). El poeta desea, pues, ser —o al menos presentarse— tan pequeño como una hormiga para, así, realzar aún más las grandezas que lo rodean.

[271] En los tercetos anteriores el poeta se ha disculpado por incurrir en el mucho hablar y en los abundantes detalles; aunque anuncia que resumirá, en el próximo y los siguientes versos volverá a insistir en todas las maravillas mexicanas. ¿Cifra porque abrevia o porque esconde?

Es México en los mundos de Occidente
   una imperial ciudad de gran distrito,
   sitio, concurso y poblazón de gente,

rodeada en cristalino circuito
   de dos lagunas, puesta encima dellas,
   con deleites de un número infinito,

huertas, jardines, recreaciones bellas,
   salidas de placer y de holgura
   por tierra y agua a cuanto nace en ellas.

En veintiún grados de boreal altura,
   sobre un delgado suelo y planta viva,
   calles y casas llenas de hermosura,

donde hay alguna en ellas tan altiva,
   que importa de alquiler más que un condado,
   pues da de treinta mil pesos arriba.

Tiene otras calles de cristal helado,
   por donde la pasea su laguna,
   y la tributa de cuanto hay criado.

Es toda un feliz parto de fortuna,
   y sus armas una águila engrifada
   sobre las anchas, hojas de una tuna[272],

de tesoros y plata tan preñada,
   que una flota de España, otra de China
   de sus sobras cada año va cargada.

---

[272] En el Capítulo II ya había hecho alusión a la tuna y el águila, símbolos de la fundación de México/Tenochtitlán. Es curioso notar que nunca incluye ni menciona a la serpiente. Pero, como señala Daniel Torres, esto es parte de la emblemática de la época, tema que ha tratado la historiadora mexicana Solange Alberro (cfr. n. 164, *supra)*.

{¿}Qué gran Cairo o ciudad tan peregrina,
　　qué reino hay en el mundo tan potente,
　　qué provincia tan rica se imagina,

que baste a tribuir continuamente
　　tantos millones, como desta sola
　　han gozado los reinos del Poniente?

Es centro y corazón desta gran bola,
　　playa donde más alta sube y crece
　　de sus deleites la soberbia ola.

Cuanto en un vario gusto se apetece
　　y al regalo, sustento y golosina
　　julio sazona y el abril florece,

a su abundante plaza se encamina,
　　y allí el antojo al pensamiento halla
　　más que la gula a demandarle atina.

Sólo aquí el envidioso gime y calla,
　　porque es fuerza ver fiestas y alegría
　　por más que huya y tema el encontralla.

Es ciudad de notable policía
　　y donde se habla el español lenguaje
　　más puro y con mayor cortesanía,

vestido de un bellísimo ropaje
　　que le da propiedad, gracia, agudeza,
　　en casto, limpio, liso y grave traje.

Su gente ilustre, llena de nobleza,
　　en trato afable, dulce y cortesana,
　　de un ánimo sin sombra de escaseza.

Es toda una riquísima aduana,
    sus plazas una hermosa alcaicería[273]
    de sedas, joyas, perlas, oro y grana,

adonde entrar en número podía,
    si le tuviera, la menuda junta
    de tiendas que le nacen cada día.

Al fin, si en un sujeto igual se junta
    Mercurio y Febo, granjería y ciencia,
    aquí hacen obra y admirable punta.

No tiene Milán, Luca ni Florencia,
    ni las otras dos ricas señorías,
    donde el ser mercader es excelencia,

más géneros de nobles mercancías,
    más pláticos[274] y ricos mercaderes,
    más tratos, más ganancia y granjerías.

Ni en Grecia Atenas vio más bachilleres
    que aquí hay insignes borlas de doctores,
    de grande ciencia y graves pareceres,

sin otras facultades inferiores,
    de todas las siete artes liberales,
    heroicos y eminentes profesores.

Sus nobles ciudadanos principales,
    de ánimo ilustre, en sangre generosos,
    raros en seso, en hechos liberales,

---

[273] *alcaicería*, «barrio en la ciudad de Granada de tiendas de las sedas, adonde desde el tiempo de los romanos se pagaban los derechos dellas a los césares, y por eso le pusieron ese nombre, que alcaicería vale cosa perteneciente al César [...] El padre Guadix añade que en Palestina hay una ciudad dicha Cesarea, donde el trato de las sedas es grande, y la llaman los árabes Caicería...» (Covarrubias).

[274] *pláticos*, de platicar, conversar; *plático* es «el diestro en decir o hacer alguna cosa por la experiencia que tiene» (Covarrubias).

de sutiles ingenios amorosos,
    criados en hidalgo y dulce trato,
    afable estilo y términos honrosos;

damas de la beldad misma retrato,
    afables, cortesanas y discretas,
    de grave honestidad, punto y recato;

bellos caballos briosos de perfectas
    castas, color, señales y hechuras,
    pechos fogosos, manos inquietas,

con jaeces, penachos, bordaduras,
    y gallardos jinetes de ambas sillas,
    diestros y de hermosísimas posturas.

Junte Italia ciudades, Flandes villas,
    Francia castillos, Grecia poblazones,
    y en ellas otras tantas maravillas;

oficiales de varias profesiones
    cuantos el mundo vio y ha conocido
    la experiencia, maestra de invenciones.

Dejo los ordinarios en olvido,
    que aunque en primores salen de ordinarios,
    lo precioso en lo raro es conocido.

Joyeros milaneses[275], lapidarios,
    relojeros, naiperos, bordadores,
    vidrieros, batihojas[276], herbolarios,

---

[275] *Joyeros milaneses*, con estas dos palabras se hace hincapié no tanto en el hecho obvio de vender joyas, sino que, como explica Covarrubias, «en su tienda hay cosas delicadas de oro y seda, tocas, guantes y otras cosas de las que se venden en las tiendas de los milaneses». Monterde y Domínguez insertan una coma entre ambas palabras, con lo cual cambian el sentido original.

[276] *batihojas*, los que trabajan en el «oficio particular de [confeccionar] los panes de oro y plata para dorar, batiéndolos» (Covarrubias).

farsantes, arquitectos, escultores,
     armeros, fundidores, polvoristas,
     libreros, estampistas, impresores,

monederos, sutiles alquimistas,
     ensayadores y otros que se ensayan
     a ser de un nuevo mundo coronistas[277],

raros poetas, que en el cielo rayan
     tras el dios de la luz vivos conceptos,
     que todo lo penetran y atalayan,

tantos, que a no agraviar tantos discretos,
     volaran[278] hoy aquí otras tantas plumas,
     como pinceles señalé perfectos,

tan diestros, tan valientes, que aunque en sumas
     y epílogos, si cabe, he de decillo,
     a honor del dios que tuvo templo en Cumas[279],

que el grave Homero, el claro y el sencillo
     Virgilio, que escribió prosa medida,
     tan fácil de entender como de oíllo,

aunque de estrella y suerte más cumplida,
     no fueron de más rica y dulce vena,
     ni de invención más fértil y florida.

---

[277] *coronistas*, a esta profesión pertenece Balbuena, uno entre los «raros poetas». Recuérdese que nuestro poeta dejó sentada esta idea de relatar lo que veía, «haciéndo[s]e coronista», en su «Carta al Arcediano».

[278] *bolaran,* en las prínceps y así mismo en Van Horne. Monterde y González Boixo modernizaron la ortografía, al igual que yo: *volaran* (imperfecto del subjuntivo de *volar).* Sin embargo, Domínguez (o el tipógrafo) alteró las vocales y escribió «valoran» (presente del indicativo de *valorar),* dándole otro significado.

[279] Se dice que Apolo «tuvo templo en Cumas»; «ciudad en Campania cerca del mar, junto a Puteolos o Puzol. Edificada por los cumaeos y calcidienses, pueblos de Asia» (Covarrubias).

Está, al fin, esta ilustre ciudad llena
    de todas las grandezas y primores,
    que el mundo sabe y el deleite ordena,

amparada del cielo y sus favores,
    a sólo Marte y su alboroto extraña,
    en paz [si no son guerra los amores].

América sus minas desentraña,
    y su plata y tesoros desentierra,
    para darle los que ella a nuestra España,

con que goza la nata de la tierra,
    de Europa, Libia y Asia, por San Lúcar,
    y por Manila cuanto el chino encierra.

Pues {¿}quién dirá la cantidad de azúcar
    que en una golosina que se bebe[280]
    gasta el más pobre cual si fuera un Fúcar{?}[281].

{¿}Quién a dar suma y número se atreve
    a las tabernas que hay de esta bebida?
    {¿}Qué esponja alcanza a lo que aquí se embebe?

Pues tras los pasatiempos de la vida,
    {¿}quién torció el paso aquí que le faltase
    en mil varios placeres acogida?

Pida el antojo, el apetito tase
    figuras a su modo y pretensiones,
    con que el pecho se entibie, o se le abrase,

---

[280] *golosina que se bebe,* posible alusión a la bebida fermentada *pulque,* original de México, que se destila del maguey o aguamiel, por lo cual es bastante dulce. Con esta mención, Balbuena le añade un «elemento americanista al poema», comentario acertado de Daniel Torres.

[281] *Fúcar,* proviene del nombre de una familia alemana de mucho dinero; de ahí que sea equivalente a persona rica. Todos los editores coinciden en agregar los signos de interrogación.

convites, recreación, conversaciones
    con gente grave, o con humilde gente,
    de limpias o manchadas condiciones,

que en todo esta gran corte es eminente:
    en juego, en veras, en virtud, en vicio,
    en vida regalada o penitente.

En toda facultad, todo ejercicio,
    acomoda los medios a los fines,
    o ya contrario al bien o ya propicio.

Llega el verano, brotan los jazmines,
    el deseo, fiestas, huertas y frescuras,
    florestas, arboledas y jardines,

baños, cuevas, boscajes, espesuras,
    saraos, visitas, máscaras, paseos,
    cazas, músicas, bailes y holguras,

como si fuera un mayo de deseos,
    y a vueltas florecieran del verano,
    aquí se gozan todos sus empleos.

Y aunque es en esto grande y soberano,
    y en todo lo es aqueste pueblo ilustre,
    de estilo, gente y trato cortesano,

en lo que excede aun a su mismo lustre,
    y en que al resto del mundo se adelanta,
    sin temor de que nadie le deslustre,

es alcanzar un número que espanta
    de heroicos personajes, que al gobierno
    velan y asisten de su nueva planta,

y con un proceder suave y tierno
    reducen a concierto y policía
    lo que fuera sin él confuso infierno,

un gran Virrey y real chancillería,
   la silla arzobispal, el Santo Oficio,
   cabildo ilustre, grave clerecía,

la Caja real, pilar deste edificio,
   casa de fundición y de moneda,
   de su riqueza innumerable indicio;

el rico consulado, la gran rueda
   de ancianos y prudentes regidores,
   a quien la de fortuna se está queda;

corregidor, alcaldes, provisores,
   y otras innumerables dependencias
   de alternados ministros inferiores.

{¿}Quién goza juntas tantas excelencias,
   tantos tesoros, tantas hermosuras,
   y en tantos grados tantas eminencias?

Pues de virtud las sendas más seguras,
   {¿}quién las querrá que a todas ocasiones
   no encuentre sus retratos y figuras[282]

entre tantas sagradas religiones,
   estrellas que hermosean este cielo
   con rayos de divinas perfecciones?

Donde tiene hoy su religioso celo
   cuarenta y dos conventos levantados,
   y ochocientas y más monjas de velo,

una universidad, tres señalados
   colegios, y en diversas facultades
   más de ochenta doctores graduados,

---

[282] La prínceps lleva el signo de interrogación aquí; en la presente, se ha copiado a Van Horne y los demás que lo pusieron al final del siguiente terceto.

y para reparar calamidades
    diez ricos hospitales ordinarios
    a todo menester y enfermedades,

sin reducir a cuentas ni sumarios
    la infinidad de iglesias, colaciones,
    ermitas, cofradías, santuarios,

oratorios, visitas, estaciones,
    y las más con sagrario y Sacramento,
    indulgencias, gracias y perdones,

tantos, que sobre el número de ciento
    copiosamente igualan, si no exceden,
    como en curiosidad al pensamiento.

Si tantas gallardías juntas pueden
    entrar en cuenta con el tiempo y fama,
    y es justo que su vuelo y voz hereden,

este inmortal pregón, en quien la llama
    del siglo tragador no hará mella
    si algún rigor de estrella no la inflama,

les quede por columna, y fijo en ella,
    el blasón que mudó el gran Carlos Quinto
    en su hercúlea arrogancia y primer huella;

y el cielo en nuevo ser, claro y distinto,
    las represente al mundo una por una,
    con mayor lustre y luz que yo las pinto.

Y admírese el teatro de fortuna,
    pues no ha cien años que miraba en esto
    chozas humildes, lamas y laguna[283],

---

[283] En éste y en el siguiente terceto la voz poética vuelve a presentar la idea
de que antes de la conquista sólo había pobreza; en vez de condenar la des-
trucción, aplaude el que se haya arrasado todo lo anterior para construir, so-

y sin quedar terrón antiguo enhiesto,
  de su primer cimiento renovada
  esta grandeza y maravilla ha puesto.

{j}Oh España valerosa, coronada
  por monarca del viejo y nuevo mundo,
  de aquél temida, deste tributada{!}[284].

Aunque a tu heroico brazo sin segundo
  para reseña este rasguño basta,
  si no es todo afición donde me fundo,

no es éste el bien mayor en que se gasta
  la gloria de tu nombre, aunque éste solo
  podía ser un clarín de inmortal casta,

pues desde que amanece el rubio Apolo
  en su carro de fuego, a cuya llama
  huye el frío dragón revuelto al polo[285],

al mismo paso que su luz derrama,
  halla un mundo sembrado de blasones,
  bordados todos de española fama.

Mira en los orientales escuadrones
  de la India, el Malabar, Japón y China
  tremolar victoriosos tus pendones,

---

brepuesta, la ciudad nueva, grandiosa y maravillosa. Este sentido providen-
cialista no es original de Balbuena ya que «está desde el Inca Garcilaso hasta
el mismo Barroco de Indias», según señala Daniel Torres.

[284] De ahora en adelante, más que a México el poeta le cantará a la España
personificada, de manera muy familiar, tuteándola. Esto nos lleva a pensar
que la grandeza no es tanto mexicana cuanto española. Léanse con deteni-
miento los siguientes tercetos para corroborarlo.

[285] Metáfora de la que se vale el poeta para referirse, más que al paso de las
horas o estaciones, del calor del sol al frío de la noche, a la cantidad de territorios españoles alrededor del globo. Con esto queda claro que en España
«nunca se ponía el sol», como se expresa en el terceto que sigue.

y que el agua espumosa y cristalina
  del Indo y Ganges tus caballos beben,
  y el monte Imabo a tu altivez se inclina.

Mira los muros, que a escalar se atreven,
  porque tu rito santo en sillas de oro
  sobre sus ya vencidos hombros lleven,

y a tu espada en las selvas de Tidoro,
  de flores de canela coronada,
  arrodillado ante su cruz el moro,

la región etiópica ahumada,
  y allí, haciendo cosechas de su gente,
  con los hollines de Faetón tiznada,

pues si a las espadañas del Poniente
  vuelve su luz, y al sordo mar inmenso
  con ella en un cristal resplandeciente,

con nueva estimación mira suspenso
  cruzar las flotas en que aquestos mundos
  te envían cada año su tributo y censo,

y de sus playas en los más profundos
  senos lucir los nácares preciosos,
  que de perlas te dan partos fecundos.

Mas cuando ya llegó a los espaciosos
  reinos, que a tu obediencia y fe trajeron
  tus católicos hijos belicosos,

y en sus atrevimientos descubrieron
  que era bastante a sujetar su espada
  más mundo que otros entender supieron,

aquí tiene por breve la jornada,
  por corto el tiempo, por estrecho el día,
  para ver tantas cosas de pasada.

Mas {¿}quién será, invencible patria mía,
   en mil años, mil siglos, mil edades
   bastante a ver lo que de ti podría?

{¿}En qué guarismo hallará unidades
   al rigor, los trabajos, asperezas,
   calmas, tormentas, hambres, mortandades,

tierras fragosas, riscos y malezas,
   profundos ríos, desiertos intratables,
   bárbaras gentes, llenas de fierezas,

que en estos nuevos mundos espantables
   pasaron tus católicas banderas,
   hasta volverlos a su trato afables{?}

{¿}Quién hará sus hazañas verdaderas
   en otro tiempo, si en el de hoy parecen
   a los ojos asombros o quimeras?

{¿}Quién no creerá que las consejas crecen,
   si oye que en menos tiempo de diez años
   ganó España en las Indias, que hoy florecen

dos monarquías a su riesgo y daños,
   y en cien reinos de bárbaros valientes
   dos mil leguas de términos extraños[286],

abriendo en suelo y climas diferentes
   de doscientas ciudades los cimientos
   que hoy las poseen y gozan nuestras gentes?

Y esto sin más caudal que atrevimientos
   de ánimo belicoso, a cuya espada
   por su interés le dará al cielo alientos,

---

[286] La prínceps lleva el signo de interrogación aquí, pero los editores lo ponen en la siguiente estrofa.

y así gente sin armas, destrozada,
   que nunca tuvo juntos mil soldados,
   victoriosa salió con tal jornada.

{¡}Oh España altiva y fiel, siglos dorados
   los que a tu monarquía han dado priesa,
   y a tu triunfo mil reyes destocados{!}

Traes al Albis rendido, a Francia presa,
   humilde al Poo, pacífico al Toscano,
   Túnez en freno, África en empresa.

Aquí te huye un príncipe otomano,
   allí rinde su armada a la vislumbre
   de la desnuda espada de tu mano.

Ya das ley a Milán, ya a Flandes lumbre,
   ya el imperio defiendes y eternizas,
   o la Iglesia sustentas en su cumbre.

El mundo que gobiernas y autorizas
   te alabe, patria dulce, y a tus playas
   mi humilde cuerpo vuelva, o sus cenizas[287].

Y pues ya al cetro general te ensayas,
   con que dichosamente el cielo ordena
   que en triunfal carro de oro por él vayas,

entre el menudo aljófar que a su arena
   y a tu gusto entresaca el indio feo,
   y por tributo dél tus flotas llena,

de mi pobre caudal el corto empleo
   recibe en este amago, do presente
   conozcas tu grandeza, o mi deseo
   de celebrarla al mundo eternamente.

---

[287] Estos versos dan fe de la lealtad del poeta a la Corona y a su lejana tierra. Ni siquiera muerto desea Balbuena permanecer en «estos nuevos mundos espantables» rodeado de «bárbaras gentes, llenas de fierezas», palabras del propio Balbuena en su «Carta al Arcediano».

Compendio apologético
en alabanza de la Poesía[288]

Por sola la variedad, que es el dote de la hermosura, y algunos escrúpulos de gentes que, llevadas quizá de la demasiada afición de mis cosas, les pareció se menoscababa el lugar y nombre que pudieran tener imprimiéndose éstas en el mío, por estar en su opinión el de poeta tan disfamado en algunos sujetos que apenas le ha quedado rastro de lo que otro tiempo fue, por satisfacer estos achaques y otros temores y sospechas de gustos demasiadamente melindrosos, digo que la poesía, en cuanto es una obra y parto de la imaginación, es digna de grande cuenta, de grande estimación y precio, y ser alabada de todos, y generalmente lo ha sido de hombres doctísimos. Budeo[289], en las anotaciones sobre el Digesto I.I. f{olios} De contrahenda emptione, trae grandes loores y ex-

---

[288] En sus notas al *Compendio*, Van Horne se dedicó a investigar las fuentes usadas por Balbuena en sus citaciones. Por ejemplo, las redujo principalmente a las obras de «Tomaso Garzoni, que sirvió especialmente para informes sobre la literatura laica y pagana», «Alfonso Mendoza, que sirvió especialmente para el tratamiento literario de las Escrituras Sagradas» y «probablemente el *Catalogus gloriae mundi* de Bartholomaeus Cassanaeus (Chasseneux)» (143). La mayoría de sus notas sólo dicen *G, M* o *C,* las iniciales de Garzón, Mendoza y Cassanaeus, según cree que es la fuente de donde Balbuena sacó la información; hay ocasiones en que Van Horne, por no estar seguro, pone más de una inicial. Por esta razón, y para ofrecer información diferente a la suya, las notas que acompañan este «Compendio» están encaminadas a aclarar algunos nombres de autores y palabras poco comunes.
[289] *Budeo,* Guillaume o Guilielmo Budeo Parisiense (1468-1540).

celencias suyas. Beroaldo[290], en la oración sobre la exposición de Lucano, la favorece tanto que excusa y disculpa en sus profesores hasta los versos amatorios y de burlas. Patricio[291], lib{ro} 2. De institutione reipu, título 6, dice que los poetas deben ser honrados de las ciudades y puestos en lugares eminentes y dignidades nobles por ser partos dichosos y raros de la naturaleza, pues ninguna cosa lo es tanto en los siglos y edades del mundo como un perfecto poeta y un consumado orador, y por la grandeza de entendimiento que alcanza el que acierta a ser de este número, escogido y entresacado de la comunidad y trulla[292] de los otros entendimientos. Y al fin concluye, después de muchos encarecimientos y alabanzas, que la ciudad noble ha de acoger y sustentar los poetas como una cosa de grande utilidad y provecho suyo.

Platón, en el tratado De amicitia, los llama capitanes y padres de la Sabiduría: *Poetae nobis tanquam patres atque duces sapientiae sunt.* Y en el Fedro dice que los nobles y excelentes poemas no son humana, sino divina invención. Y en el Cratilo quiere que todos los profesores desta arte tengan caudal y autoridad para introducir, acreditar y componer los nombres a las cosas, como aquellos que con la fuerza de estudio y eminencia de entendimiento penetran y alcanzan el verdadero conocimiento de las cosas y fuerza y propiedad del lenguaje. Y en el del furor poético, dice que sus obras y poesías son impulsos y reventazones de un aliento y soplo divino. Y en el diálogo del Convite y en el tratado de Pulchro dice lo mismo. Y Cicerón en la oración pro Archia poeta trae casi las mismas palabras con otras innumerables alabanzas de la poesía.

---

[290] Filippo Beroaldo (1453-1505), el mayor o el padre (para distinguirlo del hijo que llevaba el mismo nombre); humanista italiano conocido por sus comentarios eruditos sobre los clásicos.

[291] Francesco Patrizzi (1413-1494), de Siena. Su obra, *De reyno y de la Institución del que ha de reynar...*, salió primeramente en París en 1519. Henrique Garcés (¿-1591?) la tradujo del latín al castellano y se la dedicó a Felipe II; fue publicada en Madrid por Luis Sánchez, en 1591. Información obtenida en Internet, en el Catálogo de la Biblioteca Nacional de Portugal y *via* Libri: Resources for Bibliophiles.

[292] *trulla*, multitud de gente; algarabía, bulla, gritería.

Oríg{enes}[293], en el Peri Archon, afirma que es una cierta virtud espiritual que inspira al poeta y le llena el pensamiento de una divina fuerza y vigor. Aristóteles, en su Poética, dice que es una cosa de ingenio altivo y sutil y de un arrebatado furor. S{an} Agustín refiere que los poetas antiguamente fueron llamados teólogos por haber cantado divinos versos y alabanzas a Dios, como parece en Orfeo, Hesíodo, Homero, Horacio y otros. Y Macrobio, lib{ro} 2 De somno scipionis, quiere que en los sacrificios y alabanzas de los dioses fuese costumbre antigua cantar himnos y versos. Y Aristóteles, I De cælo, refiere lo mismo de los pitagóricos, y Casiodoro, en la Exposición del Psalterio, dice, *Omnis splendor rectoricæ eloqueantiæ, omnis modus poeticæ elocutionis quæliber varietas decore pronuntiationis a divinis scripturis sumpsit exordium.* Todo el resplandor y gala de la elocuencia retórica, los modos, frases y estilo de la elegancia poética, la variedad y hermosura de la suave pronunciación, todo tuvo su principio y origen en las divinas escrituras. *recitat. in cap. legimus vers., in lævitico. ibi. denique in expositione. 37. dist.* Porque la poesía y todas las demás letras las aprendieron los griegos y latinos de los hebreos, como lo dice Eusebio[294], lib{ro}s 10, 11, 12 De præp. Evang. Y San Isidro[295], lib{ro} 3 Etim{ologías}, cap{ítulo} 3, y Lætmacio, lib{ro} 8[296] De instauranda relig{ione}, cap. II[297], donde dice que antes de la fundación de Troya, antes de la navegación de los Argonautas, antes de los juegos olímpicos, antes de los muros de Tebas, antes de Orfeo, de Arión y Safo, ya Moisés y Débora

---

[293] *Orígenes* (Alejandría, *ca.* 185-*ca.* 250), escritor erudito y sacerdote de la Iglesia primitiva. Se cree que escribió el *Peri Archon* alrededor del año 229, obra en la que presenta las creencias básicas del cristianismo, enmarcadas en el neo-platonismo.

[294] Pamphili Eusebio *(ca.* 260-*ca.* 341), obispo de Cesarea en Palestina; se le considera el «padre de la Historia de la Iglesia».

[295] San Isidoro de Sevilla (570-636), porque ejerció de arzobispo de esta ciudad durante casi cuarenta años, hasta su muerte.

[296] Domínguez, o el tipógrafo, pone erróneamente el número 3 en vez del original 8.

[297] Dado que predominan más los números romanos que los arábigos, resulta difícil saber si se trata del libro II (2) u 11; no fue posible encontrar nada sobre esta obra y su autor.

y la madre de Samuel y David habían compuesto versos y cantado himnos a Dios, de cuyas divinidades profanaron muchas los antiguos en sus poesías, como lo testifican Josefo, Justino, Orígenes, Lactancio, Eusebio, y lo refiere Lætmacio y Euguvino, lib{ro} I De perenni philos{ophia} cap. I, y Estrabón, lib{ro} I, afirma que de la opinión de los antiguos la poesía no es otra cosa que una admirable filosofía que enseña la razón del vivir, las costumbres y policía y el verdadero gobierno de las cosas. Heráclito Póntico la llama nata y flor de la ciencia natural de que toda está cuajada y llena, describiendo los vientos, las tempestades, los cielos, sus lumbres, cursos y movimientos, las imágenes del zodiaco, los nacimientos de los planetas, la variedad de los tiempos, las diversidades del año, los secretos y propiedades de las yerbas, de las fuentes, de las flores y las plantas, y cosas semejantes a éstas.

Aristóteles, en el 8 de sus Políticas, cap{ítulo} 5, dice que la música tiene en sí misma un natural deleite con que es agradable a todas las edades, naciones y usos de gentes, poderosa a componer y corregir las costumbres y mover los afectos por cierta correspondencia, conformidad y trabazón natural que dentro de nosotros tenemos con la armonía de los versos y la música. Y antes de él lo afirmaron así los pitagóricos y platónicos, y después Iámblico[298] Aphodisio, lib{ro} I, problema 119, Quintiliano, lib{ro} I, cap. 16, Boecio, lib{ro} I De música, cap. I, Plutarco, en Simphosiacis, Celio Rodiginio, lib. 5, cap. 20, y, sobre todos, S{an} Ag{ustín} en el 10 de sus Confesiones, cap. 33, donde trae estas palabras, *Omnes afectus nostri habent proprios modos in voce & cantu, quorum nescio qua oculta familiaritate excitantur.* Tienen todos nuestros afectos sus propios y determinados modos en la voz, en la música y el canto con que despiertan y levantan mediante alguna oculta familiaridad y correspondencia. Y Macrobio, en el 2 De somno Scipionis, dice que la causa desto es ciertos recuerdos que el alma interiormente siente de aquella

---

[298] Jámblico [Yámblico], filósofo griego del siglo IV, uno de los muchos seguidores tardíos de Pitágoras. Otros pitagóricos antes de Jámblico fueron Diógenes Laercio y Porfirio en el siglo III.

consonancia y armonía de que ya gozó en el cielo al tiempo que fue criada [aunque esto es pura imaginación y error]. Y Mercurio Trimegistro, alegado por Gregorio Véneto[299] en sus Problemas, tomo 5, sec{ión} 4, n. 316, dice: *Musarum chorus a Deo in hominum cætum dimissus est ne terrenus mundus videretur incultior si modulorum dulcedine caruisset,* por esto fue dado al mundo el coro de las Musas, porque la tierra sin él no quedase inculta y bárbara. Y San Isidoro, lib. 3 Etimologías, cap. 14, dice que tan torpe cosa es no saber música como no saber letras, pues {¿}qué música hay sin poesía, si la poesía es alma de la música? Dión dice que Zenón y Aristóteles enriquecieron sus obras con los tesoros de Homero, y que si los dioses hubieran de hablar lenguaje humano, fuera en poesía. Y así lo hicieron en sus oráculos, dando las respuestas en versos, y en lo mismo dejaron escritas las diez sibilas sus altísimas revelaciones.

Boccaccio, en la Genealogía de los Dioses, toma a su cargo con grandes bríos la defensa de la poesía contra las libres y mordaces lenguas que la lastiman y maltratan. Antonio Beronense hace una grave y famosa apología acerca de Hermolao Bárbaro[300] en alabanza y grandeza suya. Pedro Crinito[301] en la prefación del libro De poetis y en el libro 5, cap. 4, y Pedro Victorio, f{olio} 104, y otros gravísimos doctores dan innumerables alabanzas a la poesía y sus profesores, sin referir lugares de poetas de que están llenos sus libros y podrá ver quien los quisiere en Mirabelio, Garzón y otros muchos.

Y si a todos los deste tiempo no ajustan y cuadran, no es culpa del arte, capacísima en sí de mil secretos y divinidades, sino de los que con flaco talento y caudal la infaman y desacreditan arrojándose a ella sin letras, experiencia y espíritu, y sin aquel gran caudal de ingenio y estudio que para su eminencia es necesario, enloquecidos y llevados de un antojo y furor vano y de la ciega presunción que cada uno tiene

---

[299] Tal como corrige Van Horme, «se trata de Francisci Georgii (no Gregorii) Veneti Minoritani» (456, n. 28).
[300] Ermolao Bárbaro el Joven (Venecia, 1454-Roma, 1493), diplomático, escritor, profesor, en fin, humanista del Renacimiento italiano.
[301] Crinito (ca. 1465-¿?), conocido profesor, erudito de la retórica italiana.

en sí mismo de sus cosas; y porque ninguna hay más atrevida que la ignorancia, y al fin ésta sola es la que a fuego y sangre le hace la guerra con mil estragos y desenvolturas, humillándola con pensamientos bajos a cosas lascivas, torpes y deshonestas, o tan sin fundamento, entidad y valor que son de todo punto indignas de la estimación humana y de que suenen y se oigan en oídos honestos y graves. Pero tampoco es justo que por unos pierdan otros, y que si el ignorante, el idiota y el vulgar con loca arrogancia se despeña a meter la hoz en mies ajena y se adelanta y arroja a presumir y tratar lo que no entiende, el tiempo, que es el quilatador de las cosas, piedra toque de las verdades y la medida y peso dellas, le dará el pago y desengaño, y a cada uno el lugar que mereciere. Y así, la verdadera estimación de las cosas es hacerla de cada una en particular, que no porque en el linaje de los hombres haya muchos malos se han de reprobar y condenar todos, ni por muchas coplas ignorantes la dignidad y excelencia de la poesía, que al fin cada una será conforme el sujeto tuviere: divina si fuere divino, honesta y grave si el sujeto fuere grave y honesto, o lasciva, humilde y torpe si tratare cosas tales.

Bien sé que hasta ahora casi toda la poesía española no es más que una pura fuerza de imaginación, sin ir enfrenada y puesta en medida y regla con las que el arte de su facultad pide, no sé si por la depravación del tiempo, que gusta de novedades, pero si alguna saliere con las condiciones que la razón pide, no sé yo por dónde lo será barajarla con las demás, pues en lo que el tiempo, después de acribadas[302] sus cosechas y apartada la paja del grano, le ha dejado por suyo, digno es de mucha veneración y respeto, y, si no, basta para conocerlo pasar los ojos por la grandeza de espíritu, elocuencia y profundidad de misterios, conceptos y sentencias de tantos poetas latinos y griegos. Valga a lo menos la autoridad y crédito del gran Basilio, que en su Persuasoria ad Nepotem afirma que todas las ficciones de Homero y de los otros poetas griegos no son otra cosa que unos agudísimos estímulos a

---

[302] *acribar*, «limpiar el trigo [...]; golpeando y ventilando el trigo sale el polvo y la paja y los granos vacíos» (Covarrubias).

la virtud. Y, así, en la florida antigüedad de aquella nación a solos los poetas llamaban sabios, y las primeras letras que enseñaban a sus hijos eran de poesía.

Horacio dice: *Os teretum pueri balbumque, poeta figurat,* el poeta perfecciona la tierna y tartamuda boca del niño, adorna con su elegancia y armonía la lengua y espíritu del orador, y no es posible que lo sea perfecto menos que teniendo mucha parte de poeta o de lección poética, porque la belleza de las figuras retóricas, el lustre, lumbre y resplandor de las palabras, la gracia y ornato del discurso, la invención y el modo de disponer y asentar[303] las cosas, cada una en su lugar y vestida de su propio color, todos son arroyos y manantiales de la poesía y de un mismo grado de imaginación y calor natural. Y así dice Casaneo en su Catálogo, p{ágina} 10, consid. 44, que para ser uno perfecto orador ha de tener agudeza dialéctica, sentencias filosóficas, palabras y modos de hablar poéticos, memoria de jurisconsulto, voz trágica y acciones perfectas, en las cosas espíritu y trabazón, en las palabras alteza y gala, en las acciones viveza y hermosura. Y estas partes son tan propias del poeta que sin ellas no lo será perfecto, ni sin la luz de la poesía las alcanzará perfectamente el orador. Así lo dicen Teofastro y Cornelio, y los alega Casaneo, y Cicerón aconseja la lección poética como muy necesaria y provechosa a su perfecto orador. La elegancia de las palabras, la propiedad de la lengua, las suaves y hermosas traslaciones, los modos agudos, galanos y nuevos de decir, la copia, abundancia, claridad, altivez, el delicado estilo, lo ordinario y común dicho por modo particular y extraordinario, y lo que más es, las cosas extraordinarias, nuevas y difíciles por modo ordinario y fácil, todo es de la jurisdicción del poeta, que tiene obligación a ser general y cursado en todo, en prosa y en verso, en uno y en otro género, y que en todo haga y diga con eminencia y caudal; ni piense nadie que una copla sin alma, un soneto soñado, un romance sin él le ciñe de laurel la frente y le da corona inmortal y nombre de poeta,

---

[303] *asentar,* pero Domínguez, o el tipógrafo, copia equivocadamente *alentar.*

que aquel verso de Manilio: *omne genus rerum docti ceci-
nere poetæ,* los sabios poetas todo linaje de cosas cantaron,
no sólo quiere decir que han tratado de todas las cosas, sino
también que el que ha de ser perfecto y consumado poeta
tiene obligación a ser general y consumado en todo y tener
una universal noticia y eminencia y un particular estudio y
conocimiento de todas las cosas para tratar, si se ofreciere,
de todas y en ninguna ir a tiento. Y así dijo Horacio, lib. I,
Sátira 4:

> *Neque enim concludere versus*
> *dixeris esse satis, nec si qui scribat uti nos*
> *sermoni propriora, putes hunc esse poetam*
> *ingenium cui sit, cui mens divinior, atque os*
> *magna sonaturum, des nominis huius honorem.*
> *No piense el ignorante vulgo vano*
> *que hacer una canción, medir un verso*
> *o escribir en lenguaje limpio y terso*
> *ya le da de poeta nombre ufano.*
> *Que sólo al que es de ingenio soberano*
> *y en ser divino excede al universo,*
> *cuya voz suena a más que aliento de hombre,*
> *cuadra y no a otro la honra de este nombre.*

Y porque todas las profesiones y ciencias toman su mayor
estimación y precio y el ser de más o menos dignidad y cuenta, o por el sujeto de que tratan o por la antigüedad de sus
principios o por la autoridad de sus profesores, la nuestra
cuanto al sujeto no le tiene determinado, antes generalmente
discurre por todas las demás ciencias y facultades aplicando
por suyo y tomando para sí el que quiere, de manera que ya
en esto tiene la excelencia de cualquiera de las otras.

Pues en la antigüedad ¿quién es primero que la poesía, si
ella en el mundo compite y corre pareja con los primeros
años dél? Pues toda la compostura y trabazón criada no es
otra cosa que un verso armónico, una canción soberana de
engarces y cadencias maravillosas que correspondiéndose
y consonando unas cosas con otras, encadenadas en amor y
conformidad, hacen una correspondencia, una música y poe-

sía divina. Y así dijo San Agustín, (lib. II De civi{tas Dei}, cap. 18: *Ordinem sæculorum tamquam pulcherrimum carmen ex quibusdam quasi antithetis honestavit Deus,* compuso Dios el orden y curso de los siglos como un verso hermosísimo, compuesto y adornado de unas admirables contraposiciones. Y luego más abajo, *sicut contraria contrariis opposita sermonis pulchritudinem redunt, ita quadam non verborum sed rerum eloquentia contrariorum oppositione sæculi pulchritudo componitur,* así como las palabras puestas en contraposición vuelven la oración y el concepto hermoso, así se compone la admirable hermosura del mundo de una bellísima contraposición, no de palabras, sino de cosas, de manera que como en una canción y en un soneto de la contrariedad de los vocablos resulta su armonía y elegancia, así el mundo, que todo él es un verso medido y ajustado por la divina Providencia de su Creador, de quien dice la Sabiduría, cap. II: *omnia in mensura, & numero, & pondere disposuisti,* tiene esta discordancia de cosas por la mayor de sus hermosuras. Y así dijo bien Ovidio:

> *Corpore in uno*
> *frigida pugnabant calidis, humentia sicis*
> *Molia cum duris, sine pondere habentia pondus.*
> *Andaban en un cuerpo*
> *batallando lo frío y lo caliente,*
> *húmedo y seco,*
> *lo duro con lo blando,*
> *y en discordante trueco,*
> *con lo pesado lo liviano y hueco.*

Esta admirable canción, este soneto y compostura del mundo describió galana y altísimamente el s{anto} prof{eta} David en los cuatro versos primeros del Sal{mo} 18 que empieza, *Cæli enarrant gloriam Dei*[304], entendiendo quizá en el concepto más interior aquella celestial y angélica poesía con que los ángeles y almas bienaventuradas, en incesable

---

[304] Los cielos declaran la gloria de Dios.

armonía y música, la dan de eternas alabanzas a su Creador, repitiendo, según S{an} Ambrosio, aquel soberano verso, fin y principio de toda la poesía creada, *Santus, Santus, Santus, Dominus Deus Sabaoth*[305], que comenzando en los puntos de su creación ha de durar por todas las eternidades de Dios, que es el mismo pensamiento a que parece quisieron aludir los famosos de la antigüedad que pusieron música y armonía en el voltear de los cielos. Y Platón en cada uno dellos, una sirena cantando, que en griego tanto quiere decir como el que canta alabanzas a Dios; y Filón, en el libro De somnis dice, *Cælum instrumentum musicæ archetypum videtur mihi non propter alia elaboratum quam ut rerum parenti hymni scitem decantentur, & musicem,* el cielo, que es un instrumento músico no para otro fin, me parece a mí que fue labrado en original y modelo de consonancia si no para que con ella todas las criaturas pudiesen cantar versos y dar música concertada al Padre universal de todas las cosas. Tulio, en lo de Somno Scipionis, Macrobio, lib{ro} 2 del mismo Sueño, cap{ítulo} I , Platón en lo de Rep{ública}, Próculo en el Cratilo, Calcidio en el Timæo, Plinio, lib{ro} 2, cap. 1, Angelo Polio, Celio Rodiginio (lib. 5, cap. 25), San Ambrosio en la prefación sobre los Salmos, Isidro, lib. 3, Etim{ologías}, cap. 16, todos tratan de la consonancia desta poesía y música del mundo. Y Lucencio, referido por Sixto Senense, lib. 5, Bibliot{eca} anot{ada} 105, dice que el universal Creador del mundo

> *Aptavit numeros cœlis*[306]*, iusitque sonoros*
> *exercere modos, parilesque, agitare choreas.*
> *Compuso los cielos*
> *todos Dios en*
> *números cabales y*
> *mandoles por ser*

---

[305] Santo, Santo, Santo, Señor Dios de los ejércitos. La oración continúa, *pleni sunt cœli et terra tua. Hosanna in excelsis:* todo el cielo y la tierra están llenos de tu gloria. Hosanna en en el cielo o en las alturas.

[306] *Aptavit numeros cœlis* en el original y Van Horne; *Apravit numeros caelis*, en Domínguez.

tales resonar en
dulces modos y
tejer danzas iguales.

Y San Anselmo, lib. I De imagine mundi, interpretando estos versos y confirmando su opinión, dice que los siete orbes del cielo se vuelven y voltean con suavísima armonía y consonancia, y que si acá en nuestro mundo inferior no la alcanzamos a oír, es el inconveniente y estorbo hacerse allá desotra parte del aire que es el medio por donde pudiera llegar a nuestros oídos. Y aunque esta opinión para los peripatéticos[307] no tiene el fundamento necesario, a nuestro propósito basta que toda la compostura del mundo sea una poesía y verso espiritual. Y en lo que toca a las opiniones de la música de los cielos, vea quien quisiere sacar la verdad en limpio a Santo Tom{ás}, sobre Job, cap{ítulo} 28, y sobre San Dionisio, cap{ítulo} 4, lect{ura} 2, y en el 2 De cælo, lect{ura} 14, y en la lect{ura}, también 14, del 2 De anima. Esto a lo menos no se puede negar: que es a Dios tan agradable la música y la poesía, que los espíritus celestiales eternamente y sin cesar le cantan himnos de glorias y alabanzas a que corresponde y remeda el ordinario canto de la Iglesia católica, como lo trae S{anto} Tomás, 2.2 e. q. 91 a. 2[308] de autoridad de Arist{óteles}, San Agustín y Boecio y San Jerónimo en los Cantares, capítulo 92. Y, así, lo que a cada paso leemos en el Apocalipsis de cantares, músicas, alabanzas y aleluyas no se ha de entender sólo translativa y metafóricamente, sino con voz y música verdadera y sonora, como lo entienden San

---

[307] *peripatéticos,* «ciertos filósofos {de la escuela aristotélica} que enseñaban en una parte de Atenas [...], que quiere decir el paseo o pasadero...» (Covarrubias). Según el significado de la palabra griega, *peri,* que rodea, ha pasado a ser «ambulante» o «itinerante»; por eso, era común que enseñaran mientras caminaban, como se cree que el mismo Aristóteles hacía mientras leía o hablaba.

[308] *2.2 e. q. 91 a. 2,* parte 2, tratado 2, en quaestio (cuestión) 91, artículo 2 de la *Suma de Teología* de Santo Tomás de Aquino *(ca.* 1224-1274); esta obra, a la cual su autor no le puso título, está divida en tres partes, compuestas entre 1266 y 1273. Para las siglas y abreviaturas, consulté la edición de la *Suma Teológica* de la Biblioteca de Autores Cristianos.

Agust{ín} y S{anto} Tomás, in secundo, d. 2, q. 2, art. 2, ad. 5, y en el quarto, d. 44, q. 2, art. I, questium I, in corpore & ad. 41[309]. Y así, desde el principio de la creación, creó Dios su capilla de músicos y poetas celestiales, esto es, de espíritus angélicos y divinos que sin cesar ni cansarse de tal oficio le dan y darán eternamente músicas y alabanzas. Y no sólo en este sentido es antiquísima, como vemos, la poesía; más aún, descendiendo a cosas más particulares, {¿}quién no sabe la grande antigüedad y opinión que en las divinas letras tiene?, estando todas ellas llenas de himnos, cánticos y versos de suave y altísima armonía y consonancia, siendo tan natural al hombre que parece haber comenzado con sus mismos principios. Y así en el tiempo de Jubal, inventor de la música[310], es de creer que ya la había en el mundo, y que Adán, para el consuelo de sus trabajos cantaría versos que se los hiciesen más llevaderos y fáciles. Pues como dice Horacio:

> *In opem solatur et ægrum.*
> *Avertit morbos metuenda pericula pellit.*
> *Consuela al afligido la poesía,*
> *al pobre en sus trabajos le sustenta,*
> *sacude la tristeza y melarchia*[311],
> *los temidos peligros ahuyenta.*

Y Propercio, *cruyra sonant ferro sed canit inter opus,* como lo hacían S{an} Pab{lo} y Syla en los calabozos de su prisión cantando y respondiendo a veces en dos coros alabanzas del Señor, Act{os} 16.

Al fin, es ciencia que desde los principios del mundo se ha ido continuando y propagando por él, y tan natural a la generalidad humana que ninguna nación la ignora, aunque le hayan faltado las demás ciencias y policías. Y así vemos en estos nuevos mundos occidentales, donde sus moradores no

---

[309] En el segundo tratado, distinctio 2, quaestio 2, artículo 2, *ad.* se refiere a la respuesta, en este caso la quinta, a las objeciones de los artículos, etc.

[310] En el Génesis, 4, 21, se habla de Jubal, «padre de cuantos tocan la cítara y la flauta».

[311] Entiéndase, *melancolía*.

tenían letras ni las sabían, que no por eso carecían de sus poesías y cantares, en que conservaban de memoria en memoria[312] los hechos antiguos y famosos de sus mayores, siendo imposible conservarlos enteros, menos que reducidos a consonancias y palabras medidas. A lo mismo aluden los antiguos romanos de nuestra España. Y para este mismo efecto, aunque encaminado a fines más altos, el mismo Dios, sentado en la columna del tabernáculo en medio de todo su pueblo, mandó que de las maravillas y grandezas que con él había usado se hiciese un cantar y unas coplas, que aprendiesen y recitasen los niños de Israel, para que desde su tierna edad se arraigase en ellos y cundiese de unos en otros la memoria de lo mucho que le debían. Como {a}parece {en} Deuter{onomio} 31, al fin corre por el mundo la poesía desde sus mismos manantiales.

A solos los demonios odiosa y aborrecible por ser de suyo enemigos de concierto y compostura. Y así dice Josefo[313] y lo refiere Sixto Senense, que un Eleazaro, judío de nación, sabía ciertos versos de Salomón con que ahuyentaba los demonios de los cuerpos humanos huyendo de la consonancia y armonía de sus palabras como de la arpa y música de su padre David, que para desterrar del cuerpo de Saúl uno que le atormentaba, bastaba tocarla y comenzar a cantar en ella, Re{yes} 16, lo cual no sólo se hacía en virtud de la palabra divina, mas aun también de la música, como lo dice Josefo, lib. 6, Anti{güedades}, cap. 9, y San Agustín, lib. 10 de sus Confesiones, cap. 33, y Valencia en el prólogo del Psalterio, trat{ado} I, cap. 3, y el Burgense[314] en las adiciones sobre este lugar de los Reyes dice que atribuir aquel efecto de huir el demonio a los méritos de David y sus oraciones es sentido muy ajeno de la letra, que sólo trata del instrumento músico y modo de cantar. Y Villanueva, en el sermón de la Visita-

---

[312] Por suerte, también las conservaban pictográficamente, como demuestran los códices que sobrevivieron los saqueos y quemas de los europeos.

[313] Flavio Josefo (37-100), historiador judío que se dedicó a escribir sobre las antigüedades de su gente.

[314] Van Horne anota que se trata de «Paulus Burgensis (ca. 1341-1435), comentador de las Escrituras Sagradas» (464, n. 75).

ción, dice: *Dæmon itaque qui ridet vibrantem hastam & durissimos maleos pro nihilo pendit ad zitharæ sonum tremefactus recedit & quem nulla vis superat, superat armonia,* el mismo demonio que del vibrar de las lanzas, de las heridas y golpes de las clavas y martillos se ríe y hace donaire y ningunas armas le rinden, tiembla y se estremece todo al son y música de la cítara, y al que ninguna fuerza doma, doma y sobrepuja la armonía. Y la glosa ordinaria, alegando aquí a Boecio, dice que un filósofo ahuyentaba con la música cierto demonio de un cuerpo humano, que como es amigo de confusión y padre della, de toda compostura y consonancia huye.

Al fin, ha sido y es la poesía, desde el principio del mundo, alegría y solaz suyo, tan agradable y dulce que con su deleite armónico concierta el ánima y le entretiene, compone el espíritu, mitiga la ira, alivia los trabajos, acompaña la soledad y, como dice Macrobio, despierta la virtud, recrea los miembros humanos, las aves la gorjean, los cisnes la cantan, las tórtolas la arrullan, las calandrias, los ruiseñores, los sirgueros, los canarios y pardales, todos la gargantean y contrapuntan. A todos deleita y agrada: a los delfines en la mar, a los caballos en la guerra, a los caminantes por los desiertos, al pastor tras el ganado, al marinero en el timón, al pescador entre sus redes, al oficial en sus tareas, al regalado en sus convites, a la monja en su clausura, a la doncella en su labor, al galán en su devaneo, al religioso en su coro. A todos hace compañía, a todos regala y consuela, a todos agrada y levanta el espíritu. Y lo que es más es que, queriendo el profeta Eliseo profetizar a los ejércitos de Israel en cierta necesidad de agua que padecían, para levantar el ánimo y disponerse a la profecía, mandó le trajesen un músico, 4 Re{yes} 3. Y dice el texto sagrado: *Cumque caneret psaltes facta est super eum manus Domini,* como cantase el músico fue hecha sobre él la mano del Señor. Esto es, le comunicó para el caso presente el espíritu de profecía, como consta del texto caldaico. Tanta, pues, es la fuerza de los versos y la música, que se quiso con ella disponer aquel profeta santo para recibir el espíritu de profecía, lo cual él en ninguna manera hiciera si no supiera ser cosa muy agradable a Dios llamarle con versos y instrumentos músicos, que en cierta manera le ocasionaron y levantaron el espíritu a recibir el del Señor. Como lo trae Lyra[315] sobre este lugar, y Zúñiga, lib. 1 De vera religione, contra los herejes que condenan el canto y los versos sagrados. Pues de los ilustres profesores de esta ciencia, ¿qué lengua, qué pluma, qué tiempo bastará a referir lo mucho que en su grandeza se descubre? San Ambrosio, en la prefación sobre los Salmos hace a Moisés y David poetas. Y Eusebio, lib. II De præpar{atio} evang{elica}, cap. 3, dice que sus versos fueron hexámetros o trímetros elegantísimos, y que cuanto al sentido y elegancia no son comparables a ningunas escrituras humanas. Y San Agustín, lib. 17 De civit{as Dei} cap. 14, y en la Epíst{ola} 131, refiere por extenso las causas que movieron a David a escribir en verso. Y San Jerónimo, en la carta ad Paullam umbricam que empieza nudius tertius[316] y está en el 3 tomo, refiere por menudo la variedad de versos en que están compuestos los Salmos, y que los dos primeros alfabetos de los trenos de Jeremías[317] son en un modo de verso muy semejantes a los sáficos. Y en la prefación del libro de Job dice que desde el capítulo 3 hasta el 41 es todo versos hexámetros; y sobre el Salmo 118 afirma, de parecer de Josefo, que él y el cántico del Deuteronomio están compuestos en verso elegíaco, a manera de dísticos. Y Josefo, lib. 7 De anti{güedades} cap. 10, dice que los versos de David son todos trímetros y pentámetros. Y Eusebio, en lugar alegado y en el lib. 12, cap. 15, y San Isidro, lib. 6, Etim{ologías} cap. 2, dicen lo mismo. Y Valencia en el tratado I del prólogo sobre los Salm{os} cap. 3, dice de David que fue poeta lírico, trágico, cómico, satírico, heroico, elegíaco y epitalámico[318]; y lo mismo dicen Eutemio y Euguvino en la misma

---

[315] Nicolas de Lyre (ca. 1270-1349), escritor y sacerdote francés de la orden franciscana.

[316] nudius tertius, éste es el tercer día o estamos en el tercer día.

[317] trenos de Jeremías, «vale tanto como lamentaciones y cantos tristes. Entre los gentiles, el primero que usó dellos, cerca de los griegos, dicen haber sido Simónides» (Covarrubias).

[318] epitalámico, de epitalamio, «el cantar o himno que se decía en las bodas en honor de los novios [...], yo he oído muchos que los cantan los mozos y las doncellas y las casadas, cuando les van a ofrecer o dar la redoma [...]. Este

prefación, y Jorge Edero en sus Particiones theologicales, lib. 2, p. 3, Tab{ulas} (105 hasta la 115), donde trae innumerables lugares de santos y antigüedades a este propósito. Pues {¿} quién es tan poco advertido y curioso y de tan material y rudo ingenio que si ha cursado algún tiempo la lección de la Escritura y estas sacrosantas canciones de David no haya notado y advertido, aun en la trabazón y concurso de las palabras, la elegancia de su compostura y el gran espíritu de su autor? El cual, conforme a la calidad de las cosas que trata, así se levanta y sobrepuja a todos los ingenios humanos, que aun en lo natural se les vuela y pierde de vista. Ya en aliento y voz trágica llora la caída de Adán, la miserable condición humana, la muerte atrocísima del Redentor; ya con versos satíricos persigue las corrompidas costumbres de sus tiempos, o en elegíacos celebra el epitalamio o desposorios del humanado Dios con su Iglesia, o en pompa heroica y grave las grandezas y antigüedades de sus mayores, el reino y victorias de Cristo, la alteza y gloria de su Iglesia; ya introduce como en comedia diferentes personajes: a Adán llorando su caída, a Cristo quejándose de sus perseguidores, a la Iglesia pidiendo favor contra sus enemigos, a Dios vengándola dellos, a Cristo triunfante y glorioso, al mundo obediente a sus leyes, a los apóstoles predicándola y a los mártires muriendo por ella; ya habla el profeta sólo como Virg{ilio} en sus Geórg{icas}, ya en forma de diálogo como en las Églo{gas}, ya mezclados ambos modos como en la Eneida, y lo advirtió bien San Isidro, lib. 8 Etim{ologías} cap. 7. Finalmente, ningún género de poesía, dulzura ni elegancia de verso se puede inventar ni entender que en este soberano poeta no resplandezca y se halle, con cuantas figuras usaron Píndaro, Horacio, Homero y Virg{ilio}, tropos, schematas[319], metáforas, hipérboles, alusiones y las demás que la poesía y la retórica alcanzan y usan. Y quien para más gusto y satisfacción suya

---

género de canciones llaman los latinos *Fescennina carmina*, de un lugar de Campania, dicho Fessenino, donde primero se inventaron y usaron» (Covarrubias).

[319] *schemata*, término usado para designar las figuras retóricas, por lo cual se trata de un ejemplo más de la redundancia que tanto le gusta a Balbuena, como se comprueba a lo largo del poema.

las quisiere ver ejemplificadas y puestas en sus lugares, vea los quodlibetos de Mendoza[320], q. 3 positiva, n. 12. Y de la natural inclinación que este santo tuvo a la poesía y música dice San Agustín estas palabras, Epíst{ola} 131, *Amavit autem ab incunabulis & pueritia S. David musicam ipsam, & in ea studia nos magis ipse quam ullus alius autor accendit,* amó el s{anto} David la música desde los primeros años de su niñez, y en este linaje de estudio y curiosidad él más que otro ningún autor nos levanta y enciende el espíritu. Y así, en la translación del arca del Señor, habiendo el santo Rey señalado sacerdotes para los sacrificios, cantores para la capilla, maestro para la música della y repartiendo los demás oficios, reservó para sí el de poeta, haciendo las canciones que se habían de cantar en la solemnidad y fiesta, y no fiando este primor de otro ingenio y cuidado que del suyo como {a}parece {en} I Paralip{ómenon} 16, y en el 2. Cap{ítulos} 7 y 2, Re{yes} 23, y en el I de Edras, cap. 3, y en el Ecle{siastés} 47. Y no se contentó con ser divino y soberano poeta componiendo las altísimas profecías de sus Salmos en versos tan elegantes y gallardos, que {a}demás de lo que hemos dicho dice S{an} Jer{ónimo} dellos que *in morem Horatii & Pindarii, nunc Iambo currit nunc Alcayco personat, nunc Saphico tumet, nunc semi pede ingreditur,* más aún parece que quiere hacer poetas todas las criaturas del mundo, y así las convida a cantar y dar músicas a su Creador, Psal{mo} 95, *Cantate Domino canticum novum, Cantate Domino omnis terra.* Pero {¿}qué hay en todo el Psalterio que no sea un convite general destas músicas y canciones divinas?, hasta que cerrando la plana y como echando una clave y un final a todas sus canciones, las acaba y concluye con pedir a todos los espíritus creados las perpetúen y lleven adelante y se hagan poetas inmortales y eternos de las glorias y alabanzas suyas. Y así concluye y cierra su Psalterio con estas palabras: *Omnis spiritus laudet Dominum alleluia.* Y al fin fue tanta

---

[320] Alfonso Mendoza, autor de las *Quæstiones quodlibeticæ,* obra dedicada al estudio de las Escrituras y que, según Van Horne, posiblemente usó Balbuena como libro de referencia para sus muchas citas bíblicas; véase nota al principio del «Compendio».

la fuerza de su arpa, de su música y su poesía, que dél sólo se puede con verdad decir lo que de Orfeo y Anfión dijeron por encarecimiento los poetas: pues si éste con su arpa cercó a Tebas y el otro con su lira movía los montes, enfrenaba los ríos y suspendía el infierno, con la de David se doman hoy los ánimos más rebeldes y atroces, se conciertan y moderan las indómitas y bárbaras costumbres y se edifican de piedras vivas los santos muros de la celestial Jerusalén. Y no sólo sacó a Saúl un demonio ni una sola Eurídice y una sola alma del infierno, sino muchas saca cada día, no a los trabajos del mundo para perderlas a un volver de cabeza, sino a la gloria y seguridad del cielo para no perderla jamás. {¿}Quién, pues, con la autoridad de tan gran poeta no tendrá de hoy más en gran veneración su nombre, y su profesión en mucho?, para no humillarla a cosas rateras y humildes, pues tan capaz y suficiente es para las grandiosas y altas. Pues su hijo Salomón, el más sabio de los hombres, no sólo supo la poesía en la eminencia que las demás cosas, mas aún compuso tres mil parábolas y cinco mil versos, como parece 3. Re{yes} 4; y aun, como lo expone Josefo y lo refiere Sixto Senense, no sólo fueron los que compuso cinco mil versos, sino cinco mil libros en verso, de los cuales quedó sólo el de los Cantares. El gravísimo Job cantó versos en su muladar, Isaías en sus profecías, Jeremías en sus trenos, los israelitas a las playas del mar Bermejo triunfando de sus enemigos, Jabel en la muerte de Sifara, Ana por el nacimiento de Samuel, Judit con la cabeza de Olofernes, los tres niños en el horno de Babilonia, la Virgen Santísima en casa {de} Zacarías, él en el nacimiento del precursor, los ángeles en el de Cristo, Simeón teniéndolo en sus manos. Todos cantaron himnos, versos y canciones en alabanzas de Dios. Y él mismo, como divino cisne acercándose a la muerte, los cantó la noche de su Pasión; y así dice San Mat{eo}, 26 Himno dicto, &c., cantado el himno, salió el Señor con los suyos al huerto donde se había de hacer su prisión. San Gregorio Nacianceno[321] disputa en versos del

---

[321] San Gregorio (330-390), *Nacianceno* por haber nacido en Nacianzo (Capadocia), en la actual Turquía; también conocido como Gregorio el Teólogo es considerado uno de los Doctores de la Iglesia.

matrimonio y de la virginidad. San Ambrosio y Santo Tomás de Aquino compusieron himnos que hoy canta y celebra la Iglesia y los recita en sus horas canónicas, y no menoscabaron las Musas y su poesía la alteza de sus questiones escolásticas, y con ser teólogos y doctores sagrados no tuvieron en poco ser poetas y dejar obras en que fuesen conocidos por tales. Jubenco, Venancio, Sedulio, Prudencio, Jerónimo Vida y otros escribieron el nacimiento, vida, milagros y evangelio de Cristo en verso. Y el introito de la misa de N{uest}ra S{eñora}, Salve santa parens, &c., es un verso hexámetro de Sedulio³²². Ni San Pablo se desdeñó de leer los poetas de su tiempo ni de alegar en sus Epíst{olas} versos y lugares suyos, que en la de Tito trajo el de Parménides: *Cretenses semper mendaces, malæ bestiæ & ventris pigri.* Y en las disputas del Areópago de Atenas introduce el verso de Arato: *In quo vivimus movemur & sumus sicut quidam vestrorum poetarum dixerunt.* Pues de los príncipes humanos {¿}quién no ha estimado y honrado la poesía?; {¿}qué valor de cuenta tiene la antigüedad que no la haya amparado y hecho sombra? Enio fue muy particular amigo de Escipión. Alejandro hizo grandes mercedes a Cratilo, aunque mal poeta, y de los tesoros del rey Darío escogió la joya de más precio para que sirviese de cubierta y guardapolvo a las obras de Homero, y en los asaltos y conquista de Tebas perdonó las casas de Píndaro en veneración de la poesía de su dueño. Augusto César tuvo por tan familiar a Virgilio como si fuera compañero suyo en el imperio. Horacio fue grande cosa de Mecenas, Tibulo de Mesala, Papinio y Silio de Domiciano, Menandro del rey de Egipto, Eurípides de Archelao, rey de Macedonia, Cornelio Gallo de Octavio, el cual llamaba a Virgilio el Platón de los poetas, y concedió altares y sacrificios a su estatua como si fuera de algún dios. Elio Vero llamaba a Marcial su Virg{ilio}. Atio fue tan estimado de Bruto que le dedicó suntuosos sepulcros. A Plauto tuvo en tanta veneración y estima Estellon que decía que si las Musas hubieran de hablar latín

---

³²² *Sedulio*, posible autor de *El Carmen de Incarnatione*, un poema de la antigüedad sobre la vida de Jesús.

le tomaran de sus versos. A Petrarca laureó todo el senado romano en el Campindolio a 8 de abril del año de 1341. A Quintiano hizo la misma honra y favor Ludovico XII, rey {de} Francia. El Bembo fue hecho cardenal, y el Bibiana gozó del mismo honor y Capelo, siendo sus poesías las mayores grandezas que los dieron a conocer al mundo. Jerónimo Vida subió a ser obispo de Alva por la suya, y compuso los seis libros de su Cristiados a petición de dos Sumos Pontífices: Alejandro X y Clemente VII. Fausto, en tiempo del rey Francisco de Francia, fue llamado poeta regio; y el mismo rey, siendo de ánimo tan belicoso y magnánimo, no se desdeñó de hacer un epitafio al sepulcro del Petrarca, en reverencia de tan famoso poeta, como lo refiere Garzon[323] en su Plaza universal. Julio Camilo hizo otro a la sepultura de Laura por el mismo respeto, y el Bembo otro a las cenizas del Dante.

Y dejando ahora por innumerables los príncipes italianos que con levantado espíritu y aliento han seguido esta profesión y enriquecido su patria con los felicísimos partos de sus entendimientos, acercándonos más a nuestras cosas, {¿}en qué parte del mundo se han conocido poetas tan dignos de veneración y respeto como en España? Gran cosa fueron Lucano, Séneca, Marcial, Silio Itálico y otros en aquellos antiguos siglos, pues hasta los de ahora resplandecen. Pero en los modernos, {¿}quién no sabe cuán famoso fue el rey Don Juan el segundo? El Príncipe de Viena[324] Don Carlos, rey que esperaba ser de Navarra, el Almirante de Castilla, el gran Duque de Alba, el de Medina, el de Sesa, el de Gandía, el de Osuna, el Marqués de Santillana, Boscán, Ga{r}cilaso y Castillejo, Don Fernando de Acuña, Don Juan de Almeyda, Don Lope de Salinas, Don Diego de Mendoza, el Marqués de Cerralvo, el de Tarifa, el de la Adrada, el Príncipe de Fez, el valeroso Conde de Salinas, el de Villamayor, el de Portalegre, Don Juan de Tarsis, Don Gaspar Mercader, caballero valenciano, el agudísimo Don Luis de Góngora, Don Félix Arias Girón, Don Gonzalo Pacheco, Don Lorenzo de Mendoza, Don Mateo Pérez de

---

[323] Garzoni, fuente primaria de Balbuena, según Van Horne.
[324] *Viena* en las prínceps; Van Horne y Domínguez copiaron *Viana*, lo cual podría ser un error de imprenta.

Cárdenas, Don Gerónimo Cortés, Don Felipe de Albornoz, el gran Don Alonso de Ercilla y Zúñiga, más célebre y conocido en el mundo por la excelencia de su poesía que por la notoria y antigua nobleza de su casa y linaje. Y en nuestros occidentales mundos, el gran cortesano Don Antonio de Saavedra y Guzmán, los acabados ingenios de los dos famosos Carlos, uno de Sámano y otro de Arellano, mariscal de Borobia; el discreto Don Rodrigo de Vivero; el estudioso Don Lorenzo de los Ríos y Ugarte, que con heroica y feliz vena va describiendo las maravillosas hazañas del Cid; y finalmente, por echar la llave de oro a este discurso y la suma estimación y honra a esta divina academia de sabios, son también della los ínclitos y soberanos Marqueses de Montesclaros, padre e hijo, lustre y gloria de la nación española; el prudentísimo Conde de Monterrey, el sin igual Conde de Lemos, divinos polos sobre que se revuelve y estriba la gran máquina de estos últimos imperios de la tierra, los cuales mejor que Julio César, Augusto ni el celebrado Mecenas podrán ser aquí testigos si las Musas alguna vez desayudaron y fueron estorbo a la importancia y majestad de sus gobiernos. {¿}Quién, pues, podrá tener a deshonra meterse en cuenta y número con la nata del mundo y la honra y esmero dél? O {¿}qué pluma habrá tan desocupada y libre que baste a contar los favores que la poesía y sus secuaces en todo tiempo y en todas ocasiones han recibido de los mayores príncipes y monarcas de la tierra? O {¿}a qué profesión, dignidad, secta, estado, calidad y condición de gente podrá impedir y dañar ejercicio tan virtuoso y noble? Y tan estimado, que faltará tiempo para contar los favores que por todos los siglos del mundo ha recibido de los monarcas, príncipes y reyes dél. Y así, el derecho los estima y precia tanto que refiere y cita como oráculos muchos versos y sentencias suyas. Como se puede ver en I.I § Sedan, donde se hace mención tres veces de los versos de Homero, ff. De contrahenda emptione y en la Instituta § item prætium, cum. §. secuen. eodem titulo, & in I aut facia. §. si. ff. de pænis. & in I. non faciles. §. a fines ibi. viri soror. ff. de gradibus. Y de Virgilio se hace mención in. I. in tantum in fine. ibi. restis in ea re est, Virgilius. ff. de rerum divisione, & in I. quæ extrinsecus. Al principio. ff. de verborum obligatione, donde se ponen las primeras palabras de la Eneida: Arma virumque cano, &c. Y en el Decreto se alegan también versos suyos. Ut in cap. nunquam de consecratione. dist. 5. Y con los de Ovidio in capitulo legimus, y con Lucano en el capítulo *Nec mirum. §. magi 26. quæt. 6* y en otros muchos lugares. De manera que de filósofos, de teólogos, de santos, de pontífices, monarcas y reyes, y de ambos derechos, civil y canónico, vemos estimada, amparada y defendida la poesía, y aprobada por ciencia noble; y sus profesores siendo como deben por admirables y famosos en el mundo, de cuyo trato y conversación no se desdeñaron los monarcas ni las mayores y más graves cabezas de la tierra; antes parecen personas dependientes y de una misma acción los príncipes y los poetas, unos haciendo obras y hazañas grandiosas, y los otros encareciéndolas y celebrándolas. Y así dijo muy bien Platón en lo De legibus, *Divinum poetarum genus diis agitur & sacros concinet hymnos,* el divino linaje de los poetas trata con los dioses y les canta sagrados himnos. Es, al fin, un entretenimiento agradable y noble, digno de un ánimo virtuoso e hidalgo, y de grande alivio y regalo para otros estudios más graves, siendo con aquella moderación y compostura que el arte pide. Y este soneto, que parece hecho para regla y medida de los muchos, largos y cortos que en esto ha dado la ignorancia:

> Quien ser poeta de valor procura
> por sólo regalar su entendimiento,
> váyase en la poesía con gran tiento,
> que el laurel tiene un ramo de locura.
> Siga con discreción senda segura
> ajustándose siempre a su talento.
> Mire que es la poesía un dulce viento
> que desvanece al de mayor cordura.
> No se haga común, que es torpe cosa,
> ni trate siempre en coplas, que {es} bajeza,
> haga pocas y a honradas ocasiones,
> que esta tal poesía es generosa
> y esotro coplear propia torpeza
> de groseros ingenios macarrones.

Alude a lo que dice Jerónimo Vida en su primer libro Poeticorum:

> *Nec iusa canas nisi forte coactus*
> *Magnorum imperio regum, &c.*
> *Omnia sponte sua, quæ nos*
> *elegimus ipsi proveniunt, duro*
> *assequimur vix iusa labore.*
> *No cantes cosas que otro te demande*
> *sino en ocasión propia, o compelido*
> *de que algún grande príncipe lo mande.*
> *En lo que por nosotros fue elegido*
> *todo se vuelve fácil, y al contrario,*
> *lo que nos mandan, duro y desabrido.*

Poesía con estas condiciones no sé yo que Demócrito la tendrá tan áspera y dura que la condene y ladre. Pues al fin es un sabroso vino de la imaginación que moderado alegra el espíritu, regala el entendimiento, deleita la fantasía, menoscaba la tristeza y da un perpetuo y maravilloso gusto a sus profesores, que, como dice el refrán, quien canta a sus males espanta. Que es a lo que aluden las palabras de Job 35 *Qui dedit carmina in nocte,* el que dio versos en la noche; esto es, consuelo a los afligidos, significando la gran providencia y cuidado que tiene Dios de los suyos, pues en medio de la noche, en medio de las tinieblas de la tribulación, allí les da versos y cantares de consuelo con que se regalen, le alaben y se entretengan. La noche en la Escritura significa las calamidades y trabajos, como lo trae fr{ay} Luis de León sobre las palabras del capítulo 3 de los Cantares, *In lectulo meo quesivi per noctem.* Y en este mismo sentido explican el lugar de Job, Titelman, Zúñiga y Euguvino. Es, al fin, la poesía alivio y entretenimiento a otros cuidados más graves, porque {¿}qué gusto hay tan acedo y melancólico?; {¿}qué sangre tan fría y amortiguada a quien un maravilloso poema épico o heroico no levante y entretenga leyendo en él los altos y sublimes hechos de los antiguos héroes y capitanes famosos, de los reyes y príncipes del mundo? {¿}A quién no regala y deleita el lírico o mélico[325] si es honesto? Que es lo que se canta en la vihuela, como las odas de Horacio, los himnos de Orfeo y nuestras canciones, chanzonetas, retruécanos y romances; el cómico, lleno de provechos y utilidades para el gobierno y costumbres y policía pública, {¿}a quién ofende? {¿}Lo funesto y grave del trágico?, los acaecimientos y vueltas del mundo y de los que le gobiernan y mandan, verlas tratadas al vivo, {¿}a quién daña{n}?, siendo todo con la moderación y concierto debido. Bien sé que Arist{óteles} en el I de su Metaf{ísica}, y Séneca en el de oficiis abominan los poetas y los cuentan por gente ociosa y de balde. Platón, en el Fedro, los llama fabulosos, {y} en el 10 de Rep{ública} los destierra della. Demócrito dice que la poesía es locura. San Agustín en el I de sus Confesiones la llama vino de horror. San Jerónimo, sobre el Salmo 77 la compara a las ranas de Egipto. Damaseno la detesta y aborrece en la boca del cristiano. Los romanos, según Aulo Gelio, la desterraron de su pueblo. Los atenienses tuvieron por loco a Homero, que es el príncipe y norte de los poetas, y por sólo que lo era, sin otro delito mayor ni menor, le condenaron en cincuenta dragmas, como lo trae Tomás Garzón en su Plaza universal, aunque contra esta sentencia de Atenas ya el tiempo, que es el verdadero juez destas cosas, ha dado la suya condenándola en revista por bárbara y sin fundamento. Y las demás autoridades de los filósofos y santos, todas ellas militan y hacen guerra contra el mismo linaje de poesía que yo abomino y repruebo, esto es, contra la lasciva, torpe y deshonesta y que no tiene aquellos requisitos y partes de gravedad, honestidad, altivez y espíritu que se requiere. Y así dijo muy bien fray Luis de León en el capítulo 2 sobre los Cantares: *Cum poesis nihil aliud sit quam pintura loquens, totumque eius studium in imitanda natura versetur, id {est}[326] quidam nostri poetæ, qui amatoria scripserunt parum certe attendentes, cum se putarent optime dicere ab optimi poetæ offitio longissime recesserunt,* como la poesía no sea otra cosa que una pintura que habla y todo el estudio y perfección suya consista y esté en imitar la

---

[325] *mélico,* cantable, o sea, melódico.
[326] Esta palabra es de Domínguez. En las prínceps de Ocharte y Dávalos que utilicé no se puede entender lo que está escrito; Van Horne no puso nada.

naturaleza, cuidado y advertencia en que han reparado poco algunos de nuestros poetas castellanos, que escribiendo inconsideradamente cosas de amores, por los mismos pasos que ellos creían llegarse a la cumbre del bien decir, por esos mismos se desviaban lejísimos del oficio de buenos poetas, que está no en hacer coplas de amores, sino obras graves, enteras, sentenciosas y llenas de moralidad y filosofía. Y así, a las que en esta librea salieren honestas, graves y moderadas, y nacidas de ánimo no arrojado, sino de pensamiento medido con arte {¿}por qué se ha de negar lo bueno que trajeren consigo?, pues son al fin partos felices y dichosos del entendimiento humano. Y como dice fray Jerónimo Román[327] en su Rep{ública} gentilica lib. 7, cap. 8, los tales poetas fueron alabados en lo antiguo y siempre lo merecieron ser, y comparados en las figuras jeroglíficas a la abeja, que de la misma manera que ella pone cuidado y solicitud en hacer sus panales de miel, así los poetas dan la dulzura de su decir, con grande invención y artificio. Coronábanlos de laurel, árbol que nunca se seca, ni la fama de los sabios se pierde ni envejece jamás. También los coronaban de hiedra, que es una hierba que con extraño artificio se enreda y enga{r}za por los árboles y edificios, tan asida y aferrada a ellos que antes faltará el árbol y la casa que ella del lugar donde una vez se prende, en que se denota la artificiosa manera que los poetas tienen en ordenar sus libros y cómo perpetúan su memoria, que dura más que los imperios y reinos del mundo, como lo vemos en Homero y Virgilio, que ambos escribieron de los griegos y romanos, y los reinos se acabaron y ellos viven y vivirán mientras el mundo tuviere hombres sabios y no bestias. Hasta aquí son palabras de Román.

De manera que, a esta cuenta, la poesía capacísima es en sí de todas las grandezas que aquí le hemos dado; y así no está en el nombre ni en la ciencia la falta, sino en la elección de sus profesores, que eligen ocasiones y sujetos humildes para ocuparse y señalarse en ella. Y aunque yo conozco y sé esto y la que aquí escribo no es del todo divina, es a lo menos honesta y grave y,

---

[327] Jerónimo Román y Zamora, fraile Agustino, autor de *Las Repúblicas del Mundo* (1575).

en el sujeto, heroica, y no por términos del todo humildes ni fuera de las leyes y condiciones del arte, como lo mostrará algún día el que desta facultad tengo hecho, sacado de las fuentes de la filosofía de Platón, Aristóteles, Horacio y otros.

Mas ahora basta para recomendación destos breves discursos y de los escrúpulos que han reparado en ellos, que no son en el sujeto tan humildes y caídos que no traten las grandezas de una ciudad ilustre, cabeza y corona destos mundos occidentales, famosa por su nombre, insigne por su lugar y asiento y por su antigua y presente potencia, conocida y respetada en el mundo, y digna por las grandes partes que en ella concurren de ser celebrada por casi única y sola. Y de un heroico y santo Prelado que, dejando por ahora otras partes de valor, santidad y nobleza más propias suyas que del sol la luz con que resplandece, es dignísimo arzobispo y cabeza espiritual della. De manera que mi poesía, en estilo heroico y grave, trata de la más noble, de la más rica y populosa ciudad desta nueva América y del que en lo espiritual es el supremo pastor y gobierno della. Pues si este sujeto es digno de cualquier entendimiento noble, y con el poco o mucho caudal del mío yo le dispongo y trato sin cosa que desdiga ni ofenda ni a la grandeza suya ni a la facultad mía ni a los oídos honestos y graves, no me parece que será contra mi profesión y hábito mostrar en una ocasión como ésta que también cuando pequeño pasé por los principios de retórica y llegué a los umbrales de la poesía; ni es justo que en ningún tiempo se desdeñe nadie de lo que en todos puede ser virtud. Y así, por no dilatar más este pensamiento, concluyo, por consuelo del mío, con aquel dístico de Ovidio en la Elegía décima de su primer libro:

> *Scindentur vestes, gemmæ frangentur, et aurum,*
> *Carmina quam tribuent fama peremnis erit.*
> *Todo se acabará con los diversos*
> *cursos del tiempo: el oro, los vestidos,*
> *las joyas y tesoros más validos,*
> *y no el nombre inmortal que dan los versos.*

* FINIS *

: * :